沪江经济学者文库

基本公共服务均等化与地方财政体制变迁

Equalization for Basic Public Service and Changes in Local Fiscal System

田　发⊙著

中国财政经济出版社

图书在版编目（CIP）数据

基本公共服务均等化与地方财政体制变迁／田发著．—北京：中国财政经济出版社，2013.3

（沪江经济学者文库）

ISBN 978-7-5095-4331-3

Ⅰ．①基… Ⅱ．①田… Ⅲ．①社会服务-研究-中国 ②地方财政-财政改革-研究-中国 Ⅳ．①D669.3 ②F812.7

中国版本图书馆CIP数据核字（2013）第040077号

责任编辑：吕小军 李筱文　　责任校对：李 丽

封面设计：郁 佳　　版式设计：董生平

中国财政经济出版社出版

URL：http：//www.cfeph.cn

E-mail：cfeph@cfeph.cn

社址：北京市海淀区阜成路甲28号 邮政编码：100142

营销中心电话：88190406 北京财经书店电话：64033436 84041336

北京财经印刷厂印刷 各地新华书店经销

787×960毫米 16开 17印张 271 000字

2013年3月第1版 2013年3月北京第1次印刷

印数：1—2 000 定价：37.00元

ISBN 978-7-5095-4331-3／F·3512

（图书出现印装问题，本社负责调换）

本社质量投诉电话：010-88190744

反盗版举报热线：88190492、88190446

本文库出版获得上海市教委第五期重点学科建设资助

沪江经济学者文库

总 序

中国经济转轨跨过30年，正迈入“经济大国”行列，这得益于我们以学习的态度吸收国外先进的经济理论、方法与政策。但中国经济渐进式改革路径与跨越式发展模式并存所引发的种种现实经济问题，并非简单套用国外经济理论与改革经验就能解决的。现有的国富民穷、经济垄断、分配不公、城乡差距等都凸显出中国亟需经济理论与政策创新，特别是2008年以来的国际金融危机更促使人们对传统的经济学理论进行反思。作为经济学人，需立足本国的特殊国情，独立、审慎、严谨地开展经济学问题研究，以不断的创新贡献于经济学理论宝库，指导现实的经济实践。

上海理工大学应用经济学科的发展源于20世纪80年代。1995年开始与美国雪城大学（Syracus University）合作培养研究生，1996年获得投资经济学（后教育部专业调整为国民经济学）硕士学位授予权，之后又相继获得区域经济学、国际经济与贸易、财政学、产业经济学、金融学、统计学等二级学科硕士点，2006年获得应用经济学一级学科硕士学位授予权，形成完整的应用经济学本科和硕士研究生人才培养体系。2008年被列为上海市教委重点学科获得建设支持，以“经济系统运行与调控”作为重点学科建设平台，已形成了三个特色研究方向：

一是经济系统运行理论与政策研究。围绕财政理论与政策、金融危机及其调控等问题展开研究，在地方财政管理体制、基本公共服务均等化、财政科技支出、财政教育支出以及金融危机的演化、传导，货币政策调控有效性等方面形成了一定的研究特色。二是经济系统产业价值链研究。在产业集群与科技创新联动机制、总部经济产业价值链与空间价值链研究、低碳经济产业结构构建等方面，取得了一定的研究成果。三是虚拟经济对经济系统运行影响研究。围绕世界市场的虚拟化与中国国际电子商务发展策略等问题展开研究，取得了一系列研究成果。

经过20余年的迅速发展，上海理工大学应用经济学科已集聚一批经济理论功底深厚、专业基础扎实、研究特色鲜明、年龄、职称结构合理的高层次经济学研究人才队伍，他们在各自的研究方向和研究领域取得了一系列重要的研究成果。为进一步推动学科出一些精品项目，将团队成员近年的研究成果集结成一批专著出版，冠名为“沪江经济学者文库”，并以此作为上海市教委重点学科“经济系统运行与调控”的阶段性研究成果。之所以如此命名，是因为上海理工大学的应用经济学科的渊源可追溯到20世纪30年代的沪江大学城中区商学院，一则对经济学前辈们表达敬仰之意；二则是勉励中青年学者，希望他们能像前辈那样硕果累累。

“沪江经济学者文库”建设将是一个长期并不断推陈出新的过程，作为这一项目的发起人与组织者，我期望它能成为上海理工大学应用经济学科的特色项目，产生广泛而深远的影响。欢迎更多的优秀作品来充实文库，诚邀国内外的同行加入这一行列。

是为序。

雷良海

2012年10月

目　录

第一章 diyizhang

导论

第一节 研究背景

传统计划经济体制下，中国采取的是以“单位、集体”为主的公共服务保障机制。城乡二元发展模式下，城市由与劳动者休戚相关的“单位”来提供养老、医疗、住房等公共福利；在农村则由劳动者隶属的各“集体”提供公共服务。由于当时公众普遍以“单位人”或“集体人”形式存在，而且“单位”、“集体”不会倒闭，劳动者也不会失业，这种保障关系可以维持终生。因此虽说当时经济条件落后，但人们普遍享有基本的医疗卫生、教育等公共服务，总体上保证了公平性。[①] 经济转轨后，单一公有制经济逐步向多种所有制形式演化，传统基本公共服务供给面临来自体制的挑战。城市的国有企业转型带来了大量的下岗和失业工人，在注重

① 汪玉凯等：“基本公共服务均等化与政府责任”，《基本公共服务与中国人类发展》，中国经济出版社2008年版，第302页。

"减负"效应的同时却没有从政策上、制度上有效地为企业分流人员提供基本公共服务保障，出现基本公共服务供给不均等现象。农村推行以家庭经营为主体的经济组织形式代替了低效率的人民公社体制下的农村集体经济组织形式，成为农村基本经济组织形式。农民生产劳动方式多样化，打破了农业生产的自给自足状态，农民从"集体人"向"自由人"转变，农民的经济活动空间从本土化区域活动向市场化的全方位活动转变。但在农民走出集体经济，确立个体经济的过程中，原有在农村集体经济模式下以集体名义向农民提供的卫生、医疗等福利逐步消失，新的保障体制未能及时建立。结果是"单位人"和"集体人"开始向"社会人"转变，原来由单位和集体提供的公共服务消失了，而本应由政府来弥补的这个角色却发生了一定程度的缺失，导致公众享受的公共服务普遍减少。从多项经济社会发展量化指标来看，中国在21世纪初开始由生存型社会向发展型社会过渡①。在这一进程中，广大社会成员的公共需求全面、快速增长，同公共产品短缺、教育、医疗等基本公共服务不到位的问题成为日益突出的阶段性矛盾，造成了基本公共服务均等化的巨大现实压力，可以从三个层面作出基本判断：

第一个层面是基本公共服务的地区差距。广大中西部地区与东部地区在城乡居民收入和消费水平、市场化程度，特别是基础设施、义务教育、基本医疗、社会保障等基本公共服务水平方面的差距在拉大。比较各地区相关指标的差异系数可以发现，近年来人均GDP差异系数确实在逐步缩小，居民收入的变异系数也不大，但涉及享受公共服务方面，差距还是比较大的，2010年人均地方财政教育、社会保障和就业、医疗卫生支出、基础设施支出的变异系数分别为0.83、0.67、0.43、0.96；极差率分别是11.02、4.07、8.88、17.95。2010年小学、初中生均预算内公用经费全国平均为1320.1元和1921.18元②，两项指标最高的是北京市，最低的是贵州省，小学、初中生均预算内公用经费最高省份是最低省份的10.08倍和9.97倍。2009年城市人均医疗保健支出最高的北京（1563.1元）是最低的西藏（317.1元）的近5倍。2010年全国各地区城镇养老保险综合参保率平均为78.6%，最高的辽宁（99.6%）是最低的云南（42.9%）的2.32倍；全国

① 中国（海南）改革发展研究院："加快推进基本公共服务均等化"，《经济研究参考》2008年第3期，第21—27页。

② 数据来源：2011年全国教育经费执行情况统计公告。

各地区城镇养老保险职工参保率平均为73.6%，最高的辽宁（99.5%）是最低的西藏（12.8%）的7.77倍。2010年全国基本医疗保险的综合参保率平均为74.9%，其中最高的上海（99.5%）是最低的西藏（39.4%）的2.53倍。2010年全国失业保险的参保率平均为59.1%，其中最高的北京（79.8%）是最低的西藏（17.6%）的4.5倍。由于自然禀赋和发展起点的不同，区域之间存在经济发展差距是正常的，但基本公共服务在地区之间的过大差距将会使经济发展差距转化为人口素质的差距。2010年上海市的人均GDP为71938元，而西部的贵州省仅为13229元，前者是后者的5.44倍。2010年北京市、上海市等东部发达地区的预期寿命超过了80岁，而西部的贵州省还不足70岁。北京市15岁以上人口文盲率仅为1.7%，而甘肃省、青海省、西藏自治区等西部欠发达地区的这一指标平均达到14%左右。

第二个层面是基本公共服务的城乡差距。多种统计结果表明，中国城乡合计的基尼系数已超过0.5，超过国际公认的警戒线0.4的水平。2010年中国名义城乡收入差距3.23:1，中西部省区高于全国平均水平，城乡收入差距比例高达4:1以上，若将义务教育、基本医疗、社会保障等因素考虑进去，城乡实际收入差距已达5~6倍，公共服务因素在城乡实际收入差距中所占比重约为30%~40%。2010年，全国城乡普通小学、初中生均事业费分别为1.11:1、1.13:1；生均公用经费分别为1.16:1、1.10:1。2010年，中国人均卫生总费用城市为2315.5元、农村为666.5元，城乡比达到3.47:1[①]。在养老保险方面，2010年末全国参加城镇基本养老保险人数为25707万人，城镇职工年人均养老金为16741元，参加农村养老保险人数为10276.8万人，农村居民年人均养老金700元[②]。城镇职工与农村居民的养老金保障水平相差近23.9倍。在医疗保险方面，2010年末全国参加城镇职工基本医疗保险人数23734.7万人，人均医疗保险基金的筹资水平和人均待遇水平分别达到2223.2元和1378.4元。而参加新型农村合作医疗的人数达到8.36亿人，参合率为96%，人均筹资规模仅为156.6元，按补偿受益人次计算的人均待遇水平为109.3元。由此推算出城镇职工与农村居民基本医疗的筹资水平与保障水平的差距分别达到14.2倍、12.6倍。在最低生活保障水平方面，截止2010年底，城市居民有2310.5万享受了城市最低生活保障，农村居民最低生活保障人数为5214.0万人；城市

① 数据来源：《2011年我国卫生事业发展统计公报》。

② 数据来源：《2011年度劳动和社会保障事业发展统计公报》。

居民最低生活保障的平均保障标准为251.2（元/人、月），农村居民最低生活保障的平均保障标准为（117.0元/人、月），城乡居民最低生活保障平均标准相差2.15倍；城市人均补助水平为189元/月，农村人均补助水平为74元/月，补助水平相差2.55倍。[①]

第三个层面是基本公共服务的群体间差距。目前本乡镇以外就业的外出农民工数量为1.4亿人，作为城镇产业工人的重要组成部分，难以享受到与城镇居民同等的生存发展权利，始终是我国工业化、城镇化进程中的重大社会隐患。中国社会科学院发布的《农村经济绿皮书》[②]中对城市农民工的抽样调查数据分析表明，2010年农民工平均生活质量指数为0.532，全国农民工生活质量总体水平只相当于城镇居民平均水平的53.2%。分类指数中权益保护指数、健康指数和就医指数以及收入和消费指数，分别为0.659、0.642和0.635，劳动时间指数为0.552、住房指数为0.494，而社会保障指数只有0.521，即农民工享受的基本社会保障水平只有城镇居民的25.1%，差距非常悬殊。与城市居民相比，在初次分配中，农民工经常处于不公平状态，在基本公共服务方面，同样受到了不公平待遇，使他们面临着更大的市场风险（就业、医疗、养老），仅仅依靠其自身的收入水平和力量是根本无法承担的。城市化的明显特征是"人的城市化"，应体现为城乡劳动力身份平等、机会平等和权益平等。这个过程就是城乡居民收入、社会保障和福利、受教育机会、就业、居住环境等方面差距不断缩小的过程。强调农民工的基本公共服务均等化，就是要改变政府在提供公共品方面的不足，提高农民工的城市化能力。

基本公共服务非均等化问题有损于社会公平、公正，其所产生的社会矛盾和资源配置失效对经济、社会的持续发展构成潜在的威胁，不利于科学发展观的落实和构建社会主义和谐社会，及建设社会主义新农村的推进。逐步实现基本公共服务均等化取决于经济社会全面发展以及经济体制改革、政治体制进一步深化，其中政府财政责无旁贷。从本质上看，基本公共服务非均等化是公共财政职能缺位在经济社会发展中的一种变现，这种职能缺位的内在体制原因集中体现在，计划经济体制下承担公共服务提供职能的民众和政府企业间的保障契约被逐步打破，而新型市场经济体制下的由公共财政制度保障的新公共服务供给机制没能及时有效地建立，从

---

① 数据来源：《民政部发布2010年社会服务统计报告》。

② 中国社会科学院：《农村经济绿皮书》，社会科学文献出版社2011年版。

而造成了公共服务提供机制的过渡性真空，进而引发众多的公共服务失衡问题①。

分税制财政体制运行十几年来，政府财政收入持续高速增长，从1994年的5218.10亿元增长到2011年103740.01亿元，增长了近20倍；中央财政收入比重一直稳定在50%以上的水平，使得中央政府在平衡地区之间、城乡之间的公共服务具有了财力保障。1998年政府明确提出构建公共财政基本框架以及对国有企业推行“抓大放小”政策以来，政府职能有了很大转变，公共支出改革进一步深化，财政大量从国有企业中退出，而更注重于向公共服务的投入，公共服务逐步广泛化为公共服务均等化提供了基础。包括部门预算、政府采购、国库集中支付以及公共支出绩效考评等在内的财政管理活动逐步完善，也为公共服务均等化的实施与效果评价提供了制度保证和技术支持。而分税制财政体制的不足之处在于，形成收入集权的同时却没有相应调整支出责任，沉重的地方财政支出责任与不充分的转移支付相结合，财力分配的纵向不公平造成基层政府财政困难，形成大量地方政府性债务，弱化了基层政府的基本公共服务保障能力②；财力分配的横向不公平形成区域间财力差距，导致了教育、公共卫生、基础设施等基本公共服务的区域不均等。这些是当前地方财政体制运行的突出问题，如果处理不当，必然成为推动基本公共服务均等化的持续性体制障碍，不利于经济社会的可持续发展。

要解决这些问题，需要加快推进我国公共财政体制建设，完善公共财政职能，以实现公共服务均等化。十六届五中全会通过的《国民经济和社会发展第十一个五年规划的建设》要求“按照公共服务均等化原则，加大国家对欠发达地区的支持力度，加快革命老区、民族地区、边疆地区和贫困地区经济社会发展”。十六届六中全会通过的《中共中央关于构建社会主义和谐社会若干重大问题的决定》进一步提出，“完善公共财政制度，逐步实现基本公共服务均等化”。党的十七大报告提出，“要围绕推进基本

---

① 吕炜：“中国公共服务提供均等化问题研究”，《中国财政理论前沿（5）》，社会科学文献出版社2008年版。

② 国务院发展研究中心地方债务课题组2008年对我国各级地方债务进行了一次初步摸底。据他们的粗略统计，我国地方政府债务至少在1万亿元以上，其中，地方基层政府（乡镇政府）负债总额在2200亿元左右，乡镇平均负债400万元。2011年审计署报告显示，到2010年底，除54个县级政府没有政府性债务外，全国省市县三级地方政府性债务余额共计107174.91亿元。这一债务总额占2010年GDP的1/4，超过当年全国财政收入。

公共服务均等化和主体功能区建设，完善公共财政体系”。“十二五”规划阐明为着力保障和改善民生，必须逐步完善符合国情、比较完整、覆盖城乡、可持续的基本公共服务体系，提高政府保障能力，推进基本公共服务均等化。在合理界定事权的基础上，按照财力与事权相匹配的要求，进一步理顺各级政府间财政分配关系；增加一般性转移支付规模和比例，加强县级政府提供基本公共服务的财力保障。2012 年国务院发布的《国家基本公共服务体系“十二五”规划》，明确按照推进基本公共服务均等化和实施主体功能区规划、国家区域发展战略的要求，逐步建立城乡一体化的基本公共服务制度，健全促进区域基本公共服务均等化的体制机制，促进公共服务资源在城乡、区域之间均衡配置，缩小基本公共服务水平差距。为此要建立与经济发展和政府财力增长相适应的基本公共服务财政支出增长机制，切实增强各级财政特别是县级财政提供基本公共服务的保障能力。具体的政策安排是：明确政府间事权和支出责任；完善转移支付制度及健全财力保障机制。这表明实现基本公共服务均等化已经成为当前我国完善公共财政体系、促进经济社会持续健康发展的核心工作之一。

总体来看，基本公共服务均等化中的财政作用，一方面体现为基本公共服务领域财政能力均等化；另一方面是对政府投入及基本公共服务产出结果的评价和反馈。进一步来看，财政促进基本公共服务均等化一般是通过财政能力均等化实现的，财政能力均等化是财政促进基本公共服务均等化的基本手段，而财政能力的均等化又取决于政府间财政体制和转移支付制度。

基于上述研究背景，本书以基本公共服务均等化与地方财政体制的关联性为研究起点，旨在通过地方财政体制变迁，解决基层财政困难，提升基层政府公共服务能力，推进各地区财政能力均等化，以逐步实现基本公共服务均等化。

第二节 文献述评

由于基本公共服务均等化一直是西方国家经济实践的原则，因而国外学者对于其理论依据等研究的相对较少，而是将重心转向基本公共服务均等化的实证方面，研究文献集中在三块。

第一块是对公共服务不均等的现象描述。Grand（1982）[①]、世界银行（2004）指出了公共服务不公平的普遍性；Van de Walle（2005）、OECD（2006）则指出了公共服务分配不均等的严重性[②]。Mclure、Charles E.、Jr（1994）对俄罗斯的税权分配和财政联邦主义进行了分析，发现俄罗斯的地区间财力存在着很大的差距，并指出这种差异主要是由于各地区所拥有的自然资源（如石油）分布不均造成的，并在可预见的将来会一直存在[③]。而 Slukhai（2003）则对俄罗斯、罗马尼亚和乌克兰三个国家的财力差异现状进行分析，并结合三个国家各自的财政体制提出了如何通过财政平衡机制对这种差异进行治理[④]。Bert Hofman & Susana Cordeiro Gurra（2005）对东南亚几个国家与中国的财力差异问题进行研究后发现，中国、印度尼西亚、菲律宾和越南四个国家目前的地区间财力差异都很大，由此导致各国地方政府提供公共服务的巨大差异。他们认为这种巨大的财力差异是由其地区间经济发展的不平衡和财政转移支付制度不规范造成的。最后提出了三种可能的实现地区间公共服务水平均等化的途径：中央政府的决心及中央政府作用的充分发挥；地方政府信息管理制度的完善；转移支付构成的合理化[⑤]。而 Kai－yuen Tsui（2005）则从中国地区间财力差异的角度对地区间公共服务水平差异的形成机制进行了详细测量，发现地区间财力差异至少从 1994 年分税制改革以来基本处于一种上升状态，并且他对收入因素与转移支付因素对财政支出差异的影响进行了定量分析，发现专门用于平衡各地区财力不均等的过渡期转移支付项目没有起到强有力地缩小财力差异的作用。他还指出营业税、增值税和税收返还对地区间财力差异的作用

① Grand J L. “The strategy of equality：redistribution and the social services”. Allen and Unwin, London, UK, 1982.

② Van de Walle. “Do Services and Transfers Reach Morocco's Poor? Evidence from Poverty and Spending Maps”. World Bank Research Working Paper 3478, 2005.

③ Mclure.、Charles E.、Jr. “The Sharing of Taxon Natural Resources and The Future of The Russian Federalism In Christine Wallich, . Ed, Russia and the Challenge of Reform”. Palo Alto, Calif: Hoover Institution Press, 1994.

④ Slukhai. “Dilemmasand Compromises：Fiscal Equalization in Transition Countries”. Open Society Institute - Budapest, 2003.

⑤ Bert Hofman.、Susana Cordeiro Gurra. “Fiscal Disparities in East Asia：How Large and Do They Matter”. http：//siteresources1 worldbank1 org/ INTEAPDECEN/Resources/Chapter - 4. Pdf, 2005.

度是最强的[①]，而这一结论也为如何实现地区间公共服务水平的均等化提供了直接依据。

第二块是对基本公共服务均等化的影响效应方面。Andrew Reschovsky（1994）着重分析了财政均等化对美国教育融资的影响[②]；Bev Dahlby（2001）分析了财政均等化转移支付的激励效应[③]。Boyne、Powell & Ashworth（2001）利用公共服务需求、权利和努力程度三个标准来分析英国的地区间公共服务均等化情况。通过对英国38个县的数据分析发现，人均财政支出与公共服务需求的正相关性非常强，与地区财政收入的贡献呈负相关，而与地方税收努力程度仅微弱相关。这说明了英国政府的转移支付制度在均等化公共服务方面是非常成功的[④]。Stephen（2002）在对美国和加拿大两国基本公共服务项目种类进行介绍后，分别对两国均等化转移支付计划和地区间基本公共服务均等化效果进行了比较[⑤]。Catherine Hull & Bob Searle（2004）则研究了澳大利亚的财政均等化政策对公共服务提供的影响[⑥]。Bruce（2005）概括了政府税收返还及转移支付模式对社会保障计划影响的一些研究；Thiess（2006）介绍了德国根据地方税收贡献来确定地方财力平衡性转移支付的综合模式等。[⑦]

财政均等化的制度设计要素一般包括了财政能力和支出需求两方面(Shah，1996，2007)，同时考虑两个要素所建立的均等化将更贴近现实，

① Kai－yuen Tsui. “Local tax system，intergovernmental transfers and China's local fiscal disparities”. Journal of Comparative Economics，Volume 33，Issue 1，p173－196，2005.

② Andrew Reschovsky. “A Wisconsin property tax primer”. Robert M. La Follette Institute of Public Affairs，University of Wisconsin－Madison，1994.

③ B. Dahlby. “Fiscal Capacity，TaxEffort，and Optimal Equalization Grants”. The Canadan Journal of Economics，1994，Vol 27，No. 3，p657－672.

④ G. Boyne.，M. Powel.，R. Ashworth. “Spatial Equity and Public Services：An Empirical Analysis of Local Government Finance in England”. Public management Review，2001.

⑤ Stephen W. “Hierarchical linear models：applications and data analysis methods”. Sage Publications，Inc，2002.

⑥ Catherine Hull.，Bob Searle. “The Impact of Equalization on Service Delivery”. Business and Economics，Vol 2，p61－93，2007.

⑦ Thiess Buettner. “The incentive effect of fiscal equalization transfers on tax policy”. Journal of Public Economics，Vol 90，p477－497，2006.

也更能体现公平（Vaillancourt，2001，2004[①]；Boadway，2007）[②]。评价财政均等化制度的标准过去常用的是财政投入指标，但该标准难以保证均等化的效果，所以近些年来，学者们尝试将绩效评价引入到均等化制度当中（沙安文，2005）。[③]

第三块侧重于基本公共服务均等化的解决方案。Buchanan（1950）提出一个公正的社会应该使得每一个处于平等地位的人能够得到"平等的财政对待"，即状况相同的人应具有相同的财政剩余。为实现"平等的财政对待"，政府的财政政策制定必须有利于地区财政能力的均衡[④]。Tresch（1981）提出，公共服务的提供应该由"最接近居民"的地方政府负责，但是当考虑公共服务均等化的时候，上级政府应该承当更大的责任。这并不是说中央政府要承担公共服务的主要支出责任，而是说为了均等化，中央政府必须担负补缺兜底的职责，在全国范围内负有均等化的边际责任[⑤]。Robin & David（1984）认为应税能力与支出需求的差异会使地区之间产生财政的非均衡，中央政府对地方进行补助的转移支付制度的设计，有助于实现地区之间横向财政能力公平的目标[⑥]。普拉丹（2000）、IMF（2005）提出了其公共服务供给的基本分析方法[⑦]；Savas（2000）、格兰德、普罗佩尔、罗宾逊（2006）则绘制了公共服务公平有效供给的财政支出制度框架[⑧]；Toshihiro（2004）的研究指出，应该动态地分析联邦制国家地方政府财政支出结构的变化，从而相应地调整各类转移支付的办法。[⑨]

国外文献主要将基本公共服务非均等化问题归结为地区发展差距与区域间财力分配不均等，提出规范转移支付体系来促进公共服务均等化。其分析视角较单一，与之匹配的解决方案缺乏系统性。将公共服务均等化放

---

① Francois Vaillancourt."Expenditure – based Equalization Transfers". International Studies Program, Working Paper No. 04 – 10, Georgia State University, 2004.

② Boadway., Robin., Anwar Shah. "Intergovernmental Fiscal Transfers: Principles and Practices". Washington, D. C: World Bank, 2007.

③ 沙安文：《地方政府与地方财政建设》，中信出版社 2005 年版。

④ Buchanan James M."Federalism and Fiscal Equity". The American Economic Review, Vol 40, No. 4, p583 – 599, 1950.

⑤ Tresch. R. W."Public Finance: A normative Theory". Bussiness Publications Inc, 1981.

⑥ W. Robin & E. David."Public Sector Economics". Boston, M. A, Little Brown Press, 1984.

⑦ 桑贾伊·普拉丹：《公共支出分析的基本方法》，中国财政经济出版社 2000 年版。

⑧ Savas E. S."Privatization and Public – Private Partnerships". Seven Bridges Press, 2000.

⑨ Toshihiro Ihori & Jun – Ichi Itaya."Fiscal Reconstruction and Local Government Financing". International Tax and Public Finance, Volume 11, No 1, p55 – 67, 2004.

到财政体制框架进行研究的文献薄弱，需要确定一个综合分析思路。

我国属于经济转轨中的发展中国家，区域之间自然环境、人口分布密度、资源分布等方面存在巨大差异，由此导致的区域经济发展不均衡会长期存在。工业优先发展的国家战略——计划模式实验——城乡二元经济结构的溢化，决定了城乡发展不平衡问题也将长期存在，由此引发的公共服务不均等问题在中国有着特殊的背景环境，具有现实紧迫性。国内研究侧重于问题导向型，主要基于分析基本公共服务非均等化的财政体制诱因，并由此提出解决方案这样一个分析架构。研究文献梳理可分为三类：

第一类是测算基本公共服务均等化水平。

基本公共服务均等化水平测算时主要围绕地区与城乡间差异展开。在评估地区间公共服务均等化水平方面，陈昌盛（2007）等从公共服务绩效评估角度，对基础教育、公共卫生、社会保障、基础设施、科学技术、公共安全、环境保护和一般公共服务等八类基本公共服务，分别按投入、产出与效果设计了总共包含165个指标在内的指标体系，以全国31个省级行政区为评估重点，用基数法和数据包络分析两种成熟的评估方法，全面评估了我国政府公共服务的综合绩效、投入产出效率、改善程度和地区差异状况。基本结论是公共服务在地区间存在较明显的不均等现象[①]。安体富、任强（2008）从地区差别的视角设计了衡量公共服务均等化水平的指标体系，对我国2000—2006年的公共服务及其具体的均等化情况加以评价，发现我国地区间公共服务水平的差距在2000—2006年间呈现逐步扩大的趋势；就具体的公共服务项目而言，科学技术、社会保障、环境保护和公共卫生的差距程度较大[②]。王新民、南锐（2011）构建了基本公共服务均等化水平的多层次评价指标体系；基于层次分析法确定的指标权重，应用灰色关联综合评价模型对全国31个省域均等化水平进行了实证分析；分析结果表明我国基本公共服务均等化呈现出整体水平较低，区域发展不平衡，东、中、西部呈阶梯状特征，且均等化水平与省域经济实力、财政收入规模、地区综合发展能力呈正相关。[③]

---

① 陈昌盛、蔡跃洲等：《中国政府公共服务：体制变迁与地区综合评估》，中国社会科学出版社2007年版。

② 安体富、任强：“中国公共服务均等化水平指标体系的构建——基于地区差别视角的量化分析”，《财贸经济》2008年第6期，第79—82页。

③ 王新民、南锐：“基本公共服务均等化水平评价体系构建及应用：基于我国31个省域的实证研究”，《软科学》2011年第7期，第21—26页。

在评估城乡间公共服务均等化水平方面，王雍君（2006）用城乡人均享有的医疗卫生资源（包括医生、护士及医疗设施及设备等）之比、城乡小学生生均财政支出之比、城乡居民人均可支配收入之比的比较得出，城乡间公共服务的差距比城乡经济差距更大[①]。解垩（2006）、包兴荣（2006）等指出，城乡公共服务的巨大差异体现在农村基础教育、卫生资源、社会保障等多方面[②]。陈昌盛（2007）等通过比较发现，各地基本公共服务绩效得分与其第一产业比重（体现城市化水平）和农村/城镇恩格尔系数比大体呈反向关系，即第一产比重和农村/城镇恩格尔系数比越高的省份，绩效得分越低，并依此得出公共服务的城乡差距十分突出的结论[③]。刘成奎、王朝才（2011）利用社会保障指数、卫生服务指数、义务教育指数、基础设施指数四大指标构建了城乡基本公共服务均等化指标体系，并利用2004—2008年我国28个省份的实际数据计算了城乡基本公共服务均等化指数。结果显示我国城乡基本公共服务均等化指数总体上趋于上升，且与政府政策推动直接相关；各省份内部城乡之间均等化水平差异较大，但是与经济增长水平无直接关系。[④]

第二类是探讨造成公共服务非均等化的财政体制问题。

对于财政体制所造成的公共服务非均等化问题，学者们认为公共服务非均等源于各地区财力差异与不规范的转移支付体系。曾军平（2000）比较1994—1997年的人均财政收入基尼系数与变异系数后，证实无论就本级收入，还是就包括了税收返还和补助在内的总收入，以及人均财政支出，分税制都加大了地区间的财政差异[⑤]。刘溶沧、焦国华（2002）发现，1988—1999年各地区人均财政支出差距较各地人均财政收入差距已明显缩小，说明转移支付制度对地区间财政收入差距具有一定的调节作用，但进

---

① 王雍君："中国的财政均等化与转移支付体制改革"，《中央财经大学学报》2006年第9期，第1—5页。

② 解垩："中国区域宏观税负收敛性分析"，《中央财经大学学报》2006年第11期，第22—26页。

包兴荣："社会公正话语下的城乡社会性公共服务统筹刍议"，《四川行政学院学报》2006年第3期，第70—73页。

③ 陈昌盛、蔡跃洲等：《中国政府公共服务：体制变迁与地区综合评估》，中国社会科学出版社2007年版。

④ 刘成奎、王朝才："城乡基本公共服务均等化指标体系研究"，《财政研究》2011年第8期，第25—29页。

⑤ 曾军平："政府间转移支付制度的财政平衡效应研究"，《经济研究》2000年第6期，第27—32页。

行年度比较后可以发现，无论从收入还是支出角度看，差异程度都在逐步扩大，说明转移支付制度没能有效遏制地区间财力差异增大的趋势①。马拴友、于红霞（2003）通过实证研究发现，从1995年到2000年，考虑各地方转移支付因素时的地区经济收敛系数反而比不考虑该因素时的收敛系数小（该收敛系数为负值），说明转移支付没能促进区域经济收敛。他们认为，转移支付之所以没有取得均等化效应，主要是因为转移支付的资金分配不科学、不公平②。张启春（2005）在考虑现行转移支付实施后，以人均财政收入变异系数反映的各地区人均财力的变化呈缩小趋势，且缩小幅度越来越大。以人均财政支出变异系数反映的各地区人均财力变化在1996—1998年期间呈剧烈波动，2000年总体略微上升；以各地人均财政支出为主要衡量指标，现行政府间转移支付制度并未起到缩小各地财力差距的作用③。Christine Wang（2005）指出，财政体制存在的地方政府支出责任和地区间财力差异过大以及转移支付的组成结构不合理，导致中国西部一些省区的贫困基层政府因为财政困难而取消了以前曾有的免费医疗、传染病防治，免费电影以及一些传统活动，从而引发一系列社会问题的出现。李凌、卢洪友（2007）采取1980—2005年间的样本数据，揭示1980年以来中国省际间财政差异的变化趋势，以及这种变化趋势的影响因素。研究表明，在财政收入方面，受地区经济差异加大的影响，1994年以后财政收入差异有扩大态势，而分税制改革有助于缩小省际间财政收入差异。在财政支出方面，1995年以后财政支出差异呈上升趋势，这是地区间分税制共同作用的结果，但是前者的作用远远大于后者④。刘亮（2007）利用Theil系数和分项收入分解方法，从空间层面和构成层面对财力进行了地区分解和结构分解，以反映近年来中国地区间财力差异的变化趋势。从财力的空间层面看，地区间的产业结构层次、区域性的税收优惠政策和财政包干体制是导致地区间财力差异的重要原因；从财力的结构层面看，将营业

① 刘溶沧、焦国华："地区间财政能力差异与转移支付制度创新"，《财贸经济》2002年第6期，第5—12页。

② 马拴友、于红霞："转移支付与地区经济收敛"，《经济研究》2003年第3期，第26—33页。

③ 张启春："政府间转移支付与地区财力差距变化"，《中南财经政法大学学报》2005年第6期，第112—116页。

④ 李凌、卢洪友："我国省际间财政差异趋势与影响因素的实证研究"，《财经问题研究》2007年第8期，第72—76页。

税划分为地方税、增值税和消费税税收返还以及所得税基数返还等保持既得利益的转移支付形式也是造成地区间财力差异的重要原因①。尹恒、王丽娟、康琳琳（2007）利用1993—2003年我国县级地区的财政数据，借鉴收入分配文献中发展出来的地区子集和收入来源不平等分解法，对县级政府财力差距进行了分析，发现我国县级政府财力差距十分悬殊，且财力不均等存在上升趋势；大部分财力不均等是由组内差异解释的，地区间差距对不均等的贡献相对较小；上级财政转移支付不但没有起到均等县级财力的作用，反而拉大了财力差异，特别是在分税制改革后，转移支付造成了近一半的县级财力差异②。汤学兵（2009）认为当前我国省级基本公共服务均等化水平呈不断下降的趋势，而且存在着缺乏公共服务供给的法律保障、缺乏统一区级协调的组织保障、缺乏公平而规范的转移支付制度和缺乏公开透明的动态评价机制等制度缺陷③。田发（2010）认为财政转移支付的横向财力均等化效应会影响到各地区财政能力均等化水平，进而影响到地方公共服务均等化实现程度。研究表明，从总体效应看，转移支付起到一定的横向财力均等化效果，但各地区财力差异仍然很大；从分项转移支付效果来看，一般性转移支付的财力均等化效应最强，专项转移支付次之，税收返还效果最差。应通过调节转移支付的地区分配结构与建立均等化转移支付体系来提升转移支付的横向财力均等化水平，以促进各地区公共服务均等化。④

第三类是推动基本公共服务均等化的财政体制改革建议。

在促进基本公共服务均等化的财政体制改革方面，学者们提出各种观点。贾康、阎坤（2005）认为，应逐步完善省以下地方税收体系，调整各级政府间的财力划分⑤。金人庆（2006）提出，通过进一步明确中央和地方的事权、健全财力与事权相匹配的财税体制，可以推进基本公共服务均

① 刘亮："中国地区间财力差异的变化趋势及因素分解"，《财贸研究》2007年第1期，第65—72页。

② 尹恒、康琳琳、王丽娟："政府间转移支付的财力均等化效应——基于中国县级数据的研究"，《管理世界》2007年第1期，第48—55页。

③ 汤学兵："论中国区际基本公共服务均等化的路径选择和保障机制"，《财贸经济》2009年第6期，第68—73页。

④ 田发："财政转移支付的横向财力均等化效应"，《财贸研究》2010年第2期，第70—75页。

⑤ 贾康、阎坤："改进省以下财政体制的中长期考虑与建议"，《中国财政》2005年第12期，第8—11页。

等化；完善省以下财政体制，可以增加基层政府提供公共服务的能力①。方栓喜、匡贤明（2007）认为，要尽快实现中央地方关系“以经济总量为导向”向“以基本公共服务均等化为导向”转变，使有限的公共资源在中央地方之间实现优化配置，实现经济的持续增长，逐步缩小地区间基本公共服务的差距②。常修泽（2007）认为，中国财政资金应逐步退出一般竞争性领域，加大对目前比较薄弱的基本公共服务领域的投入，这种研究视角明确了市场经济下的政府公共服务职能以及相应的公共财政投向问题③。刘尚希等（2008）从理论上提出了公共服务与公共财政关系的逻辑矩阵，并运用实际数据实证分析了基本公共服务的现实差距以及公共财政对我国基本公共服务所产生的影响，提出了围绕基本公共服务进一步深化公共财政制度改革的若干政策建议④。吕炜（2008）提出建立以公共需求为导向的公共服务提供模式，不仅是一种公共服务思路的转换，更需要在公共财政框架内建立一套与之相匹配的保障机制。基本思路是在合理设定均等化标准的基础上，客观测定各地区基本公共服务的实际公共需求与政府服务能力，通过对比其差额来科学设计财政体制安排和转移支付方案，最终实现基本公共服务均等化⑤。“基本公共服务均等化与政府财政责任”课题组（2008）认为从目前的体制和财力状况来看，可分两个阶段来实现，第一个阶段是在现有体制下，通过优化支出结构来向基本公共服务领域倾斜，通过支出绩效评价机制的建立来提高基本公共服务均等化的效率，通过完善转移支付制度来增强各级政府提供基本公共服务的能力；第二个阶段是进一步改革财政管理体制，科学划分各级政府的事权和财权，建立基本公共服务分工和问责制，从制度上保证基本公共服务均等化的实现⑥。田发（2011）提到要提升财政均等化水平，促进公共服务均等化的政策建议有：

① 金人庆：“完善促进基本公共服务均等化的公共财政制度”，《中国财政》2006 年第 11 期，第 8—12 页。

② 方栓喜、匡贤明：“以基本公共服务均等化为重点调整和改革中央地方关系的建议”，《经济研究参考》2007 年第 11 期，第 2—6 页。

③ 常修泽：“公共服务均等化亟须体制支撑”，《瞭望》2007 年第 7 期，第 48—49 页。

④ 刘尚希、杨元杰、张洵：“基本公共服务均等化与公共财政制度”，《经济研究参考》2008 年第 40 期，第 2—9 页。

⑤ 吕炜、王伟同：“我国基本公共服务提供均等化问题研究——基于公共需求与政府能力视角的分析”，《财政研究》2008 年第 5 期，第 2—13 页。

⑥《基本公共服务均等化与政府财政责任》课题组：“基本公共服务均等化与政府财政责任”，《财会研究》2008 年第 6 期，第 6—14 页。

改革现行转移支付的类型结构和地区分配结构；明确各级政府的均等化公共服务责任；构建各级政府的均等化财力分配格局。[①]

在具体的均等化解决方案中，改革现行的中央对地方转移支付制度以实现公共服务均等化，是被广泛提及的改革思路。贾康（2005）认为，应进一步明确财权和事权划分，把完善转移支付制度作为下一步调整中央地方关系的重点[②]。阎坤（2007）认为，要实现基本公共服务均等化，必须规范转移支付体制，加大转移支付力度，需要试行纵向转移与横向转移相结合的模式，并且从实质上调整利益分配格局[③]。刘铭达（2007）认为，转移支付促进基本公共服务均等化，要合理地确定转移支付补助规模的稳定增长机制，对于地区经济发展不均衡问题，在财政体制的设计上应统筹考虑，收入、事权的划分及转移支付的规模要通盘设计[④]。郭庆旺、贾俊雪（2008）提出，为了使中央财政转移支付在促进地方公共服务发展和均等化，提高全社会福利水平中发挥积极作用，就需要改变目前的财政利益分配格局，减少传统体制遗留因素的不利影响，完善转移支付结构，建立科学合理的分配模式[⑤]。谷成（2010）提到为消除财政差异，均等化转移支付要求将财政能力均等化至全国平均水平，并对各地区不同的公共服务需求和成本予以补偿。在我国目前的分权约束条件下，宏观经济指标法是衡量中央以下各级政府财政能力的理想选择。在支出需求方面，应在承认特定地区成本和需求差异的基础上，通过制定以支出需求为基础的最低标准的转移支付，使某些公共服务的财政需求简便而客观地得以补偿[⑥]。张启春（2011）倡导借鉴加拿大的成功经验，明确均等化目标，通过构建财政平衡机制，完善政府间转移支付制度，给予地方政府适度自主权，从而更快更好地实现区域基本公共服务均等化[⑦]。汤学兵（2011）阐述必须调

---

① 田发：“财政均等化：模式选择与真实度量”，《财经科学》2011 年第 3 期，第 58—66 页。

② 贾康、白景明：“关于中国分税分级财政体制安排的基本思路”，《经济学动态》2005 年第 2 期，第 9—15 页。

③ 阎坤：“如何实现公共服务均等化”，《中国财经报》2007 年 2 月 6 日。

④ 刘铭达：“完善省以下转移支付制度的建议”，《中国财政》2007 年第 1 期，第 53—55 页。

⑤ 郭庆旺、贾俊雪：“中央财政转移支付与地方公共服务提供”，《世界经济》2008 年第 9 期，第 74—84 页。

⑥ 谷成：“基于财政均等化的政府间转移支付制度设计”，《财贸经济》2010 年第 6 期，第 40—45 页。

⑦ 张启春：“区域基本公共服务均等化的财政平衡机制：以加拿大的经验为视角”，《华中师范大学学报（人文社会科学版）》2011 年第 11 期，第 29—37 页。

整政府间转移支付制度的价值取向，更加强调公平正义原则和均等化目标。同时，政府间转移支付制度必须从做大一般性转移支付规模、清理归并专项转移支付和重构对口支援体系三个方面进行完善①。贾晓俊、岳希明（2012）建议为选择更多的公共服务项目实现均等化，必须进行转移支付的整体改革，除将全部均衡性转移支付资金及中央对地方税收返还用于弥补缺口外，中央对地方转移支付总额中一般性转移支付中的可以转变为均衡性转移支付的支出项目，如体制补助、民族地区转移支付、调整工资转移支付、农村税费改革转移支付、缓解县乡财政困难奖励及补助全部用于补充均衡性转移支付。②

国内相关研究大多侧重于对基础理论、现状描述与解释以及方向性的改革政策，分析的内容较散，剖析问题深度不够，都很少提出一个完整的基本公共服务均等化问题的财政体制研究框架和系统的解决方案。而将基本公共服务均等化与地方财政体制关联性作为分析视角的文献更少。分税制推行的体制效应在于基本规范中央与省级的财政体制分配关系，而省以下地方财政体制则比较混乱，运行的后果表现为基层县乡财政困难、地区间财力不均衡等，这构成基本公共服务非均等化的重要根源。中央财政基于自身财力的限制，只能集中于促进基本公共服务的最低保障，而实现公共服务均等化的责任主体在于地方财政，其中地方财政体制的健全与否成为考核基本公共服务均等化水平的重要评价标准。因此，以地方财政体制变迁为分析框架，寻求解决基本公共服务均等化问题的路径则显得十分重要。

第三节 研究思路与方法

一、研究思路

中国正处在由生存型社会向发展型社会转变的关键时期，公众公共需

① 汤学兵、张启春：“中国政府间转移支付制度的完善——基于区域基本公共服务均等化目标”，《江海学刊》2011 年第 2 期，第 97—103 页。

② 贾晓俊、岳希明：“我国均衡性转移支付资金分配机制研究”，《经济研究》2012 年第 1 期，第 17—30 页。

求全面快速增长同公共服务不到位、公共产品短缺的矛盾日益突出。尤其是随着农村公共需求的全面释放，义务教育、医疗卫生、社会保障等基本公共服务的供给，已经成为广大农民迫切的期盼。适应社会矛盾的变化趋势和公众的现实基本需求，以人的全面发展为目标，逐步实现基本公共服务均等化，是落实科学发展观、构建和谐社会、建设新农村的重点所在。

基本公共服务的非均等化主要体现在基本公共服务供给的地区差距、城乡差距、群体差距三个层面。造成基本公共服务不均等的体制性原因有多种，如经济转轨时期推进经济发展的非均衡发展战略选择，造成地区间发展不平衡，直接后果是地方政府自身提供公共服务能力出现巨大差异；政府投资驱动式的经济发展模式引发了公共服务提供不足——→体制性消费不足——→政府投资固化——→公共服务提供不足的恶性循环，致使政府支出偏好也被相对锁定在高投资、低服务的结构上；分税制改革不彻底，使得中央对地方转移支付没能按照平抑地方财力差异的原则进行，导致地方政府公共财政提供能力差异巨大；政府官员考核体系以发展经济为首要考核指标，由此出现各级政府追求足量、公平的公共服务意愿不强的情况，加剧了公共服务不均等问题。

从本质上看，基本公共服务非均等化是公共财政职能缺位在经济社会发展中的一种变现，这种职能缺位的内在体制原因集中体现在，计划经济体制下承担公共服务提供职能的民众和政府企业间的保障契约被逐步打破，而新型市场经济体制下的由公共财政制度保障的新公共服务供给机制没能及时有效地建立，从而造成了公共服务提供机制的过渡性真空，进而引发众多的公共服务失衡问题。而这些可以通过分析分税制财政体制运行状况得到验证。分税制改革的缺陷在于，形成收入集权的同时却没有相应调整支出责任，沉重的地方财政支出责任与不充分的转移支付相结合，财力分配的纵向不公平造成基层政府财政困难，形成大量地方政府性债务，弱化基层政府公共服务能力；财力分配的横向不公平形成区域间财力差距，导致了教育、公共卫生、社会保障、基础设施等基本公共服务的不均等。

当前地方财政体制运行的突出矛盾问题，必然成为推动基本公共服务均等化的持续性体制障碍，不利于经济社会的可持续发展。而解决基本公共服务均等化问题的责任主体是政府。政府财政促进基本公共服务均等化是通过财政能力均等化实现的，而财政能力的均等化又取决于政府间财政体制安排。据此，本书以地方财政体制为分析视角，来探讨基本公共服务均等化问题。在运用多种均等化衡量指标对基本公共服务均等化问题进行描述后，深究其背后的财政体制根源，即财政支出结构失衡、政府间公共服务责任分工与财力搭配不对称、转移支付体系的非均等化等，并通过健全公共财政体制，形成可持续的基本公共服务财政支持机制，逐步实现基本公共服务均等化。从理论上看，可将福利经济学的收入均等化思想、公共选择理论的财政平衡思想及公共财政制度的公共性理念贯穿起来，丰富公共服务均等化基础理论体系。从现实上看，可为落实科学发展观、构建和谐社会、建设新农村提供坚实的物质和制度保障。

二、研究方法

一是系统分析方法。将基本公共服务均等化问题置于地方财政体制这个系统内，研究基本公共服务均等化与地方财政体制运行的互动关系。

二是流程分析方法。将地方财政体制运行拆分为收入、支出、转移支付三个环节，构成一个完整的财政运行周期。采用支出在前、收入在后的分析顺序，剖析各环节对公共服务均等化的影响水平，并强调地方财政体制改革的根本任务是推进基本公共服务均等化。

三是统计分析方法。着重使用变异系数、泰尔指数、极差率等来测算均等状况（如基本公共服务均等化水平、区域财力分配均衡程度、分项转移支付均衡性等）。

四是比较分析方法。进行基本公共服务均等化的财政体制安排的国别比较，总结归纳出西方均衡财政制度中可资借鉴的经验。

第四节 研究基本框架、主要观点及创新之处

一、本书研究基本框架

本书基本框架共分六个部分，各部分主要内容如下：

第一章，导论。导论部分首先将基础教育、医疗卫生、社会保障等基

本公共服务的城乡、区域、群体间差距扩大问题与其地方财政体制根源作为研究背景，显示出研究的应用价值。其次对国内外研究文献进行综合评述，指出国外文献主要将基本公共服务非均等化问题归结为地区发展差距与区域间财力分配不均等，提出规范转移支付体系来促进公共服务均等化，其分析视角较单一，与之匹配的解决方案缺乏系统性；国内相关研究大多侧重于对基础理论、现状描述与解释，以及方向性的改革政策，分析的内容较分散，剖析问题深度不够，很少提出一个完整的基本公共服务均等化问题的财政体制研究框架和系统的解决方案。最后提出研究思路与方法及创新之处。研究思路上以基本公共服务非均等化的地方财政体制根源为研究起点，并探寻促进公共服务均等化的地方财政体制改革路径。研究方法上贯穿系统分析方法、流程分析方法、统计分析方法及比较分析方法。

第二章，基本公共服务均等化与地方财政体制关联性。本部分在厘清基本公共服务均等化的内涵，透析地方财政体制变迁轨迹的基础上，刻画出基本公共服务均等化与地方财政体制的关联性，重点分析地方财政体制对基本公共服务均等化的作用机理，以构建研究的理论平台。首先将公共服务——基本公共服务——基本公共服务均等化，构成一个逐步内生化的结构，分别阐述各学者的观点，在综述的基础上对这三方面的内涵进行界定。其次将地方财政体制变迁划分为三个阶段，即统收统支、统一领导、分级管理的财政体制，分级包干财政体制，分税制财政体制。侧重分析分税制如何演化为一个导致地区差距扩大的体制，加剧了地区间公共服务非均等化程度。最后通过透析基本公共服务均等化与公共财政的关系，来定位公共财政对基本公共服务均等化的作用机理。并以此为分析框架，探讨内生于公共财政的地方财政体制运行状况对基本公共服务均等化的影响机制，从而把握两者的关联性。

第三章，基本公共服务均等化水平测算。本部分先对基本公共服务均等化水平进行总体考量，在肯定推进基本公共服务发展成效的基础上，发现基本公共服务存在总量不足、分布不均与负担结构失衡等问题，以对基本公共服务的均衡状况做全局评价。再选择义务教育、医疗卫生、社会保障三项基本公共服务，来分项目测算其地区间、城乡间的均等化程度，发现核心公共服务的区域间、城乡间差距显著。

第四章，基本公共服务均等化的地方财政体制效应评估。基本公共服务非均等化加剧地区和城乡发展差距，有悖于落实科学发展观和构建和谐社会的内在要求。基层财政困难和区域间财力不均是基本公共服务分布不均的直接原因，但其深层次的体制因素在于地方财政体制异化效应后果。本部分采用公共服务责任分工——地方财力分配的均等化——均等化转移支付这样一个三位一体的基本分析框架，来评估地方财政体制运行对基本公共服务均等化的影响效应，立足于三个层面的解析：

（1）在分析公共服务责任分工效应上，选择四个指标考量地方政府财政支出规模，得出“地方公共服务事权与财力不对称”在总量上不成立的结论，而真正原因是政府财政支出结构不合理，经济性支出比重偏高，社会性支出比重上升缓慢，以致于地方政府用于基本公共服务的有效投入不足；同时在有限的公共服务投入上，各层级政府公共服务责任分工错位，地方财政尤其是基层财政承担了过多的基本公共服务责任，拉大城乡间、地区间的公共服务差距。（2）在评估地方财力分配的均等化效果上，一方面进行横向财政间财力分配均等化比较，一是采用变异系数和极差率来衡量地区间财力分配差异情况，证明各地区人均可支配财力仍然很不均衡，地区间公共服务均衡化水平较低。二是用泰尔指数来测度地区财力均等化水平，表明地区财力初次分配差异没有明显收敛，而再分配差异显著缩小；地区财力总体差异的主要来源由区域间、东部地区转变为区域内，特别是东部、西部地区的财力差异，这说明转移支付有效缩小了地区财力总体差距与区域间财力差距。三是构建区域财力标准人分配模型来估算区域财力均等化缺口，发现区域间财力均等化缺口较大，西部、东北地区分享到更多的财力；区域内财力均等化缺口表现为中部、东北地区内的财力分配比较均衡，而东部、西部地区内各省的财力缺口较大。另一方面进行纵向财政间财力分配均等化比较，主要分析地方各级财政在主要税种上的财力分配格局，分析农村县乡财政财力薄弱的原因，从而抑制城乡公共服务均等化。（3）在测算转移支付的均等化效果上，以人均财政收入指标的变异系数与人均财政支出指标的变异系数之间的差额，来衡量转移支付的整体均等化效应。同时，对税收返还、财力性转移支付、专项转移支付进行分项的财力均等化测算，研究结果是税收返还偏离财力均等化目标；财力性转移支付接近财力均等化目标；专项转移支付的财力均等化水平一般。

第五章，基本公共服务均等化的财政体制安排：国别视角。纵观世界各国政府间在财政体制的设置上，虽然不存在一种完全相同的制度模式，但从其明晰职责、对等事权、均等财权、均衡拨款等均衡制度的安排看，无一不呈现出追求公共服务均等化的特征。吸取各国有关实践经验，可为中国促进基本公共服务均等化的财政体制安排提供一些改革思路。

本部分首先进行公共服务均等化模式选择比较。根据基本公共服务均等化目标及其表现的不同，划分为三种模式：人均财力均等化、公共服务标准化、基本公共服务最低公平，分别介绍每种模式在各国的实践情况，经过优劣对比，结合我国现有经济和财政状况，提出基本公共服务最低公平是现阶段既定约束条件下唯一可行的选择。其次进行公共服务均等化与公共服务职责分工比较。总结出美国、德国、法国、日本的公共服务职责划分情况，比较其政府间公共服务支出责任，以吸取西方国家公共服务责任分工的有益经验。再次进行公共服务均等化与政府间财力分配比较。选择以税权与收入划分、地方税系构成作为国际比较对象，归纳出各国各级地方政府的地方税主体税种选择情况。最后进行公共服务均等化与政府间转移支付比较，探寻现代财政转移支付制度的要点。在公共服务均等化的财政体制安排国际比较的基础上，提出符合我国的改革思路，即科学把握基本公共服务均等化模式演变、合理划分政府间公共服务职责、增强公共服务事权与财力均等化的匹配性、建立均等化转移支付体系。

第六章，基本公共服务均等化与地方财政体制变迁路径。本部分先构建基本公共服务均等化的地方财政体制改革框架。提出基本公共服务均等化的原则、目标、服务标准，在此基础上，定位地方财政中的省级财政、市级财政、县级财政的职责，并就近期侧重于财政体制边际微调，中长期进行财政体制重新设计制定改革方向。随后重点提出实现基本公共服务均等化的地方财政体制变迁具体路径，主要分为四个层面：

一是厘清现有五级财政体制的弊端，通过推行省管县体制、乡财县管等，将五级财政简化为三级财政，以此作为重构地方财政体制的财政级次基石。二是明确政府间公共服务责任合理分工。包括确定财政支出结构的目标模式、财政支出结构优化途径、地方政府间公共服务划分的纵向配置，以及义务教育、社会保障、医疗卫生、就业等基本公共服务的政府间责任分工体系。三是建立政府间财力与公共服务事权相匹配的机制。包括赋予地方政府适度的税收立法权、合理确定地方税收规模、构建各级地方的主体税种以及规范地方非税收入体系，以提高政府的公共服务能力。四是提升地方转移支付均等化水平。包括定位地方转移支付目标、规范地方转移支付制度评价标准，以及设计出地方均衡性转移支付的具体实施方案。

二、主要观点

1. 基本公共服务均等化有特定主体、客体和优先次序。均等化主体选择上应优先推进城乡基本公共服务均等化，进而实现地区间、群体间基本公共服务均等化；客体选择上应优先满足基础教育、公共卫生和社会保障三类基本的生存权和发展权需求；现阶段公共服务均等化模式选择是基本公共服务最低公平，而后考虑推行公共服务的标准化、人均财力的均等化。

2. 现行地方财政体制安排未能有效缩小基本公共服务的差距，其运行效应表现为：一是地方政府间公共服务责任分工不清，基层政府的公共服务责任过重，其公共服务能力不足。二是地方政府间财力分配不均衡，各地区间财力非均衡显著，拉大区域公共服务差距；地方纵向财政间财力分配失衡，基层政府特别是农村地区缺乏主体税种，财力严重不足导致城乡公共服务差距扩大。三是转移支付对均衡基本公共服务的效果一般，无论是规模、结构或实施方案上都需较大调整。

3. 基本公共服务均等化的财政责任主要在中央和省级政府，应通过中央和省级财政的公共资源分配来促进基本公共服务均等化，而保障基本公共服务供给的责任应主要在地方，尤其是基层政府。因此，基本公共服务均等化的财政责任应当上移，保障基本公共服务供给的责任应当下移，给地方基层政府以充分的责任和权力。

4. 公共财政促进基本公共服务均等化是一个渐进的过程，短期内靠优化财政支出结构和完善转移支付体系来增强地方政府公共服务能力；中长期需科学划分各级政府事权和财权，建立基本公共服务分工和问责机制，从制度上保证基本公共服务均等化的实现。

三、创新之处

1. 从财政投入的角度来设计各类公共服务投入的绩效评价指标体系，纳入到城乡、区域范围内进行评估，做到全方位的测度基本公共服务均等化水平。

2. 不局限于地方财政体制对公共服务均等化影响的定性判断，而是重点关注地方财政体制三要素“事权划分、财力分配、转移支付”对基本公共服务均等化影响效应的实证检验，从中发现一些重要研究结论。

3. 制定“十二五”时期基本公共服务均等化的服务标准，在将地方财政体制改革目标定位于基本公共服务均等化的基础上，更加重视制度性框架下某些操作性层面（如财政级次调整、基本公共服务责任上移、地方政府间税种配置等）的改进。

第二章 dierzhang
基本公共服务均等化与地方财政体制关联性

提供基本公共服务，实现基本公共服务均等化的责任主体是政府。政府财政促进基本公共服务均等化一般是通过财政能力均等化实现的，而财政能力的均等化又取决于政府间财政体制安排。本章在厘清基本公共服务均等化的内涵，透析地方财政体制变迁轨迹的基础上，刻画出基本公共服务均等化与地方财政体制的关联性，重点分析地方财政体制对基本公共服务均等化的作用机理，以构建研究的理论平台。

第一节 基本公共服务均等化内涵界定：一个综述

公共服务——基本公共服务——基本公共服务均等化，构成一个逐步内生化的结构，理论界对其内涵做过一些探讨，但并没有得出清晰一致的界定，有必要进一步厘清。

公共服务是基本公共服务均等化问题中最为基础性的概念。张馨（2004）[①]、高培勇（2004）[②]、江明融（2006）[③] 从广义公共产品角度分析，认为公共服务和公共产品是同义的不同表述，没有本质差异，两者是相同的概念。陈昌盛、蔡跃洲（2007）认为，公共服务是建立在一定社会共识基础上，一国全体公民不论其种族、收入和地位差距如何，都应公平、普遍享有的服务。不仅包括通常所说的公共产品，而且也包括那些市场供应不足的产品与服务，相当于将公共服务等同于政府职责[④]。刘尚希（2007）指出，公共服务是政府利用公共权力或公共资源，为促进居民基本消费的平等化，通过分担居民消费风险而进行的一系列公共行为[⑤]。公共服务的界定基本可以分为两类：一是大部分学者对于公共服务的概念界定，是基于经济学中非排他、非竞争的公共产品概念引申而来，其差别仅在于公共服务概念范围的大小不同，其核心是物化的产品与服务；二是从行动方式的角度来界定，其核心是指在满足均等化的政府行为。本书认为，公共服务与公共产品没有实质性的区别，都是供一个辖区范围内的社会成员共同消费的，在效用上具有不可分割性的产品或劳务。判别一种产品或劳务属于公共服务还是私人服务，其依据仍然是消费上是否具有竞争性和排他性。

基本公共服务的概念是在中国特殊国情背景下，由于不能同时满足所有公共服务的均衡提供，而对公共服务按照重要性、基础性的原则进行范围限定。党的十六届六中全会通过了《中央关于构建社会主义和谐社会若干重大问题的决定》，所列出的基本公共服务包括由政府财政提供的教育、卫生、文化、社会保障和公共基础设施等方面的服务。孟春（2004）认为基本公共服务是维持本国经济的稳定、基本的社会正义和凝聚力，保护个人最基本的生存权和发展权，所必需保证的基本公共服务水平，如基本的

---

① 张馨："'公共经济学'析疑"，《财贸经济》2004 年第 4 期，第 47—53 页。

② 高培勇："公共化：公共财政的实质"，《人民日报》2004 年 10 月 12 号。

③ 江明融："公共服务均等化论略"，《中南财经政法大学学报》2006 年第 3 期，第 43—47 页。

④ 陈昌盛、蔡跃洲：《中国政府公共服务：体制变迁与地区综合评估》，中国社会科学出版社 2007 年版。

⑤ 刘尚希："基本公共服务均等化的目标是促进居民消费平等化"，《中国财政》2007 年第 7 期，第 72—73 页。

公共教育、公共医疗、社会保障及基础设施等等①。朱玲（2004）主张基本公共服务应包括公共安全、生态保护、基础教育、公共卫生服务等领域②。基本公共服务包括义务教育、基础卫生医疗、就业和社会保障等（迟福林，2007）③；或是包括义务教育、医疗、住房、治安、就业、社会保障、基础设施、环境保护等方面（杨永恒，2008）④；或是基本公共服务应包括就业、社会保障、义务教育、公共卫生和基本医疗、公共文化等（常修泽，2007）⑤。吕炜（2008）则认为，基本公共服务的内涵应把握“基本性、公共性、财政能力约束性、公共服务缺失性”四个要点，政府提供基本公共服务的领域包括对失业和贫困人员的保障和救济、为适龄儿童提供免费基础教育、为老年人提供养老保障、提供免费的公共医疗服务，以及满足民众对基本公共文化的需求等等。⑥

学者们对基本公共服务内涵界定有很大程度的交叉，但理解上存在一定差异，最根本的原因在于判断标准不尽一致，以及对一项公共服务是否符合各自标准的判断不一致。本书认为，判断一项公共服务是否属于基本公共服务的基本标准是其属于基本消费需求和居民消费的无差异性。一则从消费需求的层次角度看，类似于马斯洛解释的人的基本需求，吃饭、穿暖是最基本的需求，安全、行路等也属于基本需求。可以认为，基本公共服务指那些与低层次消费需要有直接关联，又必须由政府提供的产品与劳务。二则从消费需求的同质性看，人们的无差异消费需求属于基本公共服务。如对食品安全，无论穷人还是富人都要求保证质量安全，尽可能减少对健康带来的危害。这样的消费需求对所有人来说都是一样的。这两个标准决定了基本公共服务的外延，但“基本”不是绝对的，随着公共需求的变化，它的范围和内容会动态变化。在经济欠发达阶段，为解决贫困问题的公共服务就属于基本的公共服务，而随着温饱问题的解决，基本医疗、

① 孟春、陈昌盛、王婉飞：“在结构性改革中优化公共服务”，《国家行政学院学报》2004年第4期，第21—25页。

② 朱玲：“农村人口基本健康保障指标的政策含义”，《中国社会科学院研究生院学报》2004年第9期，第6—14页。

③ 迟福林：“加快建立社会公共服务体制”，《求知》2007年第9期，第19—21页。

④ 杨永恒：“政府绩效评价中的公众参与：述评、实践与启示”，《兰州大学学报》2008年第3期，第23—28页。

⑤ 常修泽：“公共服务均等化亟须体制支撑”，《瞭望》2007年第7期，第48—49页。

⑥ 吕炜、王伟同：“我国基本公共服务提供均等化问题研究——基于公共需求与政府能力视角的分析”，《财政研究》2008年第5期，第2—13页。

公共卫生等领域的公共服务就成为基本公共服务。基本公共服务随着公共需求层次的提高而不断发展变化，基于一些高层次需求所提供的公共服务将会逐渐成为基本公共服务。

基于中国目前经济发展程度和体制等因素的制约，基本公共服务应界定在以下领域：最低生活保障、社会救济、义务教育、基本卫生医疗、公共安全、环境治理、公共基础设施。

基本公共服务均等化则指全体人民在基本的公共服务领域应该享有同样的权利。这一思想来源于 Buchanan（1950）提出的财政平衡的思想，认为所谓财政均等是具有相似状况的个人能够获得相等的财政剩余，要实现居民财政公平，应向财力富裕地区的居民征收一定数额的税收补助给财力贫困地区居民，以实现“财政剩余”的平等[①]。在居民财政剩余平等实现的同时，地区间财力公平也得到了一定程度的实现。而加拿大财政学者 Dahlby & Wilson（1994）则从纯经济学的角度明确界定了地区间公共服务均等化是一种“合理的、可比的”均等。所谓“相对的”或“合理的、可比的”公共服务水平是指经过转移支付制度调整后，使各辖区筹集公共资金的边际成本相等时所决定的公共服务水平，而此时社会总成本才最小。[②]

国内学者对基本公共服务均等化内涵提出了一些观点。马凯（2005）认为，长期以来政府提供公共服务存在城乡差别，农村居民在义务教育、公共卫生、公共文化、公共安全和社会保障等方面与城市居民存在差距。建设新农村，要扩大公共财政覆盖农村范围，使农村与城市居民公平地享有均等化的公共服务[③]。唐钧（2006）认为基本公共服务均等化是指在基本的公共服务领域应尽可能地使全国人民享有同样的权利；或者说，政府应尽可能地满足全国人民在公共服务领域的基本物质需求。并将公共服务均等化的目标具体化为生存权、健康权、居住权、受教育权、工作和资产形成权等六项公民权利。常修泽（2007）提出基本公共服务均等化的内涵应理解为：全体公民享有基本公共服务机会均等；享有公共服务的结果大体相等；在提供大体均等的基本公共服务过程中，尊重社会成员的自由选

---

① Buchanan James M. “Federalism and Fiscal Equity”. American Economic Review, Vol 40, No. 4, 1950.

② B. Dahlby, L S. Wilmn. “Fiscal Capacity, Tax Effort and Optimal Equalization Grants”. The Canadan Journal of Economics, Vol 27, No. 3, p657 - 672, 1994.

③ 马凯：“如何理解‘十一五’时期若干重大战略任务”，《经济日报》2005 年 11 月。

择权[①]。贾康（2007）认为公共服务均等化是分层次、分阶段的动态过程，在每个阶段，其具体重点、目标及表现是不同的。我国公共服务均等化程度还很低，工作重点定位于实现公共服务均等化，同时加快城乡公共服务均等化、兼及居民公共服务均等化[②]。而马国贤（2007）则将基本公共服务均等化在各国的做法总结为人均财力的均等化、公共服务标准化和基本公共服务的最低公平三种模式，并认为基本公共服务最低公平是最适合我国的模式。学者们的观点体现了基本公共服务均等化的一些判断标准，集中于公共服务供给与需求相匹配。[③]

基本公共服务均等化的判断大致有两种[④]：一种是均等划分的一刀切式平衡，即在全国范围内实现统一标准的基本公共服务提供。现阶段城乡二元结构突出，地区间巨大的经济差异必然带来城乡居民和不同地区居民的公共服务偏好差异，“一刀切”的全国标准易造成与居民的需求相脱节。这种模式带有劫富济贫的思想，只注重了公平而忽视了效率。第二种是一种相对、大致的均等。这种均等考虑了各地的差异性，将基本公共服务最低公平原则与等价性原则结合起来，既保证欠发达地区居民获得必要的公共服务，又不妨碍发达地区政府提供更高的质量和更多的公共服务，从而兼顾了公平与效率。无论从可靠性角度，还是从保护竞争与效率方面看，第二种均等化的理解更为实用和可行。

在此判断方式下具体的均等化模式可分为两类：一类是大区域公平，即按照经济发展或税收能力相近原则将全国划分为若干个公共服务均等化区域，然后首先在各区域内实现均等化，再调节并缩小不同均等化区域间的差距，最终实现全国范围内的基本公共服务均等化。另一类是底线公平，即依据国家发展阶段和政府财力，合理设定国家基本公共服务最低标准，低于最低标准的省份由纵向和横向转移支付来补齐，而超出标准的省份则可以提供高于最低标准的服务，但必须向部分达不到最低标准的省份进行补贴。

从本质上讲，提供基本公共服务是为了公民个体的公共服务需求，但

---

① 常修泽：“公共服务均等化亟须体制支撑”，《瞭望》2007 年第 7 期，第 48—49 页。

② 贾康：“公共服务的均等化应积极推进，但不能急于求成”，《审计与理财》2007 年第 8 期，第 5—6 页。

③ 马国贤：“基本公共服务均等化的公共财政政策研究”，《财政研究》2007 年第 7 期，第 74—77 页。

④ 吕炜、王伟同：“发展失衡、公共服务与政府责任——基于政府偏好和政府效率视角的分析”，《中国社会科学》2008 年第 4 期，第 52—64 页。

每个人尤其自身特征（年龄、收入、健康等）的不同，其所产生的基本公共服务需求也将不同。从这个意义上讲，所有公民均衡划一的公共服务供给是不合理的，也不是基本公共服务均等化的根本目的。因此本书认为基本公共服务均等化的含义是指具有相同公共需求的公民，可以享受到大致相同的公共服务。其中包含几个要点：一是基本公共服务均等化并不是所有人都享受均衡划一的服务水平，因为个体特征的不同，其公共需求的类别和数量也不同；二是具有相同特征的个体，应当享受到大致相同的服务；三是为各地区的基本公共服务提供总量，不仅要依据各地区的实际人口数量，也要反映各地人口结构（老龄化、贫困率等）特征情况。明确这一点对于研究可行的均等化方案，具有很强的现实指导意义。

第二节 地方财政体制变迁轨迹

新中国成立以来，我国地方财政体制先后经历了统收统支、统一领导、分级管理体制，分级包干财政体制，分税制财政体制三次重大变迁。

第一阶段是实行统收统支、统一领导、分级管理的财政体制（1953—1978 年）。

1953—1978 年间，我国实行统一领导、分级管理的财政体制。其基本内容是在中央统一政策、统一计划和统一制度的前提下，实行分级管理。但地方政府权利较小，构不成一级独立的预算主体；中央和地方政府在职责上有分工，也明确了各级政府的预算支出范围，但支出指标由中央确定；地方收入指标也由中央确定，全部收入分固定收入和比例分成收入，由地方统一组织征收，分别入库；中央统一进行地区间的财力调剂，收大于支的地方上解收入，收小于支的地方由中央补助。这种财政体制实行的期限是“一年一定”或“几年一变”，并不是长期稳定。

第二阶段是实行分级包干的财政体制（1979—1993 年）。

这种以放权让利为主的财政分权体制经历了 1980 年、1985 年和 1988 年三次重大改革与调整，在划分收支的基础上，分级包干，自求平衡，分灶吃饭。

1980 年推行的“划分收支、分级包干”体制是按照事权与财权相统一的原则设计的，而财政收支的范围又是依据企业事业单位的隶属关系而划分的，由企业事业单位的主管部门取得收入并安排其开支。它第一次承认了中央和地方各自的利益和地位，这是走向分级财政体制的重要一步。在补助数额和分成比例上，“划分收支、分级包干”体制由过去一年一变，改为一定五年不变，这便于保持政策和制度的连续性，同时也便于地方政府制定和执行长远规划，发展各地的地方性事业。

以第二步利改税后的税种设置作为划分的依据，收入分为中央税、地方税和共享税三种；重新核定基数，地方财政支出基数按照1983年的既得财力确定，地方财政收入的包干基数以1983年的决算收入数为依据。

1985年实行的“划分税种、核定收支、分级包干”体制，在原有基础上进一步划分了各级政府的事权，并以此作为核定收支范围和数量的依据。实际上，它不但体现在财政分权的体制上，而且也顺应和符合政企分开的企业制度改革趋势。但它本身也存在着缺陷，一方面地方分成比例小，不利于调动地方发展经济和组织收入的积极性，另一方面使得地方财力大增，而中央财力相对比重减少。

1988年在全国范围内实行全方位的财政包干体制。从体制效应上看，实际上运用物质刺激手段，发挥利益激励机制的功能，使地方政府可以从增收或多收中留一部分数额。全国39个省、自治区、直辖市和计划单列市，除广州、西安的预算关系仍与广东、陕西两省联系外，对其余的37个地区分别实行了六种不同的财政包干体制。包括：收入递增包干、总额分成、总额分成加增长分成、上解额递增包干、定额上解、定额补助。但无论哪种形式的财政承包制，地方均可从增收或超收中多得，这不仅调动了地方特别是上解比例大的地方组织收入的积极性，还保证了财政收入的稳定增长①。

分级包干财政体制对促进地方经济改革和发展发挥了积极作用，但在运行中逐渐显示出了它的缺陷：（1）该体制在全国范围内不统一，按照行政管理程序，采取中央财政与各省、直辖市、自治区和计划单列市以及地方逐级政府之间逐个谈判、逐个落实的办法，在中央财政与地方财政、地方财政之间建立起一种利益分配上的契约关系，而这种契约关系又缺乏约束性，导致了财政包干在各地不公平。（2）收支核定上实行基数法，以上一年的数值作为确定预算年度财政收支的主要参考指标。基数的长期延续

① 钟晓敏：《地方财政学》，中国人民大学出版社2001年版。

不仅把历史造成的某些不合理的因素保持并延续下来，而且更重要的是把某些由于追求局部利益而造成的人为不均因素也延续下来，在一定程度上加重了地区之间苦乐不均的状况。（3）地方政府从财政收入增量中留得的份额较大，中央政府的财政增长缺乏弹性，宏观调控力度减弱；地方政府完成包干任务后，通过各种措施，将预算收入转向预算外收入，造成分配秩序混乱，财政收入大量流失。（4）地方政府为了提高地方财政收入，采用各种措施限制其他地方同类产品的进入，从而造成市场封锁和地方保护主义，不利于国家统一市场的形成。

财政包干制实行的最后几年里，中央财政收入占全国财政收入的比重大幅度下降，从1984年的40.5%下降到1993年的22%；而财政收入占GDP的比重也从20世纪80年代初期的30%以上下降到1993年的12.6%。为了提高两个比重，缓减财政压力，提高中央财政宏观调控能力，适应市场经济的需要，从1992年起在部分地区进行了分税制试点，并于1994年在全国全面推进。

第三阶段是实行分税制财政体制（1994年至今）。

1994年全面实行的分税财政体制，明确划分了中央和地方政府的事权与财权，规范了中央与地方政府的财政关系，对中央财政给地方税收返还数额，原来体制下的体制补助、上解等进行了规定。从1995年起逐渐对分税制进行了一些微调：1995年实行《过渡期转移支付办法》；2002年起实行所得税收入分享改革，增量分享比例为2002年中央50%，地方50%；2003年中央60%，地方40%；2004年起中央地方分享比例没有变化。中央财政因所得税分享改革增加收入，主要对中西部地区实行转移支付。

从改革成效看，项怀成（1994）等普遍认为，分税制可以克服过去包干财政体制的缺陷，使中央政府财政收入的比重提高。在分税制具体实施后，理论界与实际工作者也对它作了相对肯定的论断。他们认为分税制改革是中国财政体制改革的一个分水岭，对规范各级政府职责、发挥地方政府积极性等有促进作用。而Bahl（1992）则认为，中国从财政分权所获得的利益可能不大，一个转型经济实体实行财政分权时应具备一些必要条件，如有足够的技术劳工与资源来支持政府公共财政，有经由选举产生的地方官员等，而中国没有这些方面条件或条件不充分，因而分税制的成效并不显著。①

---

① Bahl, Roy L. & Richard T. Mayer. "Public Management in an International World". Greenwood Press, 1992.

政府间的财政关系，包括横向和纵向两种。纵向财政不均衡，指的是不同级次的政府在收支平衡能力上的差异。例如中央政府的收入能力通常超过其支出需要，而地方政府则相反。横向财政不均衡，则指同级地方政府之间收入能力和支出结构上的差异。分税制不仅改变了中央和地方政府间的财政关系，还在制度层面上对我国多级财政体制产生了正面效应。但它距离规范的分税制仍有一定差距，政府间关系中纵向不平衡和横向不平衡同时存在，最突出的就是其导致了基层财政困难和地区间差距日益扩大①。这两个问题又是相关联的，县乡财政困难是导致基本公共服务水平在地区间存在巨大差异的重要原因。

中国的地方政府负担的公共服务较多。从支出权限上看，省级将原来的一些公共支出，如教育支出、社会保障、福利支出、医疗卫生支出等下划到地市、县、乡等较低层级的政府。这一改变产生了省内的纵向财政不公平，反映到县乡等基层政府则表现为基层财政财力不支，财政收入不足以满足基层政府提供正常公共服务的需求，必然导致不同地区间提供公共服务水平的不公平。这时，需要规范的转移支付制度调整。而分税制改革对于原有的收入分享体制进行了重大调整，却没有规范转移支付制度的配合。现行转移支付制度尽管进行了若干调整，但仍存在相当多的问题，使得分税制成为了一个导致地区差距扩大的体制，由此加剧了地区间公共服务非均等化程度。

第三节 基本公共服务均等化与地方财政体制关联性

本节通过透析基本公共服务均等化与公共财政的关系，来定位公共财政对基本公共服务均等化的作用机理。并以此为分析框架，探讨内生于公共财政的地方财政体制运行状况对基本公共服务均等化的影响机制，从而

---

① 杨之刚："中国分税财政体制：问题成因和改革建议"，《财贸经济》2004 年第 10 期，第 60—65 页。

把握两者的关联性。

一、基本公共服务均等化与公共财政的关系

公共财政是政府为社会公众提供公共服务的分配活动或分配关系，是满足公共需要的政府收支模式或财政运行机制模式，是与市场经济相适应的一种财政类型，是市场经济国家通行的财政体制和财政制度[①]。公共财政作为政府分配职能履行的主要手段，确保和实现资源优化配置也是财政的一个基本职能和政府财力分配的一个基本经济目标，其核心就是通过有效提供各种公共产品，解决市场失灵问题，为公众提供均等化的公共服务，从而提高社会整体生活水平，促进经济和社会的协调发展。一套有效的公共财政体制，不仅仅是为了提供高质量的公共服务，更重要的是为公众提供平等的机会，使不同地区、不同收入水平的人们，特别是农村居民都能享受相对均等的服务。

在西方国家，公共服务均等化是福利经济学的产物，它是在 20 世纪 60 年代后，各国政府陆续采用的一项财政政策。加拿大《宪法》第 36 章第 2 款规定："国会和政府致力于实施均等化，确保省级政府在合理、可比的税收水平下有足够的财力，提供合理、可比的公共服务"。德国《基本法》确立了"公民生存条件一致性"原则，即公民在全国范围内享有大体均等的公共服务，法律既要求中央政府对经济欠发达的州提供纵向补贴，又要求经济发达的州向欠发达州提供横向补贴。公共服务均等化是各国根据自己的经济和社会发展的矛盾提出来的，其内容不仅要符合经济发展和居民利益，而且要与财政能力相适应。

20 世纪 80 年代以来涌现出的全球性财政分权改革浪潮，其主要内容就是建立旨在提供均等化基本公共服务的政府间财政支出制度。公共产品供给均等化已成为发达市场经济国家的基本施政纲领。从契约关系的角度看，公共产品供给是国家与公民契约的结果。契约关系的特点是从根本上否定了身份，给予主体平等性和自由性的地位，每个人都可以根据自己的意愿来履行权利，而不是依赖于自己的身份。从公民的角度看，获得基本均等的公共产品被认为是天经地义的、公民与生俱来的权利。从广义上看，政府属于社会的保险公司，公民依法向政府缴纳了各种税款就是缴纳

---

① 张馨：《公共财政论纲》，经济科学出版社 1999 年版。

保险费，政府就应该履行按公民的集体需求偏好、“一视同仁”地向社会公众提供合宜的公共产品的责任；同时，平等地享用由政府提供的各种公共产品，也就成为每个公民应有的基本权利。在“一视同仁”的政策下，政府及其公共财政在为社会提供服务的过程中，对所有的社会成员应该是公平对待的。

党的十六届六中全会以后，基本公共服务均等化成为中国财政工作的主线和重点，这意味着我国公共财政进入了一个实质性的新的发展阶段。随着经济的发展，现代社会越来越呈现出多元化、共性化，城乡间、地区间相互依存性不断增强，特别是改革开放进入新的时期，人民群众对公共服务的需求日益扩大，尤其是与自身福利直接相关的基本公共产品和服务，客观上要求公共财政对基本公共服务的提供以均等化为目标。即要为不同利益集团、不同经济成分或不同社会阶层提供一视同仁的基本公共服务，具体包括财政投入、成本分担、收益分享等方面内容。基本公共服务均等化有助于公平分配，可以实现公平和效率的统一。基本公共服务均等化的程度也是评价一个社会中社会关系和谐、社会结构和谐的尺度。

二、公共财政促进基本公共服务均等化的作用机理

基本公共服务是政府为满足公众最基本的公共需求而依据自身能力提供的产品和服务，因此政府能力和公共需求是引致公共服务供需行为的基本因素，两者内在的变化会对政府最终的公共服务提供行为产生根本性的影响。公共服务提供不均等问题的出现，正是公共服务供给和需求在结构上的失调所导致的结果。对于实现基本公共服务均等化，应在合理设定均等化标准的基础上，客观测定各地区基本公共服务的实际公共需求与政府服务能力，通过对比差额来科学地设计财政体制安排和转移支付方案，最终实现基本公共服务均等化。

从地方政府服务能力来看，它取决于经济发展水平，政府的财政收入能力、来自中央政府的转移支付、政府对于公共服务支出的相对偏好。地方政府服务能力体现为公共服务供给水平。从供给环节或供给链条来看，公共服务提供可以分为投入和产出两个阶段，并最终体现出公共服务的供给结果。

这种结果，一方面体现了公共服务供给水平的高低及其对居民公共需求的满足程度，这也是不同时期和不同发展阶段基本公共服务内容调整所

要解决的重要问题之一；另一方面则是政府提供的公共服务在城乡之间、地区之间及不同群体之间是否均等。就基本公共服务来看，其供给过程也是如此。下面，借助表2－1来分析实现基本公共服务均等化过程中公共财政的作用。①

表2－1　　公共服务与公共财政的逻辑关系矩阵

差距 基本公共服务供给	城乡差距	区域差距	群体差距
投入（资金）	强	强	较强
产出（设施、制度）	较强	较强	较弱
结果（大众受益）	较强	弱	弱

在政府提供基本公共服务的过程中，公共财政的作用首先体现在投入环节。作为公共资金的提供者，公共财政的基本作用是通过预算为政府提供公共服务拨付相应的资金，这也是政府能够提供公共服务的必要条件之一。公共财政进行必要的资金拨付后，政府提供公共服务开始进入投入阶段，但具体投入和公共服务设施的建设是由政府各有关主管部门完成的，例如教育部门建立学校、卫生部门兴建医院、环保部门建立环保公共基础设施、劳动和社会保障部门调整社会保障制度等，并通过这些设施开始提供公共服务。虽然我国个别地区（如浙江省）也尝试通过向学生发放教育券来提供基本教育公共服务，但公共财政直接补助基本公共服务消费者的方式使用得还非常少，只是在极个别领域进行过有益探索。虽然这种方式在国外使用相对较多，但也未成为政府提供公共服务的主导方式。就此而言，与基本公共服务提供相关的政府各部门及政府提供公共服务的体制，直接决定了基本公共服务设施的分布，也直接决定了政府提供基本公共服务的结果——城乡之间、不同地区之间及不同群体之间是否能够实现均衡化。在投入阶段以及最终的产出结果阶段，财政作用是非常有限的，在投入阶段做到支持基本公共服务的财政能力均衡只是基本公共服务均等化的必要条件，而不是充分条件，未必会产生基本公共服务均等化的结果。当然，财政通过对基本公共服务领域财政支出的绩效考核，也能够反馈到这种结果，或是自身调整财政投入的地区分布，也可以向有关主管部门建议

① 刘尚希、杨元杰、张洵："基本公共服务均等化与公共财政制度"，《经济研究参考》2008年第40期，第2—9页。

调整公共服务体制。

从地区基本公共服务的实际公共需求上看，它是基于整个经济社会系统的结构运动而变化，任何与某一项公共服务相关联的经济社会结构发生变化，都会影响公共服务需求。以基本公共服务项目——社会扶助与救济、养老保障、基础教育、公共卫生以及公共文化为例，经济社会变化中城市化进程、失业率、贫困率、老龄化程度、适龄入学儿童比例等指标的变动，都会引致公共服务需求总量的变动。由于经济社会系统因素的变化对基本公共服务需求有着显著的影响，所以对各地区实际公共需求的测量应当将这些因素考虑在内，而不能单纯地依据人口数量来判断。在确定“标准人需求”① 的基础上，各地区的实际公共服务需求总量就是各地区标准人数乘以单位人需求。

“标准人需求”是指一个标准化的公民实际应当享受的基本公共服务数量。作为一个单位出现的“标准人需求”与实际个人公共服务需求有着本质的区别。“标准人需求”是从国家整体和全体公民特质的层面出发，划定的用于计算实际公共需求总量的计量单位，其可能高于某个公民个体（如身体健康的在职人员）的公共需求，也可能低于某些公民个体（如老年人、适龄入学儿童、贫困者）的实际公共需求。

在确定均等化标准（标准人需求）以及客观测算各地区公共需求和政府提供能力的基础上，便可制定旨在实现基本公共服务均等化的政策方案（见图 2－1）。就中短期而言，更多地依靠中央政府转移支付的方式调节地方政府的公共服务提供能力，而长期来看，更应考虑通过改善落后地区的经济发展和自身财政状况来改善其公共服务提供能力，同时辅之以中央转移支付的方式来实现各地区的基本公共服务均等化。

三、基本公共服务均等化与地方财政体制的关联性

在中国区域发展不平衡的现实国情条件下，以政府自身能力提供为主要依据的供给导向型模式，是公共服务提供不均等的直接原因。但真正关注的问题并不是这一模式本身，而是导致这一模式形成并固化的潜在历史和体制原因。本部分以地方财政体制运行变化为线索，对由此造成的基本公共服务非均等化进行现象描述，以构建两者的关联机制。

---

① 吕炜：“中国基本公共服务提供均等化问题研究”，载于《中国财政理论前沿（5）》，社会科学文献出版社 2008 年版，第 184 页。

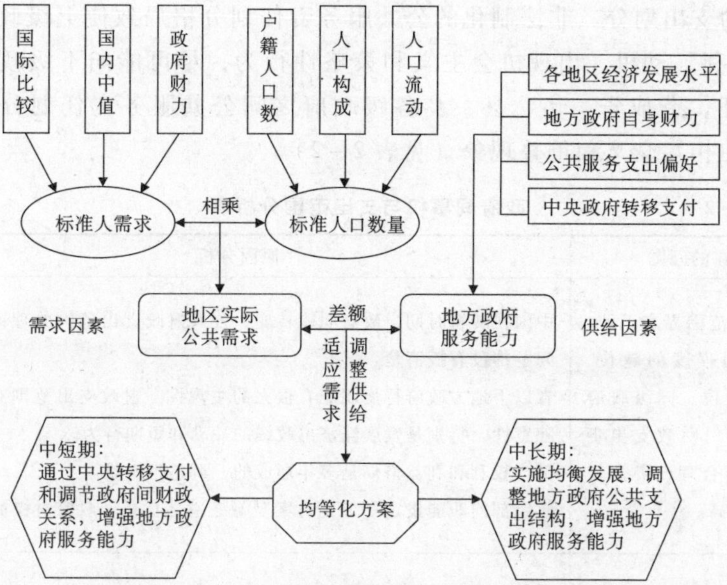

图 2－1　基本公共服务均等化的政策方案

分税制改革初步确定了中央与省级单位之间的财政体制，但并没有确定相对统一的省以下地方财政体制，而是由各省根据自身情况自行确定[①]。由于没有一个稳定的、制度化的多级次政府间的职能划分规则，上级政府凭借政治上和行政上的绝对权威，通过考核评比方式和目前流行的“一票否决”制度来迫使下级政府官员听命，也可以在党管干部的原则下通过人事任免调动来影响下级政府。这种不对称博弈的结果是省政府自主决定市、地区的支出划分，市政府决定县级政府的支出划分和县级政府决定

---

① 按照集中财力的方式，省以下财政体制主要可以分为以下几种模式：

（1）分税加共享。在按税种划分各级固定收入的同时，设立省与市县共享税种，以保证省级财力的稳定增长。实行这种模式的有黑龙江、吉林、内蒙古、北京、天津、重庆、山东、山西、湖北、四川、云南、西藏、贵州、甘肃等 14 个省（市、区）。

（2）分税加增量提成。按税种划分各级固定收入，并对市县上划中央“两税”收入增量返还部分，省级财政进行适当集中。实行这种模式的有上海、安徽、河北等 3 个省（市、区）。

（3）分税加共享和增量分成。在分税的前提下，既设立省与市县共享税种，又适当集中“两税”返回增量来增加省级财力。实行这种模式的有辽宁、河南、湖南、江西、福建、广西、海南、广东、青海、宁夏、陕西、新疆等 12 个省（市、区）。

（4）分税加增长分成。明确划分各级固定收入，对市县财政收入超基数增长部分，省与市县实行比例分成。实行这种模式的有江苏、浙江 2 个省（市、区）。

另外，一些地区市（地、州）对县财政体制基本与省对市的体制相衔接，在保证各县既得利益的前提下，适当集中财力（财政部，2002）。

乡、镇的支出划分。非法制化的公共服务责任划分格局致使上级政府出于“财政自利”动机，出现机会主义和策略性行为，尽可能向下级政府转移支出责任，造成省、市、县、乡各级政府之间公共服务责任划分关系不顺，存在相互交叉和重叠现象（见表2-2）。

表2-2　　政府间事权与支出范围分析表

存在的问题	原因分析
财政支出范围界定不清，存在不同程度的越位、错位和缺位。同级政府各组成部门财政支出责任配置不合理，资金使用效益不高。	中国在转轨时期，政府职能转变、公共财政支出范围的理论和实践问题都没有搞清楚。 省以下地方政府行使职能有很大的主观性，财政支出范围有很大的随意性，特别是发展经济出政绩的冲动和短期行为。 部门权利和利益格局是多年形成的，调整很困难。 政府部门职能设定“三定方案”缺乏总体优化，政府财权被肢解。
地方政府间职责相互交叉，导致了各级政府财政支出责任在层次分工上比较混乱，缺乏明确的界定。	国家法律没有明确各级政府特别是地方政府间的具体职责分工。 省以下地方政府财政支出责任没有随着分税制财政体制进行调整，仍按传统计划经济和财政统收统支体制。 省以下各级财政支出责任划分格局调整的工作量很大、很困难，涉及多级财政体制的变动，还没有确定具体操作的着力点。
不属于市县两级政府职责，不应由市县承担的财政支出责任较多。	一些本应由上级政府承担的财政支出，却转嫁给下级政府，强行要求市县负担支出范围之外的支出。 规定支出范围之内事项的支出水平，如农业、科技、教育、卫生、文化、计划生育、社会保障征收部门经费等法定支出。
有的事项属于市县政府职责，财政支出责任也应在市县，但财力却在省级。	旧体制的遗留问题没有解决。如支援农业、科学技术教育、文化、卫生、公安装备购置、基本建设、企业挖潜改造、乡村道路改造等事项的职责和财政支出责任，大部分或全部在市县，在省对市分灶吃饭定体制时，将这些事项的专款全部集中留在了省级。
省级垂直管理的部门不断增加，削弱了市县政府管理职权和财力。	工商、税务、技术监督等部门垂直管理是全国性的做法。 垂直管理部门的收支基数上划，减少了市县的“基数外”的可用财力。
市县财政支出受上级政府和政策干预过多，在一定程度上形成了市县财政支出有责无权，难以落实。	中央、省政府为达到宏观目的出台政策，但不负担或不全部负担支出，形成“上级出政策下级出钱”的局面。 上级政府在下级区域安排项目，要求下级政府配套资金。

在现行财政体制下，地方政府的财政支出责任不断增加，从社会保障、工资调整、出口退税地方分担，到对农村贫困学生的补助等，许多政策都增加了地方财政的负担。特别是县乡两级，它们共同提供庞大而重要的公共服务，包括70%的预算内教育支出和55%～60%的医疗支出。地级市和县级市负责大部分地失业保险、养老保险和救济[①]。而在许多国家，这些基本公共服务大多属于中央和省级的职责范围，以便形成全国统一的供应水平。客观地讲，单纯公共服务事权分配不合理，尽管导致公共服务供给缺乏效率，但只要有相应的收入保障和均等化转移支付，还不足以造成严重的地方基层财政困难，然而我国恰好表现为财力层层集中与低效转移支付并存。

从财权方面，地方政府既没有税收立法权、举债权、也没有独立的主体税种，收入主要依赖共享税。虽然省市、市县及县与乡镇之间的财政体制呈现出很大的差异性，但上级政府将数额较大、较稳定的税种划归本级或作为共享税则是普遍现象。从营业税、增值税、企业所得税三税对各级财政的重要程度看，随着政府级次的下降，其对本级财政的重要程度也随之下降。三大税种的分布说明，越是到了较低级次的政府，财政收入越是不依赖于税制结构中的这些主体税种，而是更加分散。县级财政以及乡镇财政约有1/2的财力，必须依赖于四税以外的其他一些小税种，甚至有时要依靠一些政府收费或其他形式[②]的收入为本级财政提供资金来源，否则县乡两级财政履行事权所需的财力必然不足。税制结构中，主体税种一般具有税源相对稳定的特征，非主体税种往往税源比较分散，收入不稳定。较低级次政府对这些主体税种依赖度相对较低，而高度依赖于那些非主体税种，这就使得较低级次政府财政、财力处于非常不稳定的状态中，尤其是到了农村的县乡财政，对不稳定的农业基础过度依赖，农村税费改革几乎丧失了自有收入来源，使得县乡财政在各级财政中财力最为薄弱。

实际上，由于地方经济发展水平的差距，地方间收入能力差异必然存在。如果转移支付制度比较完善，县乡财政困难和地区间的不均衡在一定程度上可以得到缓解。但转移支付制度从制度设计到具体运行都存在较多的缺陷，使得这种资金难以满足地方基层政府履行事权的需要。

---

① 中国社科院财贸所：《走向“共赢”的中国多级财政》，中国财政经济出版社2005年版，第87页。

② 据测估，中国约有48%的行政性收费和44%的罚没收入集中在县级财政。

税收返还是在充分照顾各地区既得利益的基础上，按来源地进行分配，既不与均等化目标相联系，也不与中央政府特定的其他政策目标相联系，延续了财政包干制下所形成的财力不均格局。税收返还导致收入较高的省份获得的税收返还额较高，收入低的省份获得的数额较低，使不同地区的财力差距进一步扩大。1995 年推行的中央对地方的过渡期转移支付制度[①]虽是一种财政均等化安排，但其资金量非常有限，难以抵消税收返还的“马太效应”。据财政部提供的数据，1995 年过渡期转移支付总额为 20.70 亿元，而税收返还额达 1867.27 亿元；2005 年一般性转移支付补助 1121 亿元，税收返还则达 3758 亿元[②]。2007 年，中央财政继续加大转移支付力度，仍安排税收返还 4096 亿元，一般性转移支付仅 2053.82 亿元，少于按因素法测算的 25 个省（区、市）标准收支缺口。2008 年的税收返还为 4282.19 亿元[③]，一般性转移支付达到 3510.52 亿元，也仅占转移支付总额的 15.3%。随后几年中央不断优化转移支付结构，2011 年的税收返还为 5040 亿元，均衡转移支付达到 7487.67 亿元，占转移支付总额的比例提高到 18.76%。2007 年，中央财政安排专项转移支付 6891.5 亿元，占转移支付总额的 38%；2008 年的中央转移支付为 9967 亿元，占转移支付总额的 43.4%。2009 年、2010 年这一比重分别是 43.2%、43.7%。2011 年中央安排的专项转移支付 16570 亿元，占转移支付总额的比重下降到 41.51%[④]。目前中央下拨专项转移支付要求地方提供配套资金的做法，不仅违背了公共产品提供的受益原则，也在一定程度上危及了基本公共产品的有效供给，还给经济欠发达地区的地方财政带来了沉重的负担，是导致地方政府债务不断增加的主要原因之一。

地方政府在预算内收入不足以弥补支出需求时，只好选择从预算外、制度外来筹集资金。土地出让收入已成为地方政府的“第二财政”，为一些地方政府投资冲动提供了资金来源等。据统计，2001 年至 2003 年间，中国地方政府的土地出让收入为 9100 亿元，约占同期全国地方财政收入的

① 2002 年改称为一般性转移支付；2009 年改称为均衡转移支付，而原财力性转移支付则改称为一般性转移支付。

② 数据来源于《关于 2005 年中央和地方预算执行情况与 2006 年中央和地方预算草案的报告》。

③ 2008 年的数据未将地方上解与中央对地方税收返还作对冲处理，2009 年开始用对地方税收返还对冲地方上解。

④ 数据来源于《2011 年中央对地方税收返还和转移支付决算表》。

35%；2004年全国土地出让金高达5894亿元，占同期地方财政收入的47%；2005年，在国家收紧“地根”的情况下，土地出让金总额仍有5505亿元；2006年，全国土地出让总收入为7677亿元。2007年全国土地出让收入近13000亿元，2007年全部土地收入占到地方政府三项收入的26%。2008年以来，由于房地产市场持续低迷，土地市场急剧降温，土地拍卖遇冷，底价成交、流拍乃至“退地”的现象普遍出现，全国土地出让总收入降为9600多亿元。而随着中央“四万亿”经济刺激计划的实施，2009年楼市开始回暖，2009年全国土地出让金达到1.59万亿元，2010年和2011年的土地出让收入持续快速增长，分别达到2.94万亿元和3.15万亿元。

现行地方财政体制运行的问题主要表现在两个方面：一是财力分配的纵向不公平造成的基层财政困难。在中央与省一级是财权向中央集中，事权向地方下放。在省及省以下政府间的集权与分权也照样如此。这一变化产生了省内的纵向财政不公平，反映到县乡等基层政府则表现为基层财政财力不支，不足于满足地方公共服务需求。二是财力分配的横向不公平形成区域间财力差距，导致了教育、公共卫生、基础设施等公共服务供给的不平等。

两者交织在一起，共同造成基本公共服务地区间、城乡间的非均等化，解决方式是寻求地方财政体制变迁。地方财政体制改革的基本目标及其评价标准是：要有助于实现区域间基本公共物品和服务提供水平的相对均衡，其评价标准是公共服务均等化程度。从改革路径看，公共服务均等化目标的实现，要求中央政府干预基层政府公共服务的决策，并相应集中财力来缩小地区间由于经济发展水平和财政支付能力差异造成的公共服务水平的差距。这一改革路径基本上是自上而下的，具有集权倾向的。一个可靠的方案是由中央政府制定各地区应当实现的最低公共服务的标准。对于供应的方式则可采用变通的方式，有些公共服务，如义务教育、基本医疗、社会保障等，应由中央政府负责供应，以便彻底摆脱地方政府自有财力的制约；而有些公共服务，如地方辖区内的公共基础设施，则在中央政府制定标准，并规定其在地方财政支出安排排序的基础上，根据地方财力的差异，采取不同的供应办法，或由地方负责供应，或由中央与地方联合供应，或由中央专项拨款独立供应。

地方财政体制变迁是个复杂的系统工程，既与政府级次设置、基层政府职能界定、政府权力的制约等更为基础的制度框架有密切的联系，其本身又包括了地方税体系、转移支付制度、预算管理制度等多方面的内容。对于这样一个包括了很多内容的综合制度，整体的一揽子改革是最佳选择。但是，一揽子改革涉及方方面面的利益调整，许多改革措施所需要的条件在当前并不具备。因此，现阶段的改革只能是在诸多约束条件下寻求次优的渐进过程。

第三章 disanzhang

基本公共服务均等化水平测算

本章先对基本公共服务均等化水平进行总体考量，以对基本公共服务的均衡状况做全局评价；再选取义务教育、医疗卫生、社会保障三项基本公共服务，纳入地区间、城乡间差距两个测算范畴，对其均等化水平进行分项目测算。

第一节 基本公共服务均等化水平：总体考量

一、基本成效

近年来，我国针对基本公共服务中最为薄弱的环节，对义务教育、社会保障、公共卫生和基础设施等方面加大改革和投入力度，基本公共服务质量和水平均有明显增长。

(一)加大转移支付力度,促进落后地区和弱势群体民生条件的改善

财力均衡是基本公共服务均等化的前提,中国各级政府通过不断加大转移支付力度,健全转移支付体系,财力逐步向落后地区和弱势群体倾斜。2011 年中央对地方财力性转移支付由 1995 年的 291 亿元提高到 18311 亿元,增长 62.92 倍,年均增长 29.55%,占转移支付总额的比重由 11.8% 提高到 45.9%。其中,均衡性转移支付金额为 7487.67 亿元,占比 40.89%;县级基本财力保障机制奖补资金 775 亿元,占比 4.23%;调整工资转移支付 2647 亿元,占比 14.46%;义务教育转移支付 1085 亿元,占比 5.93%;基本养老金和低保等转移支付 2750.98 亿元,占比 15.02%;新型农村合作医疗等转移支付 779.81 亿元,占比 4.26%。2011 年中央对地方专项转移支付由 1994 年的 361.37 亿元增加到 16570 亿元,年均增长 25.24%,新增的专项转移支付资金主要用于支农、科教文卫、社会保障等民生领域的支出。以 2011 年为例,中央对地方专项转移支付金额为 16570 亿元,其中:教育支出 1184.54 亿元,占比 7.15%;社会保障和就业支出 1462.31 亿元,占比 8.83%;医疗卫生 896.65 亿元,占比 5.41%;农林水事务支出 4183.99 亿元,占比 25.25%;住房保障支出 1470.53 亿元,占比 8.87%(见表 3-1)。

表 3-1 2011 年中央对地方税收返还和转移支付情况

项目	金额(亿元)	项目	金额(亿元)	项目	金额(亿元)
一、一般性转移支付	18311.34	二、专项转移支付	16569.99	三、税收返还	5039.88
均衡性转移支付	7487.67	教育	1184.54	增值税和消费税返还	3783.3
县级基本财力保障机制奖补资金	775	社会保障和就业	1462.31	所得税基数返还	910.19
民族地区转移支付	370	医疗卫生	896.65	成品油税费改革税收返还	1531.1
调整工资转移支付	2647	节能环保	1548.84	地方上解	-1184.71
农村税费改革转移支付	769.46	城乡社区事务	131.27		
结算财力补助	523.1	农林水事务	4183.99		

续表

项目	金额（亿元）	项目	金额（亿元）	项目	金额（亿元）
义务教育转移支付	1085	交通运输	2967.92		
基本养老金和低保等转移支付	2750.98	住房保障支出	1470.53		
新型农村合作医疗等转移支付	779.81				

数据来源：财政部网站公布。

2011 年，东、中、东北、西部地区的人均财政收入分别为 5629.07 元、2270.88 元、4092.50 元、2927.91 元，如果将东部地区按总人口计算的人均地方一般预算收入作为 100，中、东北、西部地区仅为 40.3、72.7、52.0。在中央通过转移支付实施地区间收入再分配后，东、中、东北、西部地区人均一般预算支出分别上升到 7206.67 元、5170.75 元、8072.78 元、7412.93 元（见图 3－1），按前面的推理，中、东北、西部地区分别提高到 71.7、112.0、102.9，与东部地区的差距明显缩小，东北与西部地区的财政支出水平甚至已超过东部地区。

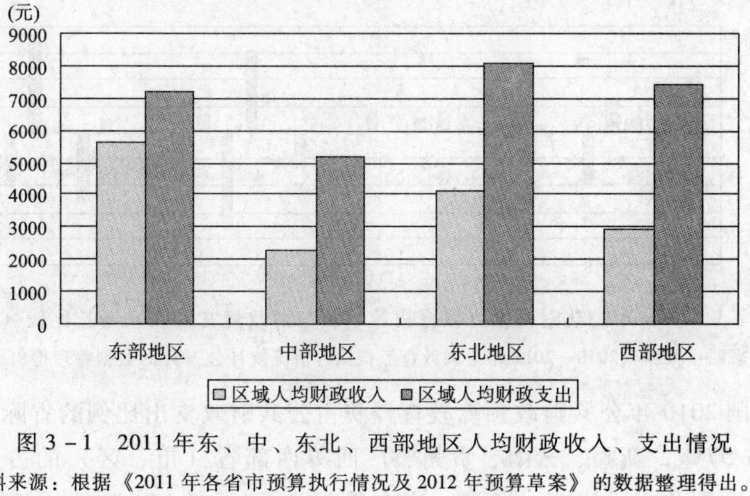

图 3－1 2011 年东、中、东北、西部地区人均财政收入、支出情况

资料来源：根据《2011 年各省市预算执行情况及 2012 年预算草案》的数据整理得出。

（二）加快教育投入，教育的公平性逐步提高

政府对教育的投入逐年增长，国家财政性教育经费投入从 1995 年的 1411.52 亿元提高到 2010 年的 14670.07 亿元，增长 10.39 倍，年均递增 16.89%（见图 3－2）。以 2010 年为例，政府教育投入总量继续增加，国家

财政性教育经费占 GDP 的比例以及公共财政预算教育经费占公共财政支出比例均比上年有所增加。全国公共财政预算教育经费占公共财政支出 89874.16 亿元的比例为 15.76%，比上年 15.69% 增加了 0.07 个百分点。2010 年全国国内生产总值为 401202 亿元，国家财政性教育经费占国内生产总值比例为 3.66%，比上年的 3.59% 增加了 0.07 个百分点。①

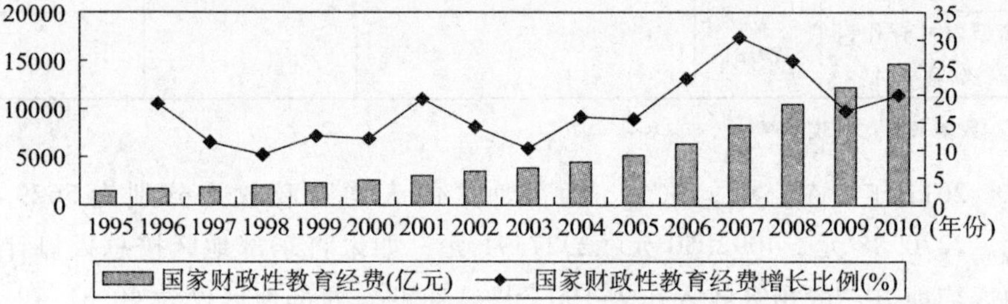

图 3-2 财政性教育经费投入情况

资料来源：根据《历年中国统计年鉴》的数据整理得出。

从全国情况看，有 23 个省、自治区、直辖市公共财政预算教育拨款增长高于其财政经常性收入增长比例，青海、广西等西部省（市、区）的增长更为快速（见图 3-3）。

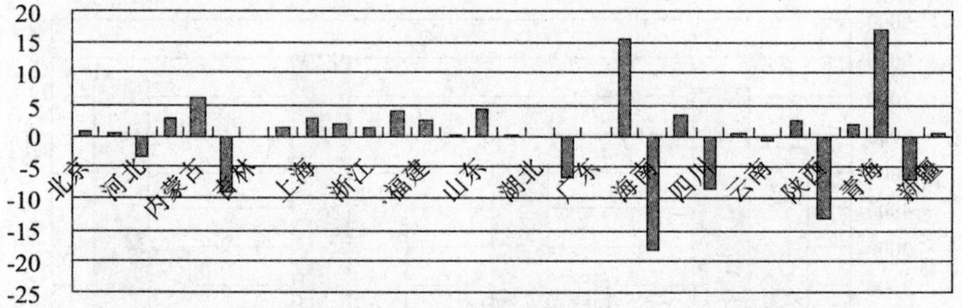

图 3-3 2010 年公共财政预算教育拨款增长与财政经常性收入增长比较（%）

资料来源：根据《2010—2011 年全国教育经费执行情况统计公告》的数据整理得出。

全国 2010 年公共财政预算教育经费占公共财政支出比例的省际间均值达到 16.97%，新疆、云南、贵州、广西等西部省（市、区）的占比达到近 20%；而北京、江苏、浙江、广东等发达省（市、区）的比例也达到 19% 的水平（见图 3-4），这说明各地区的财政支出中都把教育投入放在显著位置，有效的支持了教育事业的发展。

① "2010—2011 年全国教育经费执行情况统计公告"，《中国教育报》，2011 年 12 月 30 日。

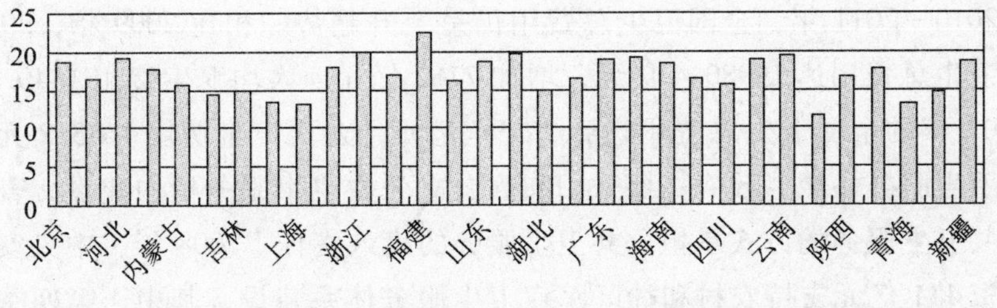

图 3－4　2010 年公共财政预算教育经费占公共财政支出比例情况（%）

资料来源：根据《2010—2011 年全国教育经费执行情况统计公告》的数据整理得出。

《义务教育法》不仅进一步明确了义务教育的公平性、统一性和义务性，而且在各方面都涉及义务教育均衡问题，如明确提出要缩小学校之间的办学差距，以及对各类群体的子女提供平等的教育条件等。针对农村义务教育发展落后的现实，积极推进了农村义务教育经费保障机制改革，从 2006 年起从西部地区开始全部免除农村义务教育阶段中小学生学杂费，实行“两免一补”，并于 2007 年实现全国农村义务教育阶段中小学生全部免除学杂费，并从 2007 年秋季开始全部免费提供教科书，家庭经济困难的寄宿生还享受生活补助。这一做法于 2008 年推广到城市义务教育，到 2010 年，通过各级财政分担的方法，保证全国各地区生均公用经费全部达到基准定额。

（三）加大公共卫生投入和制度建设，提高全民健康水平

全国卫生总费用从 1995 年的 2155.13 亿元增加到 2011 年的 22496 亿元，增长 10.44 倍，年均递增 15.79%，增长比率从 2001 年的 9.58% 逐年提高到 2008 年的峰值 25.59%，之后三年的增长比例有所下滑（见图 3－5）。

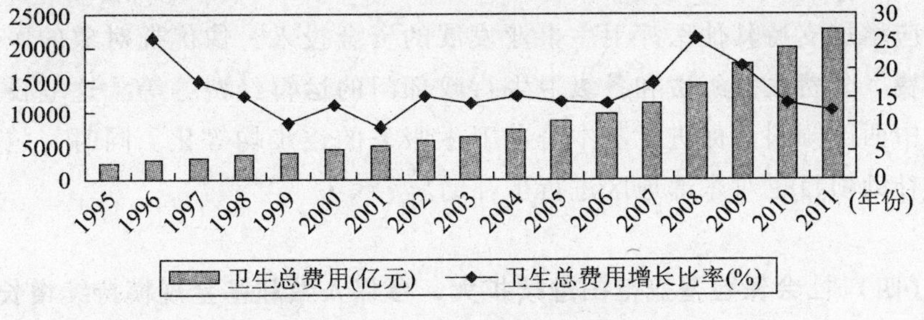

图 3－5　全国卫生费用规模与增长比率

资料来源：根据《历年中国统计年鉴》的数据整理得出。

2010—2011 年，全国卫生总费用仍呈上升趋势。相比 2009 年，2010 年全国卫生总费用达 19980.4 亿元，增加 7762 亿元，人均卫生费用 1440.3 元。而 2011 年的全国卫生总费用达到 22496 亿元，人均卫生费用 1643.2 元。在公共卫生服务领域，政府主要采用加强公立公共卫生服务机构建设，直接提供公共卫生服务的方式承担公共卫生服务的投入责任。2008 年，中央安排专项投资 111 亿元支持农村和社区医疗卫生服务体系建设，其中，第四季度新增投资 48 亿元支持 157 所县级医疗卫生机构、5978 个乡镇卫生院、5547 个村级卫生室的基础设施建设，新增投资 10 亿元建设 100 所地市级以上中医院。同时，以县医院为龙头、乡镇卫生院为骨干、村卫生室为基础的农村三级医疗卫生服务网络得到加强。从数字上看，在城镇里的“基层”卫生机构也得到了更多政府卫生投入。2008 年年底，全国城市 6546 个街道中，3704 个街道设立了社区卫生服务中心（占街道总数的 57%）。而在医疗服务方面，则采用“供需”兼补的方式。一方面对基础建设已经相对比较齐全的县及县以上医院，主要采用投入医疗保险的方式，通过加强医疗保险部门的谈判能力，增加医院之间的竞争，加强对医院的费用控制能力。

截至 2011 年年底，全国有 2637 个县（区、市）开展了新型农村合作医疗，参合人口数达 8.32 亿人，参合率为 97.5%，参合农民的补助标准人均提高到 120 元。2011 年度新农合筹资总额达 2047.6 亿元，人均筹资 246.2 元。全国新农合基金支出 1710.2 亿元，补偿支出受益 13.15 亿人次，其中，住院补偿 0.7 亿人次，普通门诊补偿 11.67 亿人次。

2009 年至 2011 年各级政府新增 8500 亿元投入医改，用于确保支持五项重点改革：一是建立基本医疗保障体系；二是建立基本药物制度；三是健全基本的医疗卫生服务体系；四是健全均等化的基本公共卫生服务体系；五是用三年时间探索出一条公立医院改革的基本路子。同时，各级政府相应增加支持其他医疗卫生事业发展的资金投入，像优抚对象的医疗补助经费、公费医疗经费和各级卫生行政部门的运行经费等等。这笔投入重点向中西部倾斜，促进了基本公共卫生服务的逐步均等化。同时，越来越多的补助项目也对东部地区进行了补助。

（四）社会保险覆盖范围继续扩大，参保人数和基金规模持续增长

截至 2011 年年底，全国基本养老保险、基本医疗保险、失业保险、工伤保险和生育保险参保人数分别达到 28391 万人、47343 万人，14317 万

人、17696 万人和 13892 万人[①]，比 2003 年年底增加 12884 万人、36441 万人、3945 万人、13121 万人和 10237 万人（见图 3－6）。

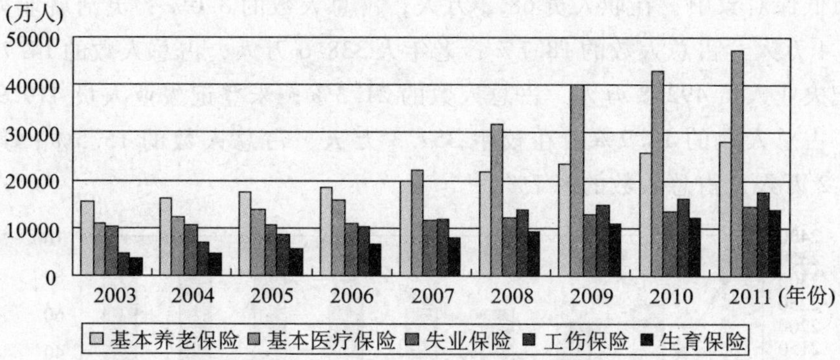

图 3－6　2003—2011 年社会保险参保人数

资料来源：根据历年《中国民政事业发展报告》的数据整理得出。

五项社会保险基金总收入从 2003 年的 4882.9 亿元提高到 2011 年的 24043 亿元，增长 4.92 倍，年均增长 22.05%；社会保险基金支出从 2003 年的 4016.4 亿元提升到 2011 年的 18055 亿元，增长 4.5 倍，增长 20.67%（见图 3－7）。

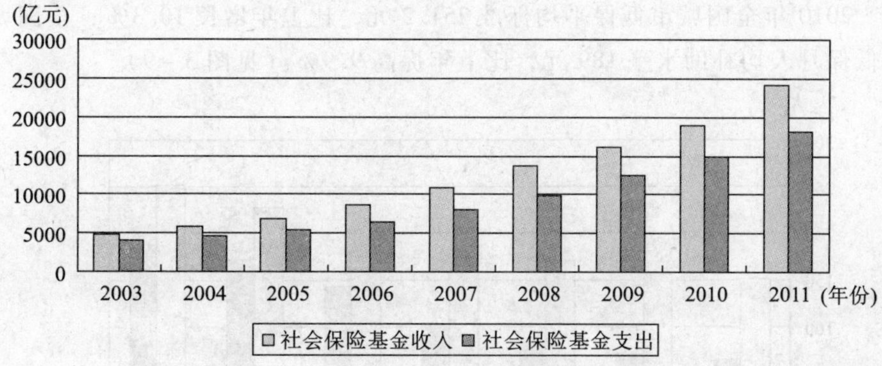

图 3－7　2003—2011 年社会保险基金收支情况

资料来源：根据历年《中国统计年鉴》数据整理得出。

以城乡居民最低保障制度为主体的社会救助体系不断完善。在城市低保方面，2010 年年底，全国共有 1145.0 万户、2310.5 万城市低保对象

① 2011 年度劳动和社会保障事业发展统计公报。

(见图3－8)。全年各级财政安排城市低保资金524.7亿元，比上年增长8.8%，其中中央财政补助资金为365.6亿元，占全部支出资金的69.7%。城市低保对象中：在职人员68.2万人，占总人数的3.0%；灵活就业人员432.4万人，占总人数的18.7%；老年人338.6万人，占总人数的14.7%；登记失业人员492.8万人，占总人数的21.3%；未登记失业人员419.9万人，占总人数的18.2%；在校生357.3万人，占总人数的15.5%；其他201.2万人，占总人数的8.7%。[1]

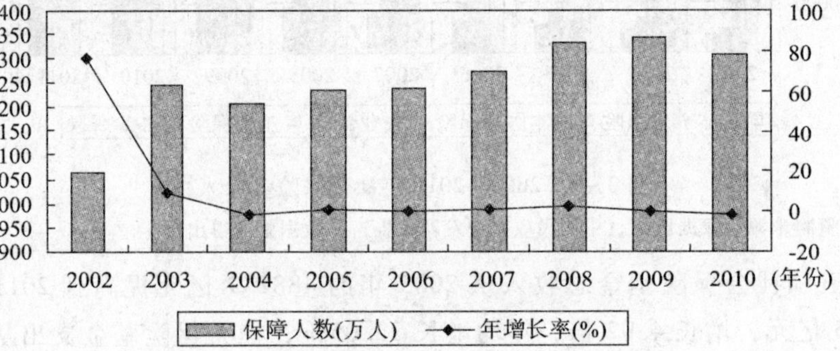

图3－8　城市最低生活保障

资料来源：根据历年《中国民政事业发展报告》数据整理得出。

2010年全国城市低保平均标准251.2元，比上年增长10.3%；全国城市低保月人均补助水平189元，比上年提高9.9%（见图3－9）。

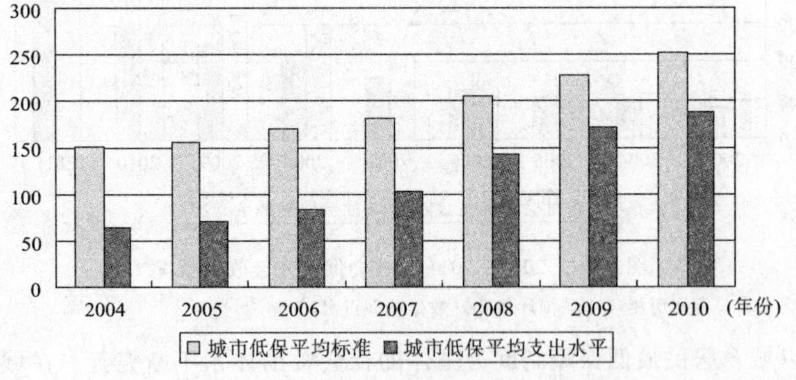

图3－9　城市最低生活保障标准与支出水平

资料来源：根据历年《中国民政事业发展报告》数据整理得出。

① 2011年中国民政事业发展报告。

农村低保方面，2010 年年底，全国有 2528.7 万户、5214 万人得到了农村低保，比上年同期增加 454 万人，增长了 9.5%。全年共发放农村低保资金 445 亿元，比上年增长 22.6%，其中中央补助资金 269 亿元，占总支出的 60.4%。2010 年全国农村低保平均标准 117 元/人、月，比上年同期提高了 16.2 元，增长了 16.1%。全国农村低保月人均补助水平 74 元，比上年提高 8.8%（见图 3－10）。

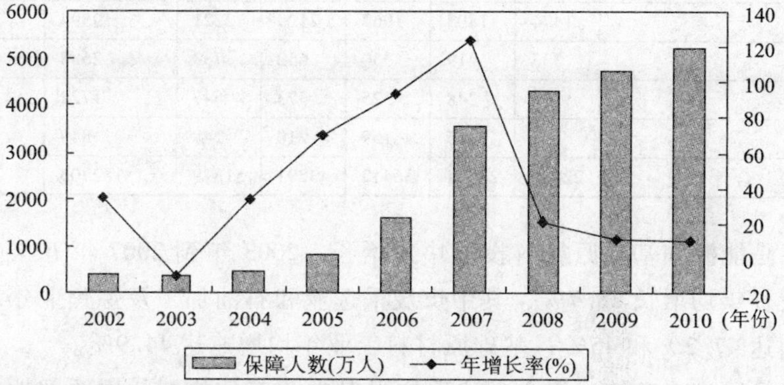

图 3－10 农村最低生活保障情况

资料来源：根据历年《中国民政事业发展报告》数据整理得出。

（五）基础产业和基础设施建设投资快速增长

2003 年到 2007 年的五年间，基础产业和基础设施建设投资总额 182703 亿元，是 1978 年到 2002 年基础产业和基础设施基本建设投资的 1.6 倍。五年年均增长 24.9%，比同期国民经济年均增长速度高 9.2 个百分点。2007 年，基础产业和基础设施施工投资项目 143971 个，比 2002 年增加 45973 个；施工项目计划总投资 171450 亿元，比 2002 年增长 1.6 倍。这一时期的投资呈现以下特点（见表 3－2）：

表 3－2　2003—2007 年基础产业和基础设施完成投资情况　单位：亿元

	2003 年	2004 年	2005 年	2006 年	2007 年	2003—2007 年合计	五年年均增长（%）
农林牧渔业	535	645	843	1118	1460	4601	11.0
能源工业	5161	7505	10206	11826	13699	48396	28.7
基础原材料工业	3465	4860	6173	6962	9057	30517	44.9
交通运输业	5526	6876	8585	10833	12372	44191	20.8
邮政业	27	29	17	21	14	108	－38.9

续表

	2003年	2004年	2005年	2006年	2007年	2003—2007年合计	五年年均增长（%）
电信和其他信息传输服务业	1602	1590	1490	1661	1702	8045	-0.1
水利管理业	722	750	838	916	1106	4330	5.3
环境管理业	264	259	319	420	591	1852	25.6
公共设施管理业	3235	3882	4942	6171	7579	25809	32.0
教育	1474	1803	1967	2129	2221	9594	20.6
文化	333	419	550	652	733	2688	23.1
卫生	230	248	325	373	547	1722	19.0
体育	107	125	159	210	248	849	20.8
合计	22680	28991	36412	43291	51329	182703	24.9

一是能源和基础原材料投资快速增长。2003 年到 2007 年五年间能源工业投资年均增长 28.7%，其中煤炭采选业和石油加工及炼焦业年均增长分别高达 47.2% 和 45%；基础原材料工业年均增速达 44.9%。

二是国家在政策、资金上注重加强对中西部的扶持，中西部地区基础产业和基础设施投资快速增长。2003 年至 2007 年，中西部地区基础产业和基础设施施工项目 401960 个，占全国的 65.7%，比 2002 年提高 5.4 个百分点；基础产业和基础设施投资 94916 亿元，年均增长达 28.5%，比全国基础产业和基础设施投资年均增长水平快 3.6 个百分点。

从投资资金来源看，中西部地区五年的基础产业和基础设施投资资金来源中，国家预算内资金为 8876 亿元，占全国的 61.7%，比 1995 年和 2002 年分别提高 0.6 个和 5.6 个百分点。国家资金的注入，缓解了中西部地区基础设施建设资金缺乏的矛盾，带动了其他资金对中西部地区基础产业和基础设施的投入，使中西部地区建成了一大批基础产业和基础设施项目，如三峡工程、青藏铁路、渝怀线铁路、甘肃宝天高速公路、陕西黄延高速公路、贵州黔西电厂、陕西宝鸡退耕还林、天然林保护工程、内蒙古锡盟农牧业基础设施建设工程等等。这些项目的建成投产，极大地改善了中西部地区基础设施建设落后的面貌，为提高中西部地区人民的生活水平，缩小与东部地区的差距起到积极的促进作用。

三是基础产业和基础设施的投资主体和资金来源渠道开始多样化。在 2007 年基础产业和基础设施投资的资金来源中，国家预算内资金占 8.4%，国内贷款占 23%，利用外资占 1.8%，自筹资金占 59.9%。投资主体分经济类型看，国有投资占 62.3%，外资占 4.8%，私营个体占 5.8%。虽然国有投资对基础设施和基础产业仍占绝对控股地位，但投资主体和资金来源已逐步多样化。

四是先后建成了一批关系国计民生的项目。其中百亿元以上项目包括石油、钢铁、电力、铁路、地铁、港口、机场等多个行业建设工程，如西气东输管道基建项目，西电东送工程，大庆油田开发产能建设工程，中海油海上油气田勘探开发投资项目，浙江镇海 800 万吨/年炼油扩建工程，上海赛科 90 万吨/年乙烯工程，广东江门、浙江乌沙山和北仑、江苏太仓、福建后石、山西阳城等电力项目，青藏线、宁西线、渝怀线、株六复线、浙赣线、朔黄线、内昆线等铁路项目，福建三福高速公路项目，广州地铁二号线工程，天津港扩建工程，洋山深水港集装箱项目一期工程，广州白云机场迁建工程等。2008 年底前三峡工程全部机组也将交付使用。

二、基本问题

（一）基本公共服务总量不足

近年来政府税收增长远高于 GDP 增长速度，基本保持在每年 15% 左右，但公共卫生体系、义务教育、贫困人口救济等基本公共服务却未见明显改善。科教文卫等方面支出占财政总支出的比例，从 1992 年至 2003 年基本没有增长[①]，2003—2007 年基本维持在 18% 的水平，甚至低于 1998 年前 20% 左右的水平（见图 3－11），2008 年之后才出现较大幅度的增长，比例达到 27% 左右。

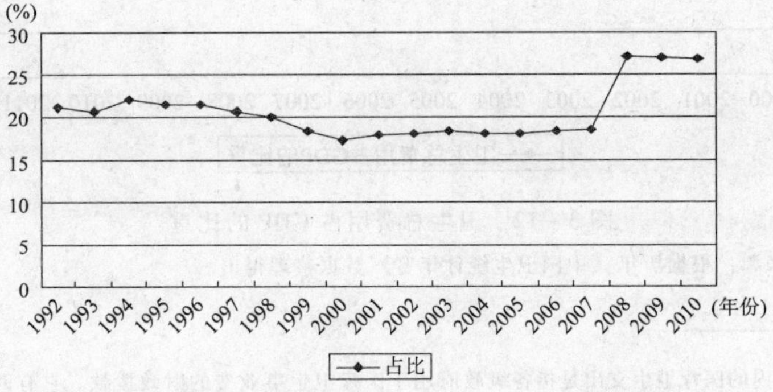

图 3－11 科教文卫事业费占财政支出的比例

资料来源：根据历年《中国统计年鉴》数据整理得出。

① 维托·坦齐等：《20 世纪的公共支出》，商务印书馆 2005 年版。

1. 医疗卫生投入。在医疗卫生方面，2011 年卫生总费用为 22496 亿元，比上年增长 12.59%。2000—2011 年的年均增长 15.55%，低于同期 GDP 年均 16% 的增幅，2011 年卫生总费用占当年 GDP 的比重为 4.91%（见图 3－12）。卫生总费用占 GDP 的比重不低于 5% 是世界卫生组织的基本要求，而发达国家如英国为 8%、德国为 11%、美国则超过了 15%。财政的医疗卫生支出①在 1986—1997 年年均递增 15.12%②，1998—2002 年该项支出的年均递增速度反而降到了 11.32%；由于政府在"非典"后更加重视医疗卫生领域的投入，从 2003—2007 年，财政用于医疗卫生的支出累计 8013.61 亿元，比前五年增长了 2.20 倍，年均增长 19.42%；之后从 2008 年 3593.94 亿元提高到 2010 年的 5732.5 亿元，年均增长 26.3%。在卫生总费用支出中，政府卫生预算支出比重在 1985 年是 38.5%，而到 2000 年该比重则一路下滑到 15.5%，只是从 2001 年以后才有所回升，到 2005 年达到 17.9%，2007 年则攀升到 22.31%，之后再逐年提高到 2010 年的 28.7%（见图 3－13）。但与其他国家相比，中国财政对医疗卫生领域的投入严重不足，如发达国家中英国、法国、德国、日本等这一比重都在 80% 左右，发展中国家的印尼、南非、巴西、马来西亚、泰国等该比重也在 35%—60%。

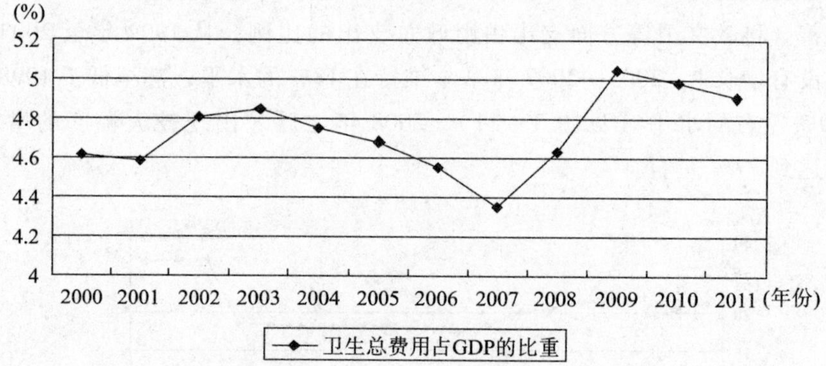

图 3－12 卫生总费用占 GDP 的比重

资料来源：根据历年《中国卫生统计年鉴》数据整理得出。

---

① 预算内的医疗卫生支出是指各级政府用于医疗卫生事业费的财政拨款。它有两个口径：一是医疗卫生经费支出，二是医疗卫生总支出，其中除了包括医疗卫生经费支出外，还包括国家预算用于医疗卫生的基本建设经费支出。

② 1986 年的数据见财政部综合计划司编《中国财政统计（1950—1991）》，科学出版社 1992 年版；1997 年数据来自财政部社会保障司编《社会保障资金统计资料（1996—2000）》，中国财政经济出版社 2002 年版。

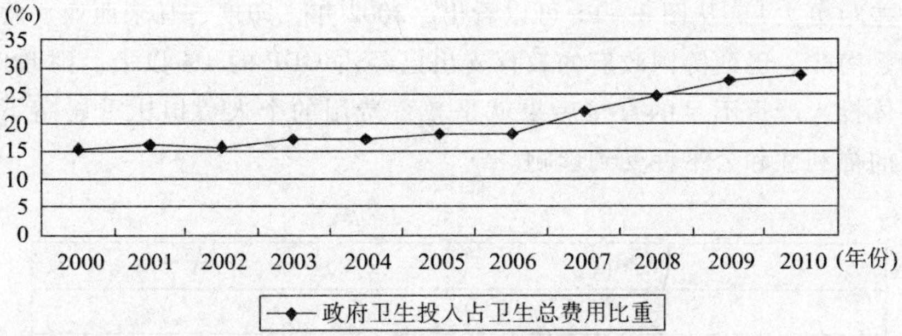

图 3－13　政府卫生投入占卫生总费用比重

资料来源：根据历年《中国卫生统计年鉴》数据整理得出。

2010 年政府卫生支出达到 5732.5 亿元，比上年度增幅 19.02%[①]，占财政支出比重为 6.38%，占 GDP 的比重仅为 1.43%，不仅远低于工业化国家，而且也明显低于新兴工业化国家。工业化国家政府医疗支出占 GDP 的比重，1960 年平均为 2.6%，1990 年上升到 5.9%，新兴工业化国家和地区（智利、中国香港、韩国、新加坡）1990 年该比重就达到 1.8%[②]。

2. 教育投入。在教育投入方面，财政性教育经费占财政支出的比重用来衡量一个国家财政支出中有多少用于教育的指标。从图 3－14 可以看出，1992—1997 年，财政性教育支出占不含国债的财政支出的比率始终徘徊在 20% 左右，均超过了 1993 年颁布的《中国教育改革和发展纲要》中明确规定的“各级财政支出中教育经费占的比例要达到全国平均不低于 15% 的水平”。但从 1998 年起，这种支出比重的变化趋势并没有维持下去，财政性教育经费占财政支出的比重开始下滑，一直下降到 2006 年的 15.7%，2007 年才略微提升到 16.7%。2008 年之后又呈逐年下降趋势，从 2008 年的 16.69% 下降到 2011 年的 14.8%。

政府教育支出占 GDP 的比重一直低于 3%，2007 年才略微上升到 3.32%，自 2008 年起政府加大教育投入后，这一比重才开始微弱提升，2011 年为 3.52%，不仅远低于政府所要求的 4% 的目标，且距离国际一般

① 按卫生总费用中政府支出所占比重计算，含卫生事业费、预算内基本建设经费、医学科研经费、公费医疗等支出。

② 李树勇、张景勇：“国家最高层重视消除不和谐促进社会公平”，《新京报》，2006 年 10 月 10 日。

水平差距更大①。从图3－15可以看出，2002年，印度、马来西亚、蒙古、泰国、南非、巴西等国政府的教育支出已经占GDP的4%以上。财政对教育整体投入严重不足的直接后果就是教育费用的个人负担比重居高不下，教育的福利性和公平性受到影响。

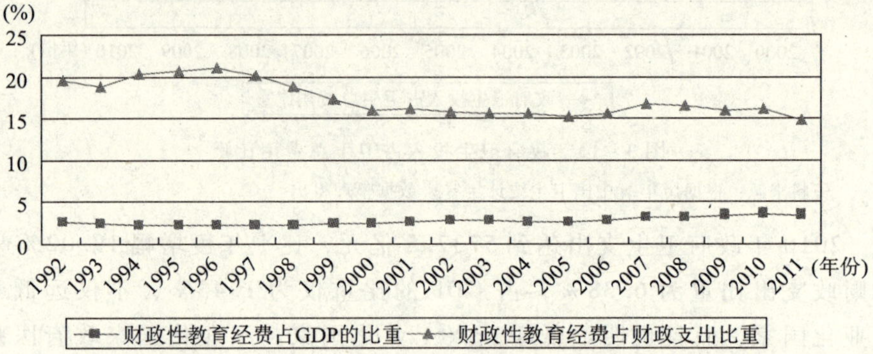

图3－14 1992—2011年财政性教育经费占财政支出及GDP的比重

资料来源：根据历年《中国教育经费统计年鉴》的数据整理得出。

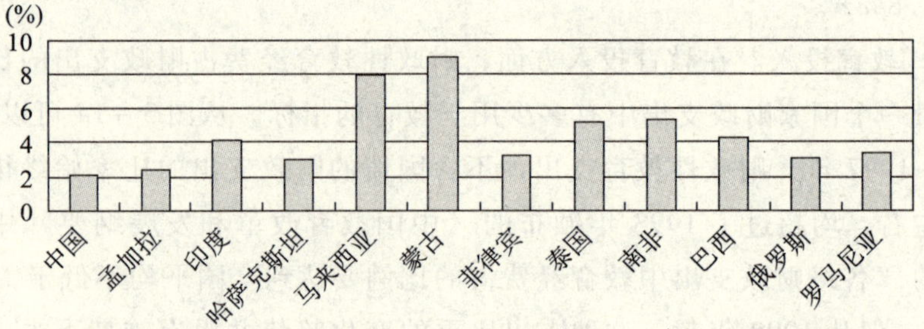

图3－15 2002年部分发展中国家财政教育支出占GDP的比重

资料来源：《国际统计年鉴2005》。

3. 社会保障投入。在社会保障方面②，从表3－3可以看出，1999—2010年间，随着中国总体经济实力的增强，不论是社会保障支出总额，还是人均社会保障支出，均有大幅度增长。若不考虑物价上涨的原因，2010年社会保障总支出为23949亿元，是1999年3657.2亿元的6.55

① 国际平均教育投入占GDP的比例为5.1%，其中发达国家为5.3%，发展中国家为4%。

② 宽口径社会保障支出主要包括：行政事业单位离退休费、企业职工基本养老保险基金支出、城镇基本医疗保险支出、失业保险基金支出、工伤保险基金支出、生育保险基金支出、抚恤和社会福利救济支出、社会保障补助支出等。

倍，年均增长速度为18.63%；人均社会保障支出2010年是1786元，是1999年290.7元的6.14倍，年均增长速度为17.94%。具体到社会保障支出科目中的社会保障补助支出[①]年均递增39.3%，成为增长最快的社会保障支出项目；抚恤和社会福利费支出年均递增23.2%，行政事业单位离退休费[②]支出年均递增21.8%（见图3-16）。

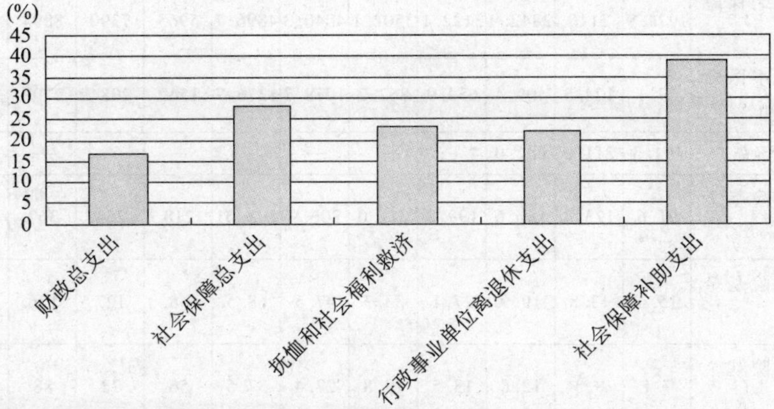

图3-16　1998—2010年各项社会保障支出年均递增率

资料来源：根据历年《中国统计年鉴》的数据整理得出。

从1999年到2010年，中国财政性社会保障支出[③]资金由865.5亿元增长到9130.6亿元左右，增长10.55倍，年均增长23.89%；占财政总支出的比重也从6.56%提高到10.16%。尽管财政性社会保障支出增长很快，但与发达国家和发展中国家相比，中国财政资金用于社会保障的比例还是比较低的。据经济合作与发展组织秘书处提供的资料，到20世纪70年代末，经合组织国家在社会保障和福利方面的开支平均占财政支出的60%；财政支出的增加部分全部花在社会保障和福利方面。目前中国财政性社会保障支出占财政总支出的比重为10%的水平，不仅远远低于发达国家，甚至远低于巴西、印度、泰国等发展中国家的水平。

① 社会保障补助支出主要包括：社会保险基金补助、就业补助和下岗职工基本生活补助。

② “行政事业单位离退休费”目前只反映一部分中央和地方行政和事业单位的离退休费，而文教科学卫生事业单位的离退休费很大一部分不在这个科目反映。

③ 财政性社会保障支出主要包括：社会保障补助支出、行政事业单位离退休费支出以及抚恤和社会福利救济费支出。

表 3-3　　1999—2010 年中国社会保障支出情况　　单位：亿元

年份	1999	2000	2002	2003	2004	2005	2006	2007	2008	2009	2010
社会保障总支出	3657.2	4557	6437.9	7474.5	8655.9	9929.5	11860	14526	16731	19909	23949
行政事业单位退休费	360.2	435.3	788.8	895.0	1028.1	1164.8	1330.2	1566.9	—	—	—
基本养老保险支出	1924.9	2116	2842.9	3122.1	3502.1	4040.3	4896.7	5965	7390	8894	10555
城镇基本医疗保险支出	69.1	124.5	409.4	653.9	862.2	1078.7	1276.7	1562	2084	2797	3538
公费医疗经费	191.3	211.0	252.0	—	—	—	—	—	—	—	—
失业保险基金支出	91.6	123.4	186.6	199.8	211.0	206.9	198.01	218	254	367	423
工伤保险基金支出	15.4	13.8	19.9	27.1	33.3	47.5	68.5	88	127	156	192
生育保险基金支出	7.1	8.3	12.8	13.5	18.8	27.4	37.5	56	72	88	110
抚恤和社会福利救济支出	179.9	213.0	373.0	498.8	563.5	716.4	907.7	—	—	—	—
社会保障补助支出	325.4	552.9	1017.2	1262.1	1524.5	1817.6	2123.9	—	—	—	—
价格补贴	492.29	758.7	535.24	550.15	660.41	577.91	768.67	988.78	—	—	—
财政性社会保障支出	865.5	1201	2179	2656	3116	3699	4362	5396	6804.3	7606.7	9130.6
人均社会保障支出（元）	290.7	359.6	501.0	578.5	665.8	759.2	902.6	1099.4	1259.9	1491.8	1786
社会保障支出占 GDP 的比重（%）	4.15	4.65	5.41	5.53	5.42	5.40	5.60	5.82	5.31	5.83	5.94

注：行政事业单位退休费支出指实行归口管理的行政事业单位离退休经费；在统计社会保障总支出中，2003—2007 年的公费医疗经费是按 2002 年的 252 亿元加入的；其他数据根据历年中国统计年鉴整理得出。

研究中国整体社会保障支出水平，与同为社会保险型制度模式的国家，如美国、德国和法国 20 世纪 60 年代到 90 年代的社会保障水平相比还是低得多。1960 年美国、德国和法国的人均 GDP 分别为 2783 美元、1345 美元和 1279 美元，但其社会保障水平则分别是 10.3%，20.5% 和 13.4%（见表 3－4）。2002—2007 年中国人均 GDP 在 1100—2000 美元之间，社会保障水平徘徊在 5.41% ~5.8% 之间，2008—2010 年分别为 5.31%、5.83%、5.94%。此外，中国社会保障支出水平也明显低于同为转型国家的俄罗斯、哈萨克斯坦、波兰和匈牙利，以及拉美的阿根廷、巴西和乌拉圭，1996 年上述这些国家的社会保障支出水平分别为 10.4%、13.6%、25.1%、22.3%、12.4%、12.2% 和 22.4%①。由于各国社会保障制度设计和筹资模式不完全相同，社会保障支出水平在不同国家之间的可比性会相对差一些。虽然中国与韩国相当，与新加坡、马来西亚和泰国相比较稍高②。但可以肯定的是，中国社会保障支出水平偏低，且与日益增长的社会保障需求相比有很大的差距，在总体上表现出明显的不适度性。

表 3－4　部分 OECD 国家 1960—2001 年社会保障支出水平　单位：%

国　家	1960 年	1980 年	1985 年	1990 年	1995 年	1998 年	2001 年
美　国	10.3	13.3	13.0	13.4	15.5	14.5	14.8
德　国	20.5	23	23.6	22.8	27.5	27.4	27.4
法　国	13.4	21.1	26.6	26.6	29.2	29	28.5
日　本	5.8	10.2	11	11.2	13.5	14.9	16.9
韩　国	—	—	—	3.1	3.6	5.9	6.1
墨西哥	—	—	1.8	3.8	8.1	8.8	11.8

资料来源：财政部社会保障司课题组："社会保障支出的国际比较"，《财政研究》2007 年第 10 期。

（二）基本公共服务分布不均

分布不均主要表现为公共服务地区间发展不平衡，东部整体优于中西部；城乡间发展不平衡，农村公共服务严重短缺；各类基本服务间发展不平衡，相对于备受关注的教育、公共卫生、社会保障、公共安全、环境保

① 财政部社会保障司课题组："社会保障支出水平的国际比较"，《财政研究》2007 年第 10 期，第 36—42 页。

② 1996 年新加坡、马来西亚和泰国的社会保障支出水平分别为 3.3%、2.9% 和 1.9%。日本、韩国等后发工业化国家较低的社会保障水平与其重视家庭的保障作用及其储蓄率相对较高有关；新加坡的强制公积金制度使得家庭自身承担了主要的保障责任，也人为降低了社会保障的支出水平。

护等基本公共服务供给不足问题更为严峻。

根据陈昌盛、蔡跃洲（2007）[①] 的研究表明，以 2000—2006 年的七年平均水平看，所有地区基本公共服务综合绩效都处于 B 级以下，基本公共服务供给不足的矛盾十分突出（见表 3－5）。区域分布上，基本公共服务绩效整体东部优于中西部、经济发达省份优于经济落后省份（见表 3－6）。这主要是因为经济发达地区财力状况好于欠发达地区，基本公共服务领域的投入也更多，在基本公共服务与经济增长互为因果，互相推动下，加上多年来的不断积累，共同促成了目前的区域分布格局。

表 3－5　基本公共服务（2000—2006 年）综合绩效等级与排名

排名	省（市）	绩效得分	绩效等级
1	北京	0.6318	B
2	上海	0.6313	B
3	天津	0.5112	C
4	浙江	0.4802	C
5	广东	0.4705	C
6	江苏	0.4632	C
7	辽宁	0.4447	D
8	福建	0.4338	D
9	山东	0.4224	D
10	吉林	0.4201	D
11	黑龙江	0.4157	D
12	青海	0.4106	D
13	海南	0.4051	D
14	河北	0.4043	D
15	重庆	0.4035	D
16	湖北	0.4027	D
17	山西	0.3991	D
18	内蒙古	0.3987	D
19	陕西	0.3982	D
20	西藏	0.3935	D
21	湖南	0.3910	D

① 陈昌盛、蔡跃洲：《中国政府公共服务：体制变迁与地区综合评估》，中国社会科学出版社 2007 年版。

续表

排名	省（市）	绩效得分	绩效等级
22	新　疆	0.3883	D
23	河　南	0.3821	D
24	四　川	0.3815	D
25	江　西	0.3814	D
26	宁　夏	0.3781	D
27	安　徽	0.3766	D
28	云　南	0.3764	D
29	广　西	0.3722	D
30	贵　州	0.3631	D
31	甘　肃	0.3604	D

注：根据公共服务综合绩效得分分布情况，将公共服务绩效等级分为五级：其中绩效得分为A级代表“优秀”，B级代表“良好”，C级代表“一般”，D级代表“不足”，E级则代表“匮乏”。

表3－6　　中国基本公共服务综合绩效等级（2000—2006年）

绩效等级	状态	区域（省份）分布
A	优秀	
B	良好	北京、上海
C	一般	天津、浙江、广东、江苏
D	不足	辽宁、福建、山东、吉林、黑龙江、青海、海南、河北、重庆、湖北、山西、内蒙古、陕西、西藏、湖南、新疆、河南、四川、江西、宁夏、安徽、云南、广西、贵州、甘肃
E	匮乏	

注：根据公共服务综合绩效得分分布情况，将公共服务绩效等级分为五级：其中绩效得分[0.75，1]为A级，代表“优秀”；[0.6，0.75]为B级，代表“良好”；[0.45，0.6]为C级，代表“一般”；[0.3，0.45]为D级，代表“不足”；[0，0.3]为E级，代表“一般”。

从各类公共服务地区差异看（见表3－7），基础教育服务在2003年至2006年间的变异系数在提高，说明这段时期基础教育投入的差距在扩大，2007年后随着农村、城市义务教育学杂费全免等一系列优惠政策实施后，基础教育支出的地区间差距在缩小，但系数值仍高达0.83，最大最小之比达到10倍左右，表明还需进一步加强义务教育的均衡投入。

表 3-7 基本公共服务地区差异指数变动情况

（2003—2010 年）

项目	指标	2003 年	2004 年	2005 年	2006 年	2007 年	2008 年	2009 年	2010 年
基础教育	变异系数	1.00	1.05	1.07	1.15	0.97	0.88	0.82	0.83
	最大最小之比	11.94	13.03	12.92	27.38	10.04	5.41	10.27	11.02
公共卫生	变异系数	0.82	0.84	0.79	0.80	0.73	0.61	0.46	0.43
	最大最小之比	12.79	12.29	11.04	10.09	7.82	6.23	4.75	4.07
社会保障	变异系数	0.48	0.51	0.50	0.51	0.58	0.54	0.49	0.67
	最大最小之比	6.33	6.76	6.09	6.42	7.84	6.62	5.92	8.88
基础设施	变异系数	1.53	1.31	1.32	1.29	1.24	1.08	1.20	0.96
	最大最小之比	42.97	18.99	27.25	24.68	27.08	20.24	27.23	17.95

资料来源：根据历年《中国财政年鉴》的数据整理得出。

公共卫生服务在 2006 年之前的差异明显，波动并不规则，但自 2006 年后逐年下降到 2010 年的 0.43，最大最小之比的数值则一直保持下降趋势，从 2003 年的 12.79 逐年下降到 2010 年的 4.07。公共卫生服务差距呈缩小的趋势，这得益于中央近几年加强农村医疗卫生投入，提高落后地区、农村地区的公共卫生服务水平，使得公共卫生的均衡度大大提升。

社会保障服务在 2003 年至 2007 年间的地区差距在扩大，变异系数从 0.48 提高到 0.58，发达地区的社会保障水平明显高于欠发达或落后地区的水平。在 2007 年后各级政府加大对农村养老保险、新农村合作医疗保险等投入，社会保障的地区差异在缩小，变异系数下降到 2009 年的 0.49，而 2010 年又有反复，提高到 0.67。最大最小值之比变化不大，维持在 7 左右的水平，这说明社会保障的地区差距仍然较大。

基础设施服务的地区差距从 2003 年至 2010 年呈缩小趋势，变异系数从 1.53 下降到 0.96，但差距仍然很大。在地方政府的推动下，东部地区的基础设施水平大大高于中西部地区的水平，最大最小之比高达 20 多倍，这说明需要加强落后地区的基础设施投入，以提高全国基础设施服务的均衡水平。

从基本公共服务的城乡差异来看，刘成奎、王朝才（2011）① 利用 2004—2008 年我国 28 个省份的面板数据，采用综合评分法计算得到社会

① 刘成奎、王朝才："城乡基本公共服务均等化指标体系研究"，《财政研究》2011 年第 8 期，第 25—29 页。

保障指数、卫生指数、义务教育指数、基础设施指数以及城乡基本公共服务均等化指数。可以看出，2004—2008 年的我国 28 个省份城乡基本公共服务均等化水平指数呈现出上升趋势，分别为 0.2887、0.3767、0.4031、0.4132 以及 0.4276（见表 3－8），而且四个方面指标即社会保障指数、卫生指数、基础教育指数、基础设施指数也都呈现出递增态势，说明我国城乡基本公共服务供给水平差距呈现缩小趋势。这也证实了当前我国大力推进城乡基本公共服务均等化的政策已经有一定成效。

表 3－8　　我国 28 个省份的城乡基本公共服务均等化指数

年份	社会保障指数	卫生指数	义务教育指数	基础设施指数	城乡基本公共服务均等化指数
2004	0.0453	0.0595	0.0797	0.1043	0.2887
2005	0.0786	0.0879	0.0843	0.0966	0.3767
2006	0.0970	0.0903	0.0911	0.0946	0.4031
2007	0.1018	0.0917	0.0938	0.0972	0.4132
2008	0.1036	0.0948	0.1014	0.1027	0.4276

进一步，可以发现，社会保障指数递增幅度最快（由 2004 年的 0.0453 增加到 2008 年的 0.1036），对该指数快速增加贡献最大的因素是我国从 2003 年开始试点并在 2004 年逐步推广的新型农村合作医疗制度，农村新医保参与人数则出现了突增，由此使得社会保障指数数值增加很快。卫生指数由 2004 年的 0.0595 增加到 2008 年的 0.0948，增速也比较快，这得益于 2003 年 SARS 疫情及 2006 年开始强调公共卫生的公益性改革，我国重新恢复或强化农村乡镇卫生院、村卫生室以及各类卫生人员的卫生服务功能，导致农村的卫生机构与卫生人员数量都快速增加，进而拉高了卫生指数。义务教育指数由 2004 年的 0.0797 增加到 2008 年的 0.1014，这与我国 2006 年开始由西部地区试点、2007 年扩大到中部和东部地区的免除农村义务教育学杂费以及增加对农村基础教育的经费投入有着高度关联。基础设施指数在四个方面指标中属于均等化水平较高的，在 2004—2008 年间呈现小幅度的先降后升趋势。我国 2006 年开始大力推行的新农村建设（提供农村公路、自来水是新农村建设的主要内容），使得农村居民人均占有的农村公路里程、自来水饮用率增加很快，促进了基础设施指数的提高。通过对以上四个方面指标指数的分析与解读发现，国家基本公共服务供给政策的转型对促进城乡基本公共服务均等化影响巨大；此外，四个方

面指标指数的单项指标选择的都是数量型指标而非质量型指标，这与我国当前实现基本公共服务均等化主要着眼于低水平覆盖战略相吻合。但是不能否认的是，目前我国还远未达到实现城乡基本公共服务均等化目标，即使是2008年的总指数也只有0.4276，即当年农村人均享受的基本公共服务不到当地省份人均享受的基本公共服务水平的一半，提高我国城乡基本公共服务均等化水平任重道远。

（三）基本公共服务负担结构失衡

在把教育作为扩大消费的重要内容及“教育产业化”的观点指导下，财政性教育经费占教育经费的比重大幅降低，社会办学经费的比重也趋于萎缩，而学杂费和其他经费需要个人负担的部分却快速增长。1992年财政性经费占教育经费总额的84.1%，之后一路下降到2005年的61.3%，下降了22.8%，2006年才提升到64.7%，2007—2009年分别为68.2%、72.1%、74.1%。同时，社会办学经费所占比重也由20世纪90年代前半期的8%~9%下降到2006年的6%，2007—2009年更是下降为1.43%、1.19%、1.21%。个人负担的学杂费等教育经费比例从1992年的5.1%提升到2005年的18.5%，2006—2009年分别下降为15.8%、17.5%、16.2%、15.2%（见图3-17）。从增长情况来讲，教育费用长期保持高增长态势，2009年的教育经费是1992年的19.03倍，年均增长18.92%，增长速度快于GDP增长，也快于居民收入的增速。

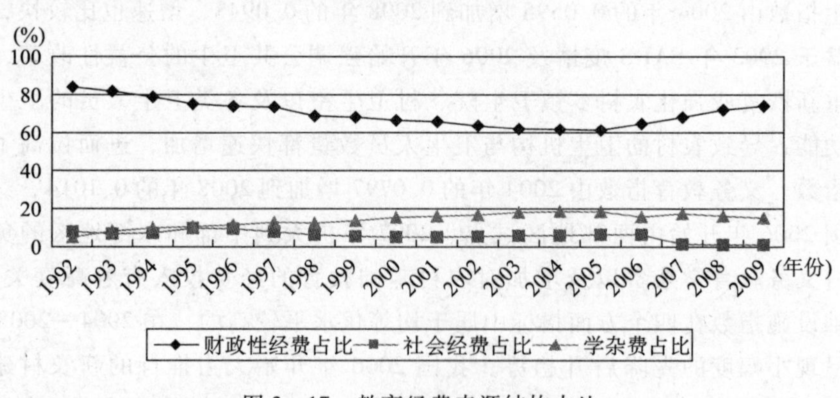

图3-17 教育经费来源结构占比

资料来源：根据历年《中国统计年鉴》数据整理得出。

1990—2010年的21年间，城镇和农村居民人均教育文化支出增长了14.5倍和11.7倍，年均增长14.31%和13.08%，而同期城镇居民可支配收入和农民人均纯收入分别增长 12.7 倍和 8.6 倍，年均分别增长 13.53% 和 11.38%，前者比后者分别快 0.78 个和 1.7 个百分点。这导致两个结果：一是城镇和农村居民公共服务支出比重不合理上升，负担过重，2010 年城镇居民人均教育文化娱乐支出为 1627.64 元，占消费支出总额的 12.08%，1990 年城镇居民人均教育文化娱乐支出所占比例为 11.1%，上升了 0.98 个百分点。不论是 20 年前还是现在城镇居民的教育支出比重都远高于美国 20 世纪 90 年代中期的水平，1995 年美国居民支出中教育与娱乐类的支出仅占家庭支出的 8.2%[①]。农村居民教育支出占消费总支出的比重上升得更快，1990 年为 5.4%，2007 年上升到 11.05%，2009 年、2010 年分别为 9.72%、9.50%[②]（见表 3-9）。

表 3-9 我国城镇和农村居民消费支出结构变化 单位：%

区域	项 目	1990 年	1995 年	2000 年	2006 年	2007 年	2008 年	2009 年	2010 年
城镇	医疗保健	2.01	3.11	6.36	7.14	6.99	6.99	6.98	6.47
	教育文化娱乐服务	11.12	9.36	13.40	13.83	13.29	12.08	12.01	12.08
	居住	6.98	8.02	11.31	10.40	9.83	10.19	10.02	9.89
	家庭设备用品及服务	10.14	7.44	7.49	5.73	6.02	6.15	6.42	6.74
	杂项商品与服务	0.94	3.25	3.44	3.56	3.58	3.72	3.87	3.71
农村	文教娱乐用品及服务	5.37	7.81	11.18	10.79	11.05	9.96	9.72	9.50
	医疗保健	3.25	3.24	5.24	6.77	7.60	7.79	8.2	8.45
	家庭设备用品及服务	5.29	5.23	4.52	4.47	5.37	5.49	5.83	6.05
	其他商品及服务	0.74	1.76	3.14	2.23	2.67	2.43	2.4	2.44

资料来源：根据《历年中国统计年鉴》的数据整理得出。

在 2006 年以前，居民个人的医疗卫生负担也长期超过 50%，最高的是 2000 年，曾达到 60%，2006 年、2007 年略降为 49.3%、45.2%，2008 年为 40.42%、2009 年为 37.5%。而合理的个人、政府、社会卫生支出比例应该为 30%、30% 和 40% 左右较为适宜。1999—2010 年医疗支出负担增长较快，城镇和农村居民人均医疗卫生支出分别增长 3.3 倍，年均增长 11.46% 和 11.4%。

医疗支出的比重特别是城镇居民人均医疗支出比重上升得更快。城镇和农村居民人均医疗保健支出占消费性支出的比重分别由 1990 年的 2% 和 5.1% 上

① 根据 1999 年《国际统计年鉴》有关数据计算。

② 其中 2005 年为 13.8%，2006 年中西部地区农村免收学费导致 2006 年的比重下降到 10.8%。

升到2010年的6.47%和8.45%（见表3-9）。如此高的负担使得许多低收入家庭难以承受，从而扩大了居民间及地区间的基本公共服务的差距。

第二节 义务教育均等化水平测算

一、义务教育投入的地区间均等化程度

（一）义务教育阶段生均教育事业费的地区差异

生均公共财政预算教育事业费是衡量政府财政投入力度的重要指标。从表3-10可见，2009年中国普通小学生均教育事业费全国平均为4447.94元，有22个省市低于全国平均值。最高的是上海市，为14792.68元，最低的河南省为1949元，最高是最低的7.59倍。生均教育事业费排前三名的分别是上海市（14792.68元）、北京市（11662.02元）和天津市（9131.43元），排在最后3名的分别是贵州省（2303.56元）、江西省（2141.81元）和河南省（1949元）。2010年普通小学生均教育事业费全国平均为5376.76元，有19个省市低于全国平均值。最高的是上海市，为16143.85元，最低的河南省为2186.14元，最高是最低的7.38倍。生均教育事业费排前三名的分别是上海市（16143.85元）、北京市（14482.39元）和天津市（11505.42元），排在最后的3名分别是贵州省（2758.61元）、江西省（2470.25元）和河南省（2186.14元）。

表3-10 义务教育生均公共财政预算教育事业费情况 单位：元

地区	普通小学		普通初中	
	2009年	2010年	2009年	2010年
总计	3357.92	4012.51	4331.62	5213.91
北京	11662.02	14482.39	15581.06	20023.04
天津	9131.43	11505.42	11083.16	14819.48
河北	3343.17	3783.13	4257.98	5227.19
山西	3430.75	4049.34	4036.01	4739.37
内蒙古	5278.61	6691.86	6130.16	7684.29
辽宁	4359.81	5174.19	5590.81	6978.02
吉林	4708.85	6220.61	5315.29	6826.55

续表

地　区	普通小学		普通初中	
	2009 年	2010 年	2009 年	2010 年
黑 龙 江	4916.89	5484.50	4786.26	5594.01
上　海	14792.68	16143.85	18224.25	19809.98
江　苏	5820.20	7252.39	5903.74	8385.89
浙　江	5611.99	6732.41	6886.53	8382.49
安　徽	2480.81	3192.12	3048.55	3963.55
福　建	4023.47	4785.85	4501.61	5715.61
江　西	2141.81	2470.25	3113.75	3375.17
山　东	3221.62	3936.26	4907.13	6137.13
河　南	1949.00	2186.14	2965.13	3410.02
湖　北	2936.79	3208.29	4006.63	4514.41
湖　南	2791.13	3013.99	4508.75	4932.57
广　东	2896.53	3487.02	3418.71	3920.97
广　西	2672.80	3355.57	3364.14	4299.73
海　南	3891.90	5578.47	4333.22	5801.61
重　庆	2963.17	3633.96	3559.90	4297.92
四　川	2824.93	3372.56	3438.86	4076.96
贵　州	2302.56	2758.61	2698.18	3204.20
云　南	2773.42	3286.24	3716.27	4349.07
西　藏	6302.33	8164.32	7157.09	7242.81
陕　西	4247.65	4723.88	4798.54	5256.90
甘　肃	2832.09	3306.41	3636.33	4129.87
青　海	4126.95	5011.76	5366.32	7423.16
宁　夏	3029.88	3819.14	4608.13	6009.40
新　疆	4420.89	5868.61	6341.59	7788.66
平 均 值	4447.94	5376.76	5525.29	6720.0

数据来源：2010—2011 年全国教育经费执行情况统计表。

2009 年普通初中生均教育事业费全国平均为 5525.29 元，有 22 个省市低于全国平均值。最高的是上海市，为 18224.25 元，最低的为贵州省，为 2698.18 元，最高是最低的 6.75 倍。生均教育事业费排前三名的分别是上海市（18224.25 元）、北京市（15581.06 元）和天津市（11083.16 元），排在最后的 3 名分别是安徽省（3048.55 元）、河南省（2965.13 元）和贵州省（2698.18 元）。2010 年普通初中生均教育事业费全国平均为 6720 元，有 20 个省市低于全国平均值。最高的是北京市，为 20023.04

元，最低的为贵州省，为3204.2元，最高是最低的6.25倍。生均教育事业费排前三名的分别是北京市（20023.04元）、上海市（19809.98元）和天津市（14819.48元），排在最后的3名的分别是河南省（3410.02元）、江西省（3375.17元）和贵州省（3204.2元）。

由此可见，义务教育投入的地区差异明显，东部发达地区的教育投入水平显著高于中西部地区。

（二）义务教育阶段生均预算内公用经费的地区差异

生均预算内公用经费是衡量政府财政在学校日常运行上的投入力度的重要指标。生均预算内公用经费省际差距巨大，远远超过生均预算内教育经费的差距。因为与人员开支不同，公用经费弹性很大，在一些财政困难的贫困地区，农村小学公用经费很少，造成辖区内学校运行陷入困境。

从表3-11可见，中国2009年普通小学生均预算内公用经费全国平均为1025.78元，有23个省市低于全国平均值。最高的是北京市，为4722.87元，最低的为贵州省，为439.49元，最高是最低的10.75倍。生均预算内公用经费排前三名的分别是北京市（4722.87元）、上海市（3453.12元）和吉林省（1208.72元），排在最后3名的分别是河南省（573.32元）、广西省（453.28元）和贵州省（439.49元）。2010年普通小学生均预算内公用经费全国平均为1320.1元，有24个省市低于全国平均值。最高的是北京市，为5836.09元，最低的为贵州省，为579.26元，最高是最低的10.08倍。生均预算内公用经费排前三名的分别是北京市（5836.09元）、上海市（4264.69元）和西藏自治区（2077.95元），排在最后3名的分别是河南省（700.84元）、广西自治区（670.36元）和贵州省（579.26元）。

表3-11　义务教育生均公共财政预算公用经费情况　单位：元

地　区	普通小学		普通初中	
	2009年	2010年	2009年	2010年
总　计	743.70	929.89	1161.98	1414.33
北　京	4722.87	5836.99	6352.23	8247.66
天　津	1144.08	1691.80	1689.62	2521.05
河　北	689.53	892.25	989.82	1305.69

续表

地区	普通小学		普通初中	
	2009 年	2010 年	2009 年	2010 年
山西	832.20	954.85	1208.41	1415.17
内蒙古	1141.08	1560.76	1669.06	2209.10
辽宁	998.76	1263.55	1532.85	2041.43
吉林	1208.72	1462.37	1749.11	1906.29
黑龙江	813.25	978.30	1086.33	1418.34
上海	3453.12	4264.69	4495.26	5298.45
江苏	689.08	853.55	864.03	1088.54
浙江	792.66	870.54	1072.22	1209.80
安徽	609.38	922.50	920.06	1338.99
福建	681.58	1071.25	949.86	1454.07
江西	646.95	697.25	1099.63	1074.41
山东	573.47	917.66	1011.90	1782.46
河南	573.32	700.84	932.93	1174.95
湖北	652.44	701.09	1121.94	1130.42
湖南	840.30	928.48	1522.89	1544.50
广东	652.87	735.85	899.23	974.19
广西	453.28	670.36	727.95	1127.29
海南	878.95	1358.73	1543.84	2037.29
重庆	853.23	1166.45	1249.99	1566.86
四川	629.34	770.81	933.71	1033.77
贵州	439.49	579.26	624.13	827.24
云南	584.91	802.56	995.32	1162.33
西藏	1187.31	2077.95	2200.34	1431.91
陕西	1140.47	1071.28	1732.43	1516.97
甘肃	781.16	820.64	1250.75	1292.78
青海	1235.14	1850.49	1630.56	3447.57
宁夏	777.41	1304.51	1763.65	2777.83
新疆	1122.87	1145.49	2483.64	2447.24
平均值	1025.78	1320.1	1558.18	1929.18

数据来源：2010～2011 年全国教育经费执行情况统计表。

2009 年普通中学生均预算内公用经费全国平均为 1558.18 元，有 22 个省市低于全国平均值。最高的是北京市，为 6352.23 元，最低的为贵州省，为624.13元，最高是最低的10.18倍。生均预算内公用经费排前三名的分别是北京市（6352.23元）、上海市（4495.26元）和新疆自治区（2483.64元），排在最后3名的分别是江苏省（864.03元）、广西自治区（727.95元）和贵州省（624.13元）。

2010普通中学生均预算内公用经费全国平均为1929.18元，有22个省市低于全国平均值。最高的是北京市，为8247.66元，最低的为贵州省，为827.24元，最高是最低的9.97倍。生均预算内公用经费排前三名的分别是北京市（8247.66元）、上海市（5298.45元）和青海省（3447.57元），排在最后3名的分别是四川省（1033.77元）、广东省（974.19元）和贵州省（827.24元）。

二、义务教育投入的城乡间均等化程度

2001年5月发布的《国务院关于基础教育改革与发展的决定》中提出，农村义务教育实行国务院领导下的由地方政府负责、分级管理、以县为主的管理体制。“以县为主”的管理体制使农村教育由更多地依靠农民办转到依靠当地政府办，通过各级政府积极努力，在很大程度上做到了确保农村义务教育的投入不低于税费改革前的水平，确保农村中小学教师的工资发放，确保师生安全，确保农村中小学校公用经费。但由于地区之间经济发展的差距巨大，因此义务教育财政责任的基层化使得中国地区之间义务教育资源的不均等达到了惊人的程度。中国城乡教育经费的不均等主要反映在以下几个方面：

（1）义务教育阶段财政预算内经费投入城乡间极不平衡，主要表现在生均经费、生均事业费、生均公用经费、生均基建经费（见图3-18、图3-19）。从四项指标看出，城市义务教育投入明显高于农村义务教育投入，尤其在生均公用经费与生均基建经费上的差距较大，与现在农村教师办公环境、教学设施安排上显著低于城市的现实状况相符。

（2）义务教育阶段财政预算内教育经费的各项指标，城镇均高于农村。其中，小学阶段自2000—2004年，各项指标的城乡差距逐年扩大；2005年，生均经费、生均事业费、生均公用经费的城乡差距比前一年有所缩小，但2006—2010年各项指标的城乡差距仍在扩大。初中阶段自2000年至2004年，生均经费、生均事业费、生均公用经费的城乡差距逐年扩大；生均基建经费的城乡差距除了2002年也逐年扩大。2005年各项指标

的城乡差距比 2004 年有所缩小，但 2006—2010 年各项指标的城乡差距仍在扩大。（见图 3－20、图 3－21）。

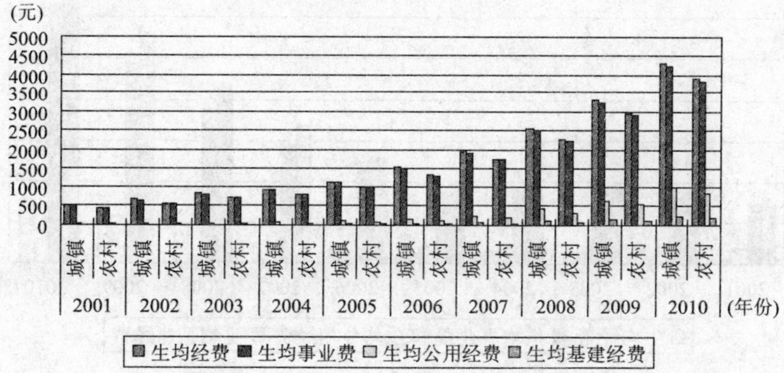

图 3－18　2001—2010 年小学阶段生均预算内城乡教育经费支出情况

资料来源：教育部财务司、国家统计局人口和社会科技司：《2002—2011 年中国教育经费统计年鉴》，中国统计出版社。

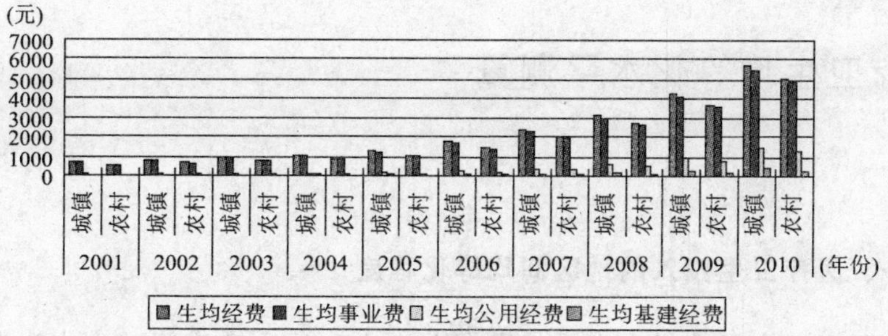

图 3－19　2001—2010 年初中阶段生均预算内城乡教育经费支出情况

资料来源：教育部财务司、国家统计局人口和社会科技司：《2002—2011 年中国教育经费统计年鉴》，中国统计出版社。

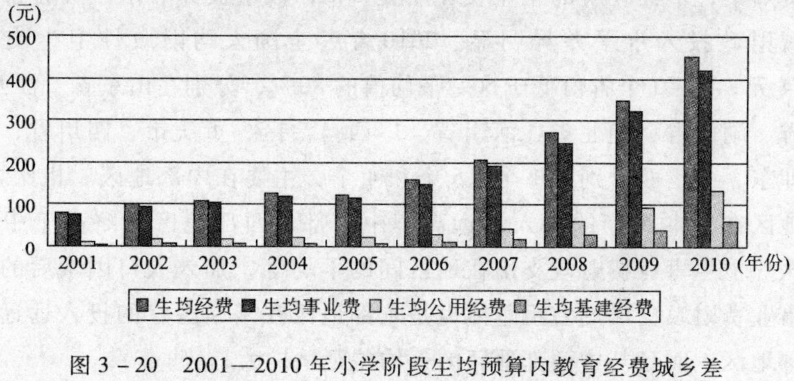

图 3－20　2001—2010 年小学阶段生均预算内教育经费城乡差

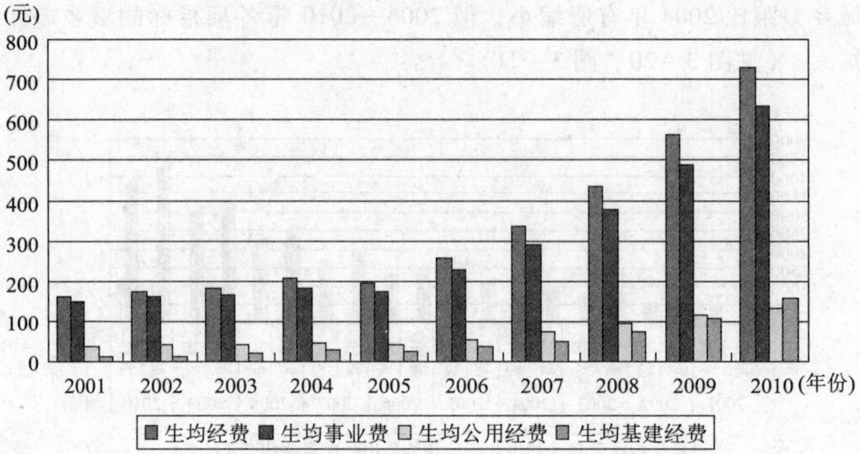

图 3-21 2001—2010 年初中阶段生均预算内教育经费城乡差

第三节 医疗卫生均等化水平测算

一、医疗卫生投入的地区间均等化程度

从各级政府财政投入来看，纵向上中央和地方政府间卫生支出非均衡性异常突出，横向上，各省级政府之间卫生投入差异性明显。从 1998 年到 2010 年中央和地方政府财政卫生经费支出情况看，97% 以上由各级地方政府负责筹集，中央政府的卫生支出不足 3%，数量极其有限。各省市在卫生领域财政投入水平差异明显。2010 年，全国人均财政性卫生支出为 429.24 元，有 10 个省份低于这一平均值的 80%，分别在山东省、江西省、安徽省、湖南省、湖北省、河南省、广西自治区、重庆市、四川省、陕西省，即东、中、西分别为 1 个、5 个和 4 个，主要在中部地区。相比之下，东部地区在基本医疗的投入远远高于中西部，西部地区又略高于中部地区，医疗卫生事业费财政支出在地区间的不均等，加入人口因素后的人均卫生事业费财政支出的差距总体也是东部地区在基本医疗的投入远远高于中西部地区，而且与中西部地区的人均差距呈扩大趋势。

以2009年各地区人均医疗保健支出为例，来考量医疗卫生方面的地区差异度。从图3－22可以看出，在城市人均医疗保健支出上，排名靠前的发达地区有北京市、天津市、浙江省、吉林省，金额分别达到1563.1元、1220.9元、933.1元、914.5元；而支出金额较少的地区多数集中在不发达地区，西藏自治区、贵州省、江西省、广西自治区排名最后四位，金额分别是317.1元、471.4元、484.0元、529.4元。城市人均医疗保健支出最高的北京市是最低的西藏自治区的近5倍。

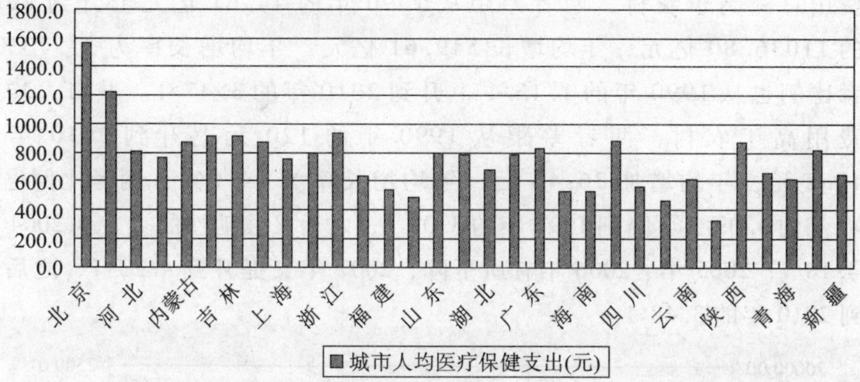

图3－22　2009年各地区城市人均医疗保健支出情况

资料来源：根据《2010中国卫生统计年鉴》的数据整理得出。

从图3－23可知，在农村人均医疗保健支出上，排名在前四的地区集中在发达地区的北京市、上海市、浙江省、吉林省，支出金额分别达到709.44元、697.11元、532.06元、380.71元；而支出金额最少的四位在

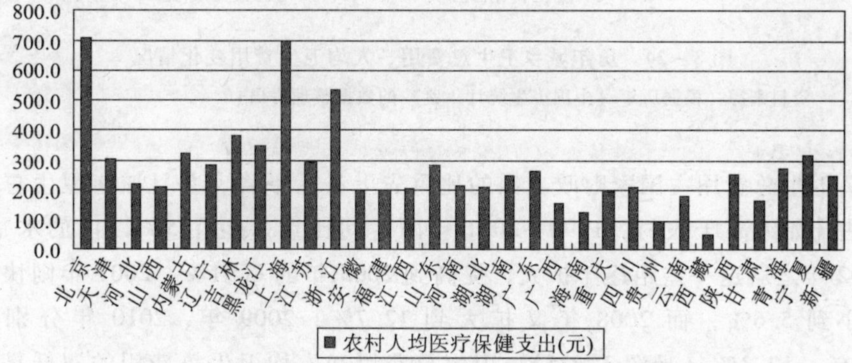

图3－23　2009年各地区农村人均医疗保健支出情况

资料来源：根据《2010中国卫生统计年鉴》的数据整理得出。

西藏自治区、贵州省、海南省、广西自治区这些不发达地区，分别是53.84元、96.38元、123.82元、154.32元，支出金额最高的北京是最低的西藏的13.18倍。由此可见，地区间的医疗保健支出非均等化程度高，发达地区普遍高于欠发达或不发达地区。

二、医疗卫生投入的城乡间均等化程度

从图3-24可以看出，城乡卫生费用的差距在不断扩大。城市卫生费用总额高于农村，两者差距从1990年的44.61亿元上升到2010年的11036.80亿元，年均增长549.61亿元，年均增长率为31.73%，两者比例也从1990年的1.13:1上升到2010年的3.47:1。城市人均卫生费用高于农村，两者差距从1990年的120元上升到2010年的1649.2元，年均增加76.46元，年均增长率为14.0%，两者比例也从1990年的4.09:1下降到1997年的3.02:1，之后又波动性的上升到2004年的4.18:1，2005年、2006年有所下降，2007年又提升到4.23:1，之后下降到2010年的3.48:1。

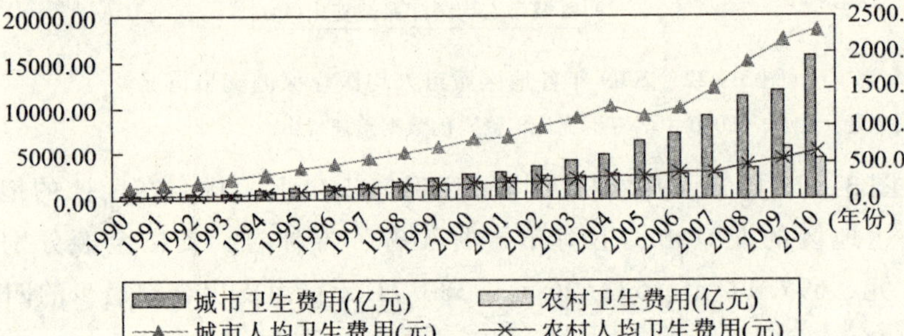

图3-24 历年城乡卫生总费用、人均卫生费用变化情况

资料来源：根据历年《中国卫生统计年鉴》的数据整理得出。

卫生总费用占国家财政支出的比重先上升后下降，并且城市卫生总费用占比始终高于农村，1990—2001年两者间比重差距在5%以内的水平，2002年之后这一差距逐年扩大，提高到2005年的8.91%，2007年则快速缩小到5.6%，而2008年又扩大到12.7%，2009年、2010年分别为7.9%、12.3%（见图3-25）。卫生总费用和人均卫生总费用的双低是导致农村地区医疗卫生条件落后和医疗保障水平较差的主要原因，成为制约农村基本医疗保障发展的障碍。

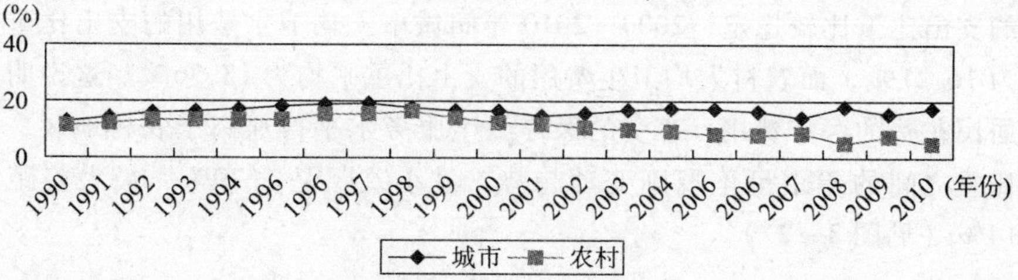

图 3－25　城乡卫生总费用占国家财政支出的比重

资料来源：根据历年《中国卫生统计年鉴》、《中国统计年鉴》的数据整理得出。

从人均卫生费用在个人收入中所占的比重来看（见图 3－26），1990—2004 年城市比重整体高于农村，2004 年城市人均卫生费用的收入比重为 13.39%，农村则为 10.27%，这说明城镇居民的医疗卫生条件要优于农民，前者在满足自身健康医疗需要方面具有更强的经济能力。2005—2007 年城市比重逐年减少到 10% 的水平，而农村占比则上升到 10% 的水平，说明这几年政府加大对农村卫生投入起到了作用，部分重要的原因也是城市居民的收入上涨较快而压低了比重。但 2008—2010 年城市人均卫生费用的收入比重又提高到 11.8%、12.67%、12.12%，农村的比重则保持在 11% 的水平。

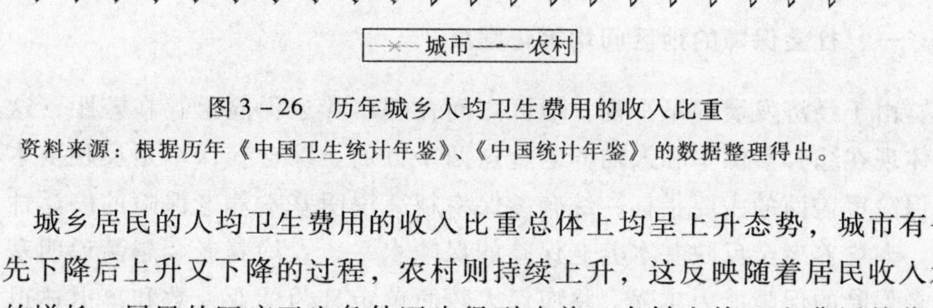

图 3－26　历年城乡人均卫生费用的收入比重

资料来源：根据历年《中国卫生统计年鉴》、《中国统计年鉴》的数据整理得出。

城乡居民的人均卫生费用的收入比重总体上均呈上升态势，城市有一个先下降后上升又下降的过程，农村则持续上升，这反映随着居民收入水平的增长，居民的医疗卫生条件逐步得到改善。农村人均卫生费用的收入比重的增长速度快于城市，城市从 1990 年的 10.52% 增长至 2010 年的 12.12%，同期农村从 5.65% 增长至 11.26%，这体现出农村医疗卫生条件的发展相对较快，同时也与农村人均卫生费用的基数较低有关。

医疗卫生费用已成为继食品和住房之后的主要支出项目，人均卫生费用的支出比重比较稳定，2000—2010 年间城市人均卫生费用的支出比重平均为 16.21%，而农村人均卫生费用的支出比重平均为 13.36%。这说明城市居民花费的医疗费用，享受的医疗卫生服务水平普通高于农村地区，两者比重之间的差距呈不规则变动趋势，最小差距是 1.79%，最大差距为 4.14%（见图 3－27）。

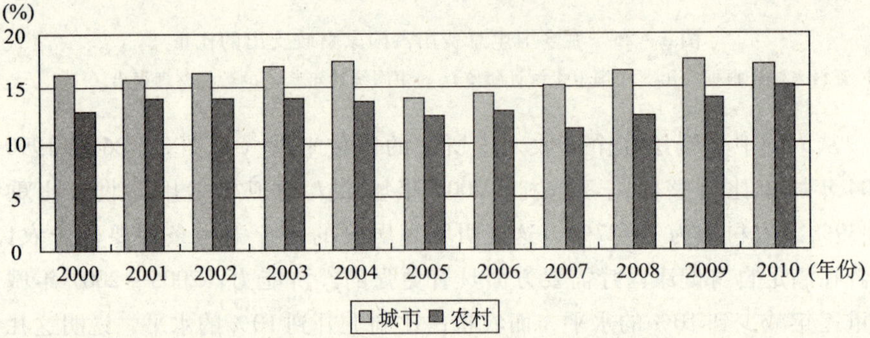

图 3－27　2000—2010 年城乡人均卫生费用的消费支出比重

资料来源：根据历年《中国卫生统计年鉴》、《中国统计年鉴》的数据整理得出。

第四节 社会保障均等化水平测算

一、社会保障的地区间均等化程度[①]

由于经济发展的不平衡，地区之间在基本养老保险上存在差距，这主要体现在综合参保率和人均养老金这两个方面。综合参保率是反映基本养老保险覆盖面的主要指标，综合参保率越高说明基本养老保险的广泛性越强。人均养老金反映基本养老保险的保障水平，人均养老金越高说明基本养老保险的保障能力越强。将应保人数简单定义为就业人数和离退休退职人数[②]的加总，综合参保率等于参保人数与应保人数，职工参保率等于参

① 本部分参考了宋晓梧、邢伟、丁元（2008）有关社会保障均等化问题的研究思路。

② 作者没有收集到离退休的具体人数，而鉴于离退休人员的养老保险参保率很高，故将参保离退休人数算作离退休人数。

保职工人数与就业人数之比。

综合参保率与经济发展水平密切相关，经济越发达，综合参保率越高。从图 3－28 可以看出，2010 年全国综合平均为 78.6%；辽宁省、广东省、上海市和河北省的综合参保率比较高，分别为 99.6%、99.2%、93.0% 和 92.1%，其中辽宁省作为完善社会保障体系的试点地区，综合参保率在试点工作中得到较大提高；云南省、甘肃省和新疆自治区的综合参保率较低，分别为 42.9%、62.3% 和 62.7%。全国职工参保率平均为 73.6%，辽宁省、广东省、浙江省和山东省的职工参保率比较高，分别为 99.5%、98.5%、90.0% 和 89.6%；西藏自治区、云南省、甘肃省和广西自治区的职工参保率较低，分别为 12.8%、34.8%、53.8% 和 55.8%。

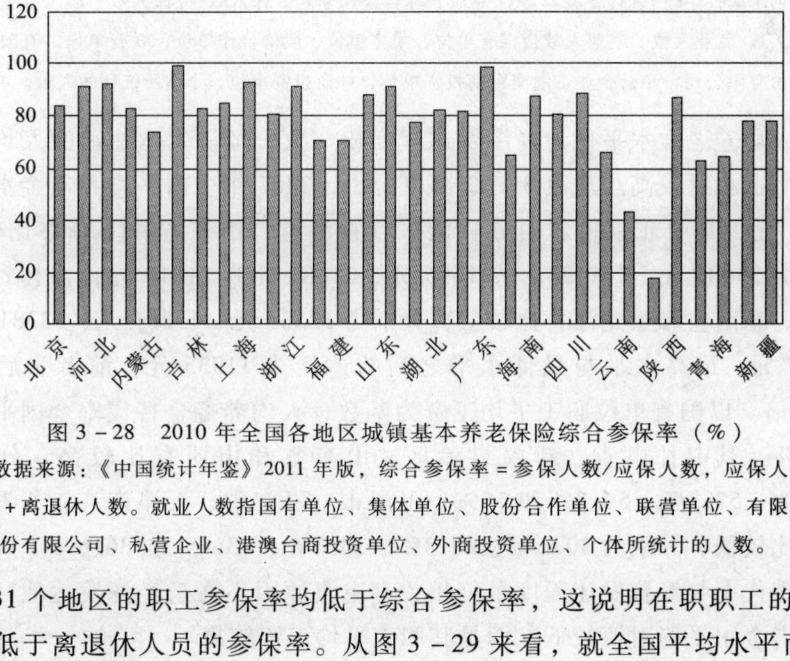

图 3－28　2010 年全国各地区城镇基本养老保险综合参保率（%）

数据来源：《中国统计年鉴》2011 年版，综合参保率 = 参保人数/应保人数，应保人数 = 就业人数 + 离退休人数。就业人数指国有单位、集体单位、股份合作单位、联营单位、有限责任公司、股份有限公司、私营企业、港澳台商投资单位、外商投资单位、个体所统计的人数。

31 个地区的职工参保率均低于综合参保率，这说明在职职工的参保率要低于离退休人员的参保率。从图 3－29 来看，就全国平均水平而言，综合参保率比职工参保率高 4.98 个百分点；其中山东省、辽宁省、广东省和浙江省的职工参保率接近于综合参保率；其他地区的综合参保率均高于职工参保率，广西自治区、甘肃省、云南省和青海省的差距较大，分别为 8.78、8.46、8.14 和 7.45 个百分点。提高综合参保率并缩小综合参保率与职工参保率之间的差距，是完善城镇职工基本养老保险制度的重要目标。

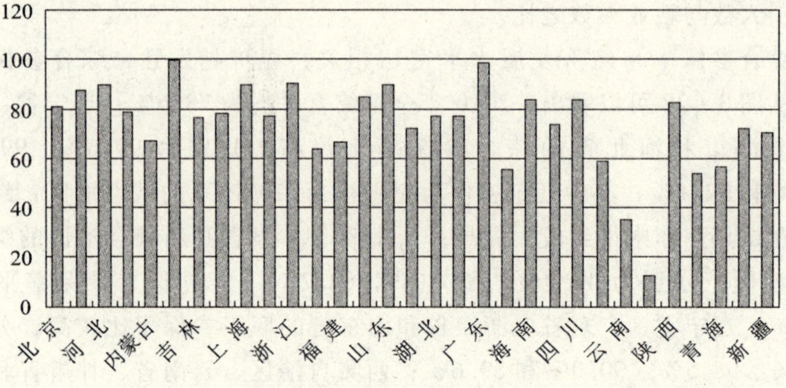

图 3 - 29 2010 年全国各地区城镇基本养老保险职工参保率（%）

数据来源：《中国统计年鉴》2011 年版，综合参保率 = 参保人数/应保人数，职工参保率 = 职工参保人数/就业人数。就业人数指国有单位、集体单位、股份合作单位、联营单位、有限责任公司、股份有限公司、私营企业、港澳台商投资单位、外商投资单位、个体所统计的人数。

人均养老金水平也与经济发达程度相一致，经济发达地区的人均养老金水平也相对较高。从表 3 - 12 可以看出，2007 年全国平均养老金水平为 12041 元，其中北京市、西藏自治区、青海省、山东省和上海市比较高，分别为 24681 元、24112 元、21695 元、21683 元和 21610 元；吉林省、江西省、湖南省和黑龙江省比较低，分别为 12233 元、13261 元、13381 元和 13777 元；最高水平与最低水平之间的差距为 11935 元，前者为后者的 1.98 倍。以国有单位职工平均工资为基数，人均养老金替代率全国平均为 43.6%，其中甘肃省、新疆自治区、山东省和山西省比较高，分别为 59.7%、57.3%、56.3% 和 56%；上海市、浙江省、天津市、江苏省和北京市比较低，分别为 30.1%、30.8%、33.4%、33.8% 和 36.6%。人均养老金替代率与经济发达程度呈负相关，主要原因不在于经济发达地区的人均养老金水平绝对值较低，而是其职工平均工资较高。

表 3 - 12　2010 年全国城镇基本养老保险的人均养老金

地 区	基金支出（亿元）	参保离退休人员（万人）	人均养老金（元）	国有单位职工平均工资（元）	人均养老金替代率（%）
北 京	482.3994	195.5	24681	67403	36.6
天 津	271.8393	143.6	18934	56635	33.4
河 北	451.7613	259.5	17409	31977	54.4
山 西	269.3748	147.3	18287	32664	56.0

续表

地区	基金支出（亿元）	参保离退休人员（万人）	人均养老金（元）	国有单位职工平均工资（元）	人均养老金替代率（%）
内蒙古	212.6359	119.2	17842	37255	47.9
辽　宁	755.8038	472.7	15989	35522	45.0
吉　林	252.7808	206.6	12233	30082	40.7
黑龙江	500.1127	363.0	13777	28373	48.6
上　海	847.4721	392.	21610	71885	30.1
江　苏	753.2934	449.1	16772	49553	33.8
浙　江	429.0709	223.6	19188	62367	30.8
安　徽	269.1885	177.5	15167	33793	44.9
福　建	187.7012	113.5	16543	40090	41.3
江　西	192.9716	145.5	13261	30031	44.2
山　东	748.2311	345.1	21683	38490	56.3
河　南	420.2986	270.3	15547	31470	49.4
湖　北	419.8002	301.6	13918	35044	39.7
湖　南	355.0725	265.4	13381	31900	41.9
广　东	627.7366	339.6	18485	49027	37.7
广　西	193.4526	138.1	14005	32587	43.0
海　南	74.0749	45.4	16321	31582	51.7
重　庆	273.5982	192.5	14214	37195	38.2
四　川	608.7352	439.0	13868	36729	37.8
贵　州	107.4395	67.0	16033	31469	50.9
云　南	144.2224	92.3	15619	33140	47.1
西　藏	7.6054	3.2	24112	51420	46.9
陕　西	265.0309	150.3	17635	34528	51.1
甘　肃	127.2231	71.3	17832	29889	59.7
青　海	43.3648	20.0	21695	41417	52.4
宁　夏	48.8056	30.5	16028	35330	45.4
新　疆	211.7533	119.3	17758	31006	57.3
全　国	10554.9204	6305.0	16741	38359	43.6

数据来源：《中国统计年鉴》2011年版，其中人均养老金＝基金支出总额/离退休人数；人均养老金替代率＝人均养老金/国有单位职工平均工资。

城镇职工基本医疗保险制度是中国医疗保障体系中的重要组成部分，它的发展状况将直接决定着中国医疗保障制度的未来走向。虽然在全国层面上对城镇职工基本医疗保险制度进行了框架性统一，但在综合参保率和待遇水平等方面还是存在着较大的地区性差异。

基本医疗保险的综合参保率与经济发展水平呈正相关，经济越发达，综合参保率就越高。2010 年全国平均综合参保率为 74.9%，其中上海市、广东省、天津市、辽宁省的综合参保率比较高，分别为 99.5%、98.7%、96.6% 和 94.3%；西藏自治区、云南省、福建省和广西自治区的综合参保率较低，分别为 39.4%、54.0%、60.3% 和 60.7%（见图 3－30）。全国职工参保率平均为 68.7%，其中上海市、广东省、天津市、辽宁省比较高，分别为 98.1%、96.7%、95.0% 和 91.7%；西藏自治区、云南市、广西自治区和重庆市比较低，分别为 31.8%、45.3%、52.1% 和 52.7%。全国各地区的综合参保率均高于职工参保率，全国平均差距为 6.14 个百分点，青海省、重庆市、广西自治区和云南省的差距比较大，分别为 9.20、9.03、8.66 和 8.64 个百分点，这说明离退休人员的参保率显著高于在职职工的参保率（图 3－31）。

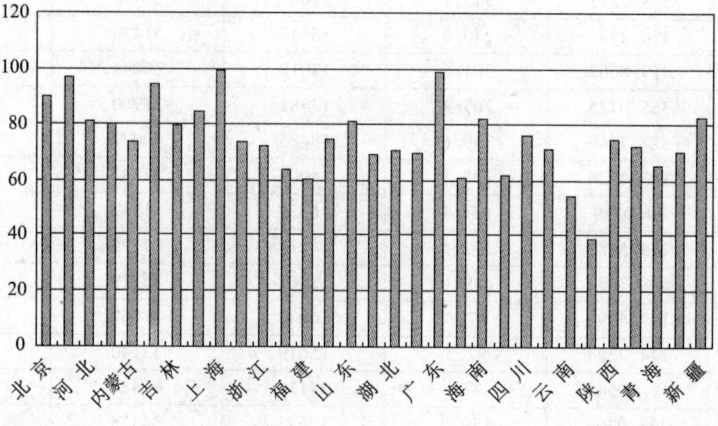

图 3－30　2010 年全国各地区城镇职工基本医疗保险综合参保率（%）

资料来源：根据《2011 年中国统计年鉴》的数据整理得出。

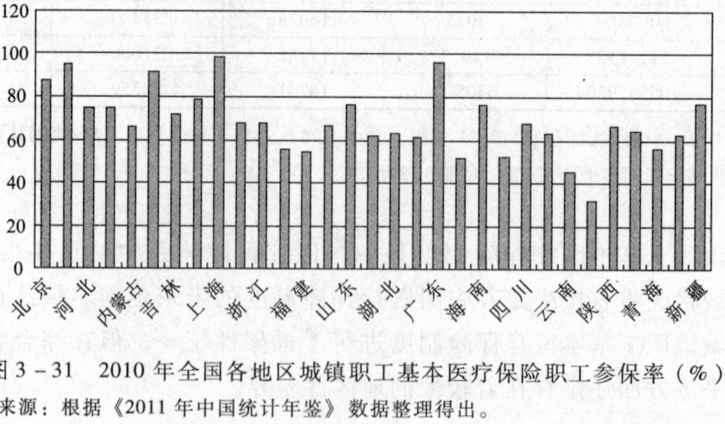

图 3－31　2010 年全国各地区城镇职工基本医疗保险职工参保率（%）

资料来源：根据《2011 年中国统计年鉴》数据整理得出。

人均基本医疗保险支出与经济发展水平的关联度也比较高。2010 年全国平均水平为 1439. 8 元，其中北京市、西藏自治区、青海省和上海市的水平比较高，分别为 2685. 8 元、2521. 5 元和 2200 和 2041. 3 元，江西省、吉林省、广东省和河南省水平比较低，分别为 799. 7 元、824. 4 元、919. 6 元、和 1020. 4 元（见图 3 – 32）。最高水平与最低水平之间的差距为 1886. 1 元，前者为后者的 3. 36 倍。人均基本医疗保险支出存在差距的原因有两个方面：一是经济发达地区的基本医疗保险参保率通常高于经济欠发达地区，征缴率相应也比较高，基金收入有保障；二是经济发达地区城镇居民对基本医疗服务的需求层次通常要高于经济欠发达地区，从而带来人均基本医疗保险支出的增加；三是少数偏远少数民族地区由于中央的医疗转移支付资金，加上人口较少等因素，也导致其医疗保险支出较高。

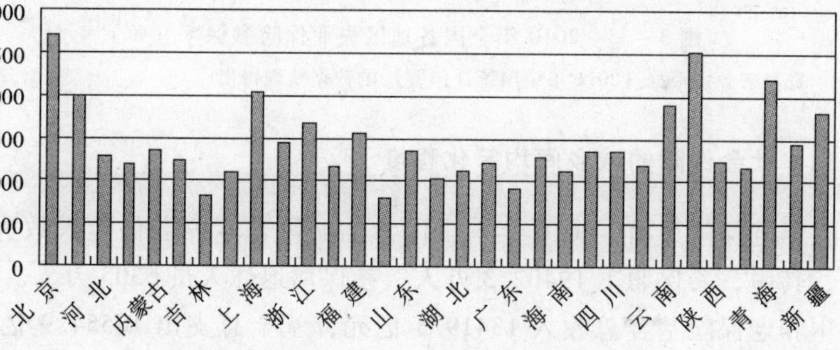

图 3 – 32　2010 年城镇职工基本医疗保险的人均待遇水平（元）

资料来源：根据《2011 年中国统计年鉴》的数据整理得出。

失业保险是对非本人原因失去工作、中断收入并有就业愿望的劳动者在一定时期内给予物质帮助的社会保险制度，具有保障生活和促进再就业的双重功能。中国当前不均等表现主要在于，城镇居民失业保险的覆盖率太低，农民工在参加失业保险上遭受歧视性待遇。

失业保险的参保率普遍比较低。从图 3 – 33 可以看出，2010 年全国失业保险的参保率平均为 59. 1%，其中北京市、上海市、天津市和海南省的参保率较高，分别为 79. 8%、75. 6%、74. 8% 和 69. 8%；西藏自治区、云南省、青海省和广西自治区参保率比较低，分别为 17. 6%、32. 4%、38. 3% 和 42. 7%，最高地区与最低地区之间的差距为 62. 2%，前者为后者的 4. 5 倍。经济欠发达地区的参保率普遍都比较低，这与其较低的经济发展水平密切相关。值得注意的是，除上海市和天津市外，经济发达地区的参保率也并不高，主要原因在于私有经济和民营经济比较发达，而这些经济成分目前的参保率普遍比较低。

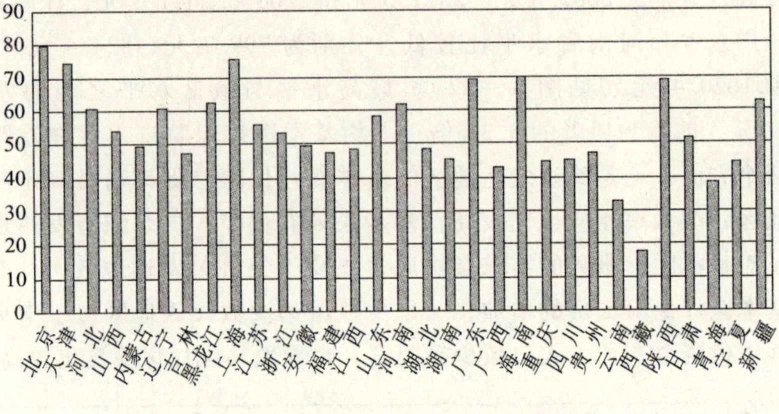

图 3－33　2010 年全国各地区失业保险参保率（%）

资料来源：根据《2011 年中国统计年鉴》的数据整理得出。

二、社会保障的城乡间均等化程度

在养老保险方面，2010 年末全国参加城镇基本养老保险人数为 25707 万人，其中，参保职工 19402.3 万人，参保离退休人员 6305 万人。全年城镇基本养老保险基金总收入 13419.5 亿元，基金总支出 10554.9 亿元，由此推算出城镇职工年人均养老金为 16741 元。2010 年末全国参加农村养老保险人数为 10276.8 万人，全年共有 2862.6 万农民领取了养老金，全年共支付养老金 200.4 亿元，由此推算出农村居民年人均养老金 700 元。城镇职工与农村居民的养老金保障水平相差近 23.9 倍。

在医疗保险方面，2010 年末全国参加城镇职工基本医疗保险人数 23734.7 万人，其中参保职工 17791.2 万人，参保离退休人员 5943.5 万人；医疗保险基金总收入 3955.4 亿元，基金总支出 3271.6 亿元，人均医疗保险基金的筹资水平和人均待遇水平分别达到 2223.2 元和 1378.4 元。而 2010 年末参加新型农村合作医疗的人数达到 8.36 亿人，参合率为 96%，当年基金支出 1187.7 亿元，补偿支出受益人次为 10.87 亿人次，年度完成筹资总额 1309.18 亿元。按参加新农合人数计算的人均筹资规模仅为 156.6 元，按补偿受益人次计算的人均待遇水平为 109.3 元。由此推算出城镇职工与农村居民基本医疗的筹资水平与保障水平的差距分别达到 14.2 倍和 12.6 倍。

在最低生活保障水平方面，截至2010年底，全国共有2310.5万户（1145.0万户）城市居民享受了城市最低生活保障，比上年增加186.88万人，增长8.8%，占城镇总人数的3.45%。2010年农村居民最低生活保障人数为5214.0万人（2528.7万户），比上年同期增加454.0万人，增长9.5%，占乡村户籍总人数的7.77%，农村最低生活保障的覆盖面略高于城市。

城市居民最低生活保障的平均保障标准为251.2元/人、月，比上年同期提高23.4元，增长10.3%，农村居民最低生活保障的平均保障标准为117.0元/人、月，城乡居民最低生活保障平均标准相差2.15倍；全年共发放城市最低生活保障资金524.7亿元，比上年增长8.8%，人均补助水平为189元/月，比上年同期提高17元，增长9.9%，全年共发放农村最低生活保障资金445.0亿元，比上年增长22.6%，人均补助水平为74元/月，比上年同期提高5.99元，增长8.8%，城乡居民最低生活保障补助水平相差2.55倍。

第四章 disizhang

基本公共服务均等化的地方财政体制效应评估

基本公共服务非均等化加剧地区和城乡发展差距，有悖于落实科学发展观和构建和谐社会的内在要求。基层财政困难和区域间财力不均是基本公共服务分布不均的直接原因，但其深层次的体制因素在于地方财政体制异化效应后果。本章采用地方政府间公共服务责任分工—地方财力分配均等化—均衡性转移支付这样一个三位一体的基本分析框架，来评估地方财政体制运行对基本公共服务均等化的影响效应。

第一节 地方政府间公共服务责任分工效应

公共服务的责任主体是各级地方政府，其供给水平取决于地方政府的支出规模与结构的合理安排以及公共服务责任的明确分工。地方政府支出规模决定于其可控财力，直接影响公共服务可能提供总量；而支出结构合理与否涉及公共服务的实际提供量与比重。公共服务责任合理分工是衡量公共服务成本分担主体是否错位，确保基层公共服务能力的制度性保障。

一、地方政府财政支出规模考量

目前一种流行的观点认为，地方财政的“事权配置与财力安排不对称”，其承担的事权过大而财力分配不足，以致于地方政府无钱提供公共服务，需要向地方倾斜财力。而图4－1却表明，地方政府所掌握的资源规模无论从绝对量，还是相对量上度量，都大大提高了。从绝对规模来看，地方财政支出从1994年的4038亿元增加到2011年的92415.48亿元，总体增长22.89倍，年均增长20.22%。既快于同时期全国财政支出年均18.84%的增长速度，也快于GDP年均14.16%的速度。从相对比重看，在实行分税制改革前的1978—1933年间地方财政支出的比重平均为58%，而在实行分税制后，1994—2003年这一比重一直稳定在70%左右，2004年之后开始逐步上升，到2008年的比重达到78.6%，2009年则迈上80%，随后逐年递增到2011年的84.8%，可见地方财政支出比重有了明显的上升。而地方财政支出占GDP的比重则从1994年的8.64%上升到2011年的20.17%，增长了11.53个百分点。

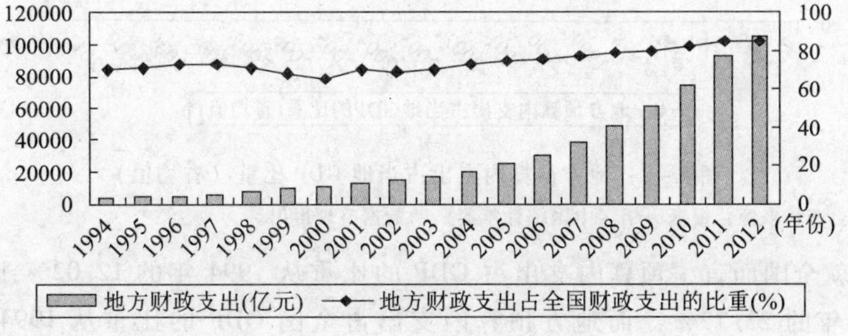

图4－1　地方财政支出规模与比重

资料来源：根据历年《中国统计年鉴》的数据整理得出。

那么，地方财政支出规模究竟有多大，它是否能承担公共服务职责，需要采取一些指标进行度量。

第一个衡量指标是地方预算内支出占当地GDP的比重。没有简单采用全国地方预算内支出占全国GDP的比重，而是分省计算出“预算内支出占GDP”，再取全国均值，考虑到各省预算支出只有与本省GDP相比，才能显示出地方政府运用的公共资源占当地经济中的比重。图 4－2 显示出 1994—2011 年全国各省“地方预算内支出占本地 GDP 比重”的变化趋势。可以看出，地方预算内支出占当地 GDP 的比重，从 1994 年的 12.12% 上升到 2011 年的 26.21%，提高了 14.09%。如果分省来看，预算内支出占当地 GDP 比重高的省份大都集中在不发达地区，如西藏 1994 年为 66.1%，2001 年之后一直维持在 70% ~80%，2008 年高达 96.16%，到 2010 年甚至达到 108.59%；贵州、云南、青海、甘肃、海南等省大致保持在 20%—30%之间。而发达地区，如江苏、浙江、广东、山东等省，地方预算内支出占 GDP 的比重却很低，如江苏、浙江两省在 1994 年至 2010 年间占比仅从 5% 左右上升到 11% 左右；同期山东省仅从 5.6% 提高到 10.58%，属于全国最低的，不到全国平均水平的一半；广东省则维持在 10% 左右。

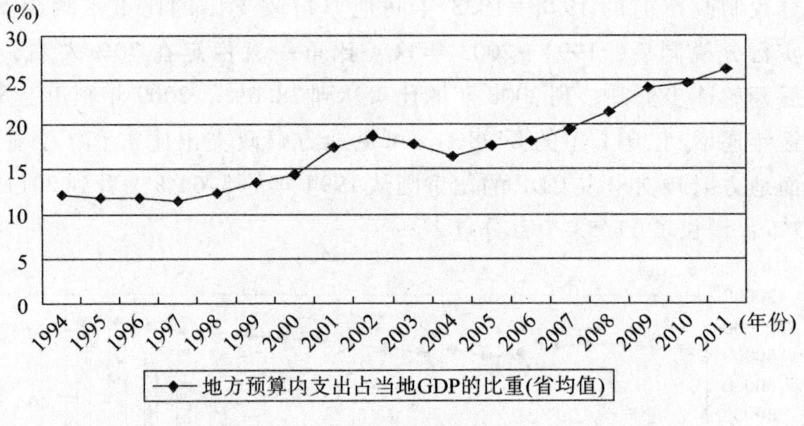

图 4－2 地方预算内支出占当地 GDP 比重（省均值）

资料来源：根据历年《中国统计年鉴》的数据整理得出。

就全国而言，预算内支出占 GDP 的比重从 1994 年的 12.02% 上升到 2011 年的 23.77%，而地方预算内支出占全国 GDP 的比重从 1994 年的 8.38% 上升到 2011 年的 20.17%（见图 4－3）。无论是地方预算内支出占 GDP 的分省均值还是全国总比率，地方政府所控制的经济资源在绝对量及相对量上都显著增长了。

第二个指标是人均地方财政支出。图 4－4 显示出 1995—2010 年份省人均地方财政支出的变化趋势。平均来说，从 1995 年 537.58 元增加到 2010 年的 8693.69 元，年均递增 19%，增长 16.17 倍。这从绝对量上给出了中国地方政府膨胀的度量。

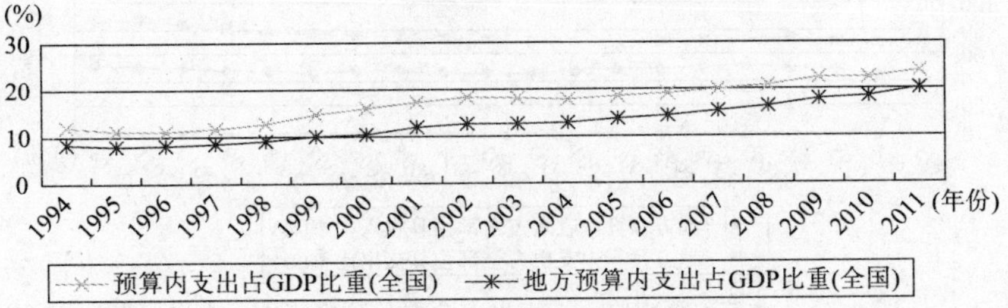

图 4－3　预算内支出、地方预算内支出占 GDP 比重（全国层面）

资料来源：根据历年《中国统计年鉴》的数据整理得出。

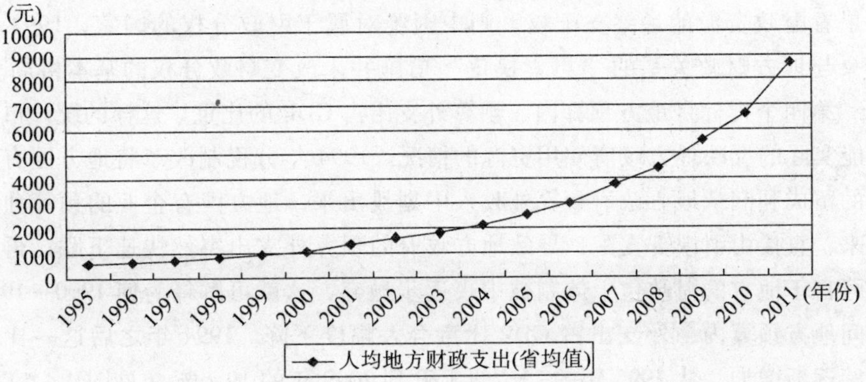

图 4－4　人均地方财政支出（省均值）

资料来源：根据历年《中国统计年鉴》的数据整理得出。

第三个指标是地方预算内支出占全部预算支出的比重。从图 4－5 可见，分税制改革将收入支配权集中到中央财政，地方预算内收入占全部预算收入比重从 1993 年的 77.98% 骤减到 1994 年的 44.3%，最高上升到 1997 年的 51.14%，之后一直稳定在 45% 左右，从 2007 年的 45.9% 逐年上升到 2011 年的 50.54%。但地方预算内支出占全部预算内支出的比重在 2004 年以前一直在 70% 左右，2004 年之后开始逐年递增，2005 年为 74.14%，2006 年为 75.28%，2007 年为 77%，2008 则达到 78.58%，2009 一举攀升到 80%，直到 2011 年的 84.84%。以 2011 年地方财政收入占比减去 2011 年地方财政支出的占比，两者相差 34.3%，这大体反映了中央对地方的转移支付力度。中央对地方转移支付相当于当年地方财政收入的 67.87%，地方财政支出大约有 41% 的资金来自于中央补助支出。

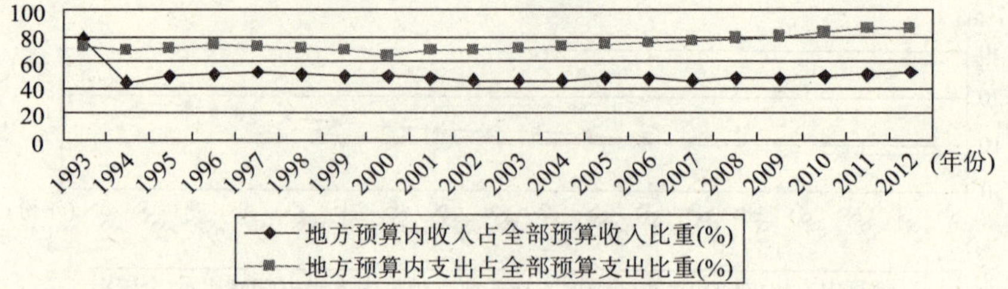

图 4－5 地方预算内收入、支出占全部预算内收入、支出比重

资料来源：根据历年《中国统计年鉴》的数据整理得出。

地方政府预算内支出所占比重在国际上比较来看是属于最高一档的，如果看财政资源的最终支配权，则中国绝对属于财政分权的国家，1994 年中央与地方财政关系的“再集权化”措施并未改变财政分权的基本格局。

第四个指标是地方预算内、预算外支出占 GDP 的比重。这样的统计口径才能实际的反映地方政府使用资源的情况。1994 年分税制改革将地方国有企业的留成利润从地方政府预算外收入中划拨出来，地方国有企业的预算独立出来，直接由财政部支配，导致地方政府的预算外支出突然快速下跌。再加上藏富于地方的财政包干体制被中央逐步抛弃，这就可解释为何 1990—1994 年间地方预算内、外支出占 GDP 比重会大幅度下降。1994 年之后这一比例开始逐渐增加，从 1995 年的 11.2% 上升到 2009 年的 19.6%（见图 4－6）。

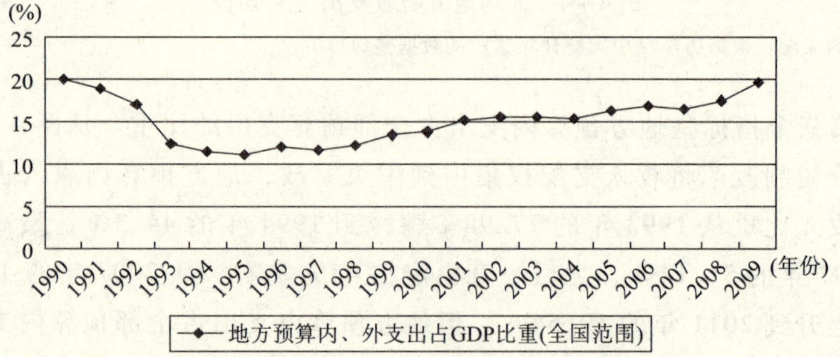

图 4－6 地方预算内、外支出占 GDP 比重（全国范围）

资料来源：根据历年《中国统计年鉴》的数据整理得出。

从上述指标分析可以看出，2010 年“地方预算内支出占当地 GDP 的比重（省均值）”为 24.56%；2009 年“地方预算内、外支出占 GDP 比重（全国层面）”达到 19.6%；人均地方预算内支出的省均值从 1995 年 537.58 元增加到 2010 年的 3956.15 元，增长 12.29 倍；全部预算内支出的 3/4 以上被地方政府所消耗掉。

无论是站在基本的国力（GDP 水平）、公众承受力（人均财政支出），还是或总体财力（全部财政支出量）来衡量地方政府财政规模，地方政府在中国财政资源格局中都处于“强势”地位。那为什么还讲地方政府“事权与财权不对称”，要求中央多分配一些财力给地方呢？合理的解释是地方财政在规模总量足够大，不能再向中央索要资源，其中问题的关键在于财政收入权与支出权的“错误配置”，地方政府该有的财政收入没有拿到，不该有的财政收入可能悄然发展起来；该花的钱没有花，而不该由地方花的钱却大笔出去。这种财权（财政收入权）与事权（支出权）配置上的结构扭曲，成为地方政府财政规模膨胀与公共品供给不足现象并存的体制原因。体制缺陷的直接后果是地方政府用于基本公共服务的投入总量不足，同时在有限的公共服务投入上，将公共服务责任下移到财力极为脆弱的基层政府。

二、政府财政支出结构剖析

长期以来，受经济体制和国家发展战略的影响，中国更重视经济转型而忽视社会转型，形成了“重经济、轻社会，重管制、轻服务”的管理思维定势和管理模式，财政支出的经济建设偏好制约了有限的财政资金对公共服务的投入，结果造成经济发展与社会发展某些环节存在着严重的不协调。改革开放以来，公共财政中用于社会事业的投入和发展与 GDP 的高速增值不相适应，相对于生产性投资的增加还有所下降。一方面中国的财政能力空前地强化，而另一方面民生福利的支出和积累滞后。这说明，近年来财富的积累很大部分用于扩大再生产和生产性积累，经济增长的利益尚未充分用于社会事业和公共福利而为社会多数群众所共享共有。中国财政支出总体上正在逐步退出竞争性建设领域，将支出的重点逐步转向基本公共服务领域。但目前的财政支出格局还带有很浓厚的“建设财政”的特点，这主要体现在三个方面：

（一）经济性支出比重过高

从财政经济建设支出和社会发展支出的结构看，经济建设费占财政支出的比重呈下降的趋势，从 1978 年的 64.08% 下降到 2006 年的 26.55%，并进而下降到 2010 年的 21.18%[①]（见图 4－7），但仍占财政支出的较大

① 财政部 2006 年开始实行预算科目调整改革，经济建设支出科目被取消，以至于前后的统计口径发生变化。2007 年后以新的预算科目城乡社区事务、农林水事务、交通运输支出来替代经济建设支出。

比重，反映出财政支出被大量地运用于政府没有比较优势的用途上，财政过度介入到那些本应由市场力量发挥主要作用的领域，负担了应由市场承担的支出，特别是竞争性和盈利性的经济领域，如应由市场调节的一些企业的基本建设支出、流动资金和挖潜改造资金和科技三项费用（见图4－8），这说明财政支出“越位”的现象并没有得到根本改变。另外，中国经济建设支出的内部结构也不尽合理。由于政府过多的参与竞争性、经营性项目，使得用于生产性的支出偏多，而用于能源、交通、农业等基础产业和基础设施方面的支出明显不足。这种支出结构势必造成国民经济发展中的“瓶颈”效应，阻碍经济的快速发展。

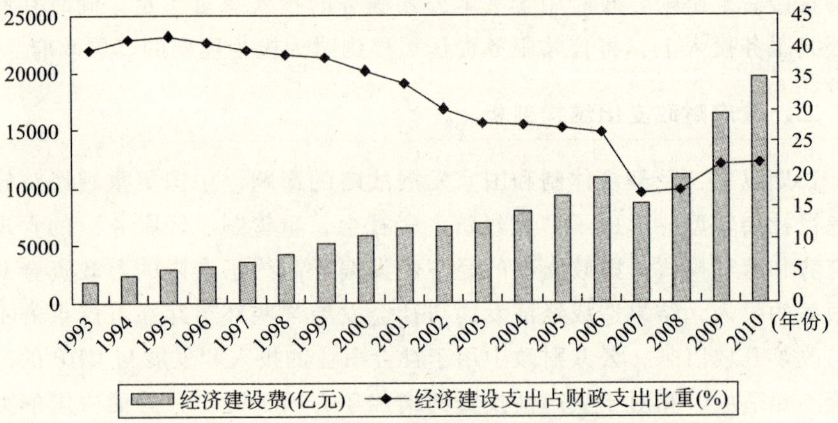

图4－7 经济建设支出规模及其占财政支出比重

资料来源：根据历年《中国统计年鉴》的数据整理得出。

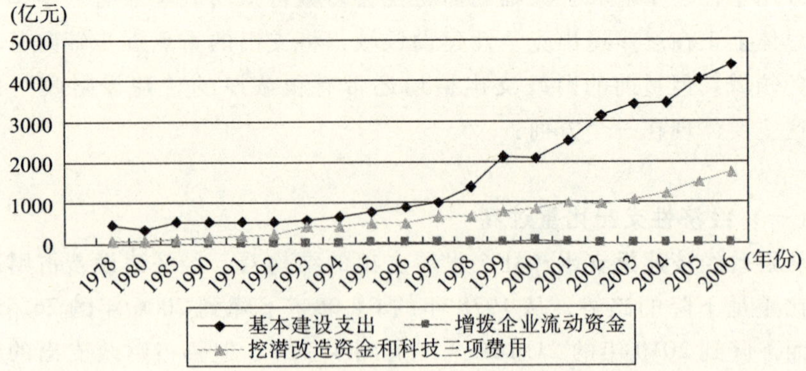

图4－8 经济建设部分支出项目规模

资料来源：根据历年《中国统计年鉴》的数据整理得出。

（二）社会性支出比重上升缓慢

由于科教兴国和可持续发展战略的实施，社会文教事业发展受到政府高度重视。社会文教支出占财政支出比重不断提高，从1978年的13.10%上升到2001年的27.58%，2002年以后略有降低。但由于受财政支出总量的制约，与快速增长的GDP相比，社会文教支出占GDP的比重非常低，都处于5%以下。如果进行国际比较，中国明显低于发达国家和发展中国家。这表明虽然政府对社会文教支出有一定的政策倾斜，但并未随国民经济同步增长。

单从政府对教育的投入来看，财政性教育经费从1992年的728.8亿元增加到2011年的16116亿元，增长22.11倍，年均增长17.7%，但其占财政支出的比重在1992—1997年保持在20%的水平，1998年之后，该比重出现逐年递减的趋势，一直下降到2005年的15.2%，财政的这种投入规模并没有满足教育事业发展对财政资金的需求。2007年在政府极力扩大教育投入情况下，这一比重才回升到16.7%，2008年为16.69%，2009年为16.03%，2010年为16.32%，2011年又下降到14.79%（见图4-9）。从国外经验来看，政府发展教育，加大对教育的投入，即可以促进经济增长，同时也有利于实现收入分配公平的社会目标。发达国家在工业化早期都非常重视对教育的投入，尤其是德国和日本在20世纪初政府的教育支出约占财政总支出的20%。

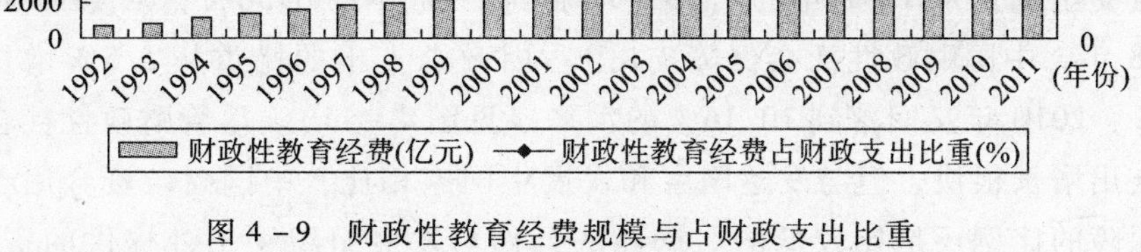

图4-9　财政性教育经费规模与占财政支出比重

资料来源：根据历年《中国财政年鉴》的数据整理得出。

政府在医疗卫生投入方面，从1992年的228.61亿元增加到2010年的5732.5亿元，增长25.08倍，年均递增19.6%。但政府卫生投入占财政支出比重在1992年到1998年期间，一直停留在6%左右，而1999年之后占比反而下降，仅维持在4.5%的水平，反映出医疗卫生上的公共投入并没有随经济快速增长而稳步提升，相对于其他财政支出项目，其重要性反而下降了。直到2007年这一比重才开始上升，2007年为4.58%，2008年为5.74%，2009年为6.31%，2010年为6.38%（见图4-10）。与其他国家相比，中国的政府性财政对医疗卫生领域的投入比重不到30%，而发达国家中的英国、法国、德国、日本等这一比重都在80%左右，发展中国家中的印尼、南非、巴西、马来西亚、泰国等该比重也在35%~60%。可见，在许多国家，政府在医疗卫生领域承担主要或重要责任，而中国却将近70%的医疗卫生费用由个人和社会承担。在医疗卫生费用主要由私人承担的格局必然会给中低收入的居民带来“看病贵”的问题。而政府在医疗卫生领域的投入不足，造成的医疗机构和设备短缺等问题，也进一步加重了民众“看病难”。

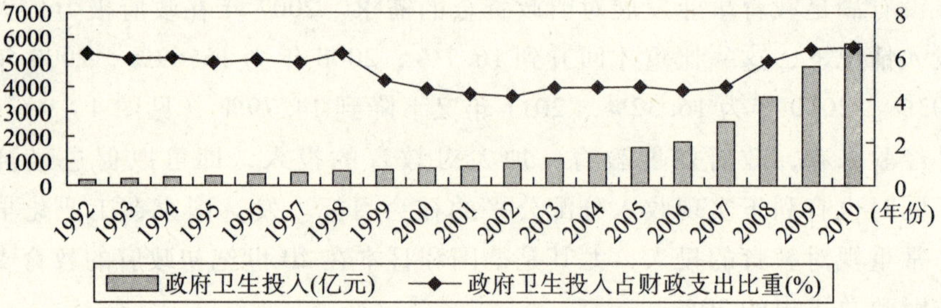

图4-10 政府卫生投入与其占财政支出比重

资料来源：根据历年《中国卫生统计年鉴》的数据整理得出。

在财政性社会保障支出方面，总体上呈上升的趋势，支出数额从1992年的66.45亿元增加到2010年的9130.62亿元，增长137.41倍，年均递增31.46%，特别是1998年之后呈快速增长的势头。而预算内社会保障占财政支出比重从1992年的1.78%增加到1997年的3.56%；从1998年到2008年，中国财政性社会保障支出[1]占财政总支出的比重从5.5%增长到11%，2010年又回落到10.16%的水平（见图4-11）。尽管财政性社会保障支出增长很快，但与发达国家和发展中国家相比，中国财政资金用于社会保障的比例还是比较低的。据经济合作与发展组织秘书处提供的资料，

① 财政性社会保障支出主要包括：社会保障补助支出、行政事业单位离退休费支出以及抚恤和社会福利救济费支出。

到20世纪70年代末，经合组织国家在社会保障和福利方面的开支平均占财政支出的60%；财政支出的增加部分全部花在社会保障和福利方面。目前中国财政性社会保障支出占财政总支出比重现有水平，不仅远远低于发达国家，甚至远低于巴西、印度、泰国等国的水平。

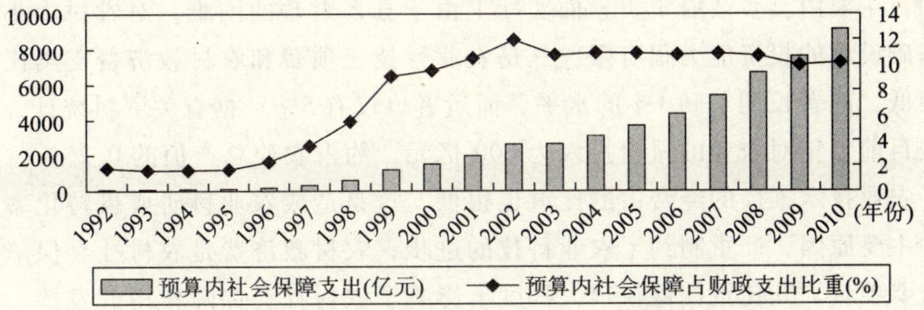

图4-11　预算内社会保障支出规模及其占财政支出比重

资料来源：根据历年《中国财政年鉴》的数据整理得出。

上述这些情况说明整个财政社会性支出没有获得相应的较快增长，有些领域公共服务投入还没有得到足够重视，公共服务增长水平落后于经济增长的速度，进而严重制约了经济社会全面协调发展。

（三）财政农业支出结构不合理

从图4-12可以看出，尽管国家财政支农支出规模从改革以来逐年递增，从1978年的150.66亿元增长到2010年的8129.58亿元，年均增长13.27%，但农业支出占财政支出的比重却从1978年的13.42%下降到1997年的8.3%，之后一直停留在不到8%的水平，近几年也只达到9%的水平，与农业作为中国基础产业的地位不相符合。

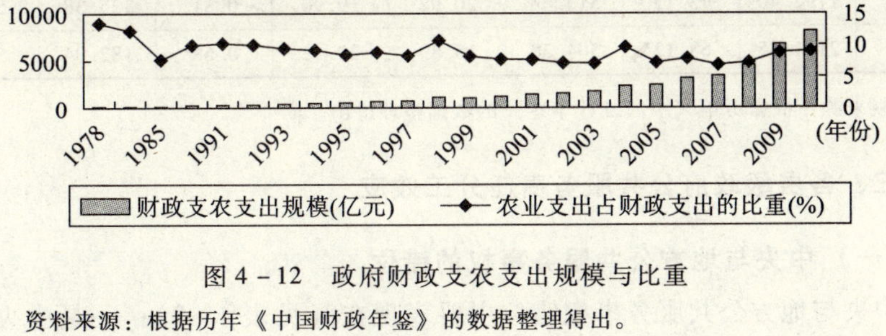

图4-12　政府财政支农支出规模与比重

资料来源：根据历年《中国财政年鉴》的数据整理得出。

同时，财政支农的支出结构不尽合理（见表4-1）：一是支农支出（包括支援农业生产支出和各部门事业费）一直是财政支出的重点，占的比例最高，一直保持在70%左右的水平，这说明由于机构膨胀、行政经费支出刚性等原因，财政支农资金大量用于农业事业单位人员机构经费。二是农业基本建设支出总体呈下降趋势，占比从2000年的33.65%快速下降到2006年的15.89%。按照现行基本建设投资体制，农村中小型基础设施项目主要由县乡政府负责，而实际上由于县乡财政的困难，对农村中小型基础设施的投资能力很有限。三是农业科技三项费和农村救济费支出比重很低，前者长期不到1%的水平，而后者也仅有5%。据有关资料统计，中国目前每年对农业的科研投入为600亿元，约占农业总产值的0.25%，用于农业技术推广的经费占的比重也很低，这是造成农业科研成果转化率低的主要原因，严重制约了农业科技的进步；农村救济费是农村社会保障的重要项目，其比重偏低在很大程度上影响了农村社会保障作用的发挥。这种财政农业支出结构安排的结果加剧了农村社会发展和公共服务提供的滞后状况，进一步加大了农村社会发展和基本公共服务提供的城乡差距大于经济发展的城乡差距。

表4-1 政府财政农业支出结构 单位：亿元

年份	支农支出	比重（%）	农业基本建设支出	比重（%）	农业科技三项费支出	比重（%）	农村救济费支出	比重（%）
2000	766.89	62.27	414.46	33.65	9.78	0.79	40.41	3.28
2001	917.96	63.02	480.81	33.01	10.28	0.71	47.68	3.27
2002	1102.70	69.76	423.80	26.81	9.88	0.63	44.38	2.81
2003	1134.86	64.68	527.36	30.06	12.43	0.71	79.80	4.55
2004	1693.79	72.46	542.36	23.20	15.61	0.67	85.87	3.67
2005	1792.40	73.15	512.63	20.92	19.90	0.81	125.38	5.12
2006	2161.35	68.12	504.28	15.89	21.42	0.68	182.04	5.74

资料来源：根据历年《中国统计年鉴》的数据整理得出。

三、各层级政府公共服务责任分工效应

（一）中央与地方公共服务事权的错位

中央与地方公共服务事权错位主要表现在（见表4-2）：一是中央政府过多的将资金用于基础建设和工业、商业、金融等经济发展方面的支出责任，而且不合理地直接干预微观企业层面的运营。如2007—2010年中央在交

通运输领域的投入年均达到1063.57亿元，占到整个政府投入的29.53%；在工商金融类事务的支出年均达到2321.59亿元，占到财政投入总量的38.73%。二是中央对地区差距的宏观调节很弱。例如对农村的各项投入有助于调节地区经济差距、解决严峻的城乡二元差距问题，理应更多地由中央政府统筹安排，但2007—2010年中央支持整个农林水事务的年均投入仅占5.83%；在协调城乡社区事务管理方面，中央政府即便不参与到具体事务管理中去，也可在资金上给予落后农村地区社区事业发展更多的支持，但中央对城乡社区事务的年均投入仅有8.64亿元，占比仅有0.19%，大大延缓了城乡统筹发展的步伐。三是一般来说，中央和省级是教育和医疗卫生的主要责任承担者，然而目前中央政府在这两方面投入比重太低。中央占财政性教育支出的比重年均仅有5.56%，占医疗卫生投入更是仅有1.61%。四是根据国际惯例，再分配性社会保障和救济几乎总是由中央政府提供，但中央财政对社会保障支出和就业仅占全国支出的5.49%。

表4-2　2007—2010年中央和地方财政主要支出项目年均数额及比重

项目	国家财政支出（亿元）	中央财政		地方财政	
		数额（亿元）	比重（%）	数额（亿元）	比重（%）
一般公共服务	9202.88	1606.59	17.46	7596.29	82.54
教育	9780.02	543.87	5.56	9236.15	94.44
科学技术	2476.74	1274.27	51.45	1202.47	48.55
文化体育与传媒	1163.22	137.97	11.86	1025.25	88.14
社会保障和就业	7247.19	397.9	5.49	6849.29	94.51
医疗卫生	3386.34	54.52	1.61	3331.82	98.39
环境保护	1705.8	52.05	3.05	1653.75	96.95
城乡社区事务	4636.47	8.64	0.19	4627.83	99.81
农林水事务	5699.68	332.17	5.83	5367.51	94.17
交通运输	3601.36	1063.57	29.53	2537.79	70.47
工业商业金融等事务	5994.69	2321.59	38.73	3673.1	61.27

资料来源：根据《2008—2011年中国统计年鉴》的数据整理得出。

（二）省以下政府间公共服务事权与财政支出责任划分的错位

由于中央政府对省级政府和下级政府之间的支出责任划分没有明确的指南。各省对所属的四级地方政府可有不同的事权（支出责任）划分。在地方政府，上级政府有权决定其直接下级政府的支出划分。因而，省政府决定市/地区的支出划分，市政府决定县级政府的支出划分和县级政府决定乡/镇的支出。非法制化的事权划分格局致使上级政府出于“财政自利”动机，尽可能向下级政府转移支出责任，造成省市县乡各级政府之间事权划分关系不顺，存在着相互交叉和重叠的现象。目前，我国近78%的公共支出发生在省和省以下，其中60%以上的支出发生在市、县、乡三级，尤其是县乡两级担负着相当沉重的支出责任，这与国际惯例不符。

总的来看，省和省以下各级政府间的公共服务事权错位主要表现在：一是较高级政府集中了过多的基础建设和经济建设支出份额。例如基本建设支出，在中央政府占据近40%份额后，省地两级政府又划掉了50%多，结果急需大量资金投入基础建设的小城镇和农村地区只能获得不到10%的份额。二是对农林水事务的地方投入三年平均达到5367.51亿元，占比为94.17%。但对农村的扶助支出主要落在县乡政府身上，由于背后缺乏一个很好的均等化转移支付体系，贫困的农村地区公共服务严重不足。三是基础教育和公共卫生这类较强外溢的公共产品过多地由县级政府承担，例如县乡政府支出了近60%的教育事业费和55%—60%的医疗支出。四是地方政府对社会保障和就业的三年平均投入达到6849.29亿元，占比为94.51%。但主要的社会保障支出落在地县两级政府，尤其是地级市和县级市，它们构成提供社会安全网的主体，负责向国企下岗工人提供收入支持和再培训、失业保险、城市最低生活保障、地区性养老金发放，还要承担构建农村地区社保体系所需的资金①。

目前中国地方政府行政级次有四级，明显过多，如果按“一级政权、一级预算”的原则，地方政府事权不仅要在省与市之间划分，而且还要在市与县、县与乡之间划分，这样就增加了事权界定的难度。一是政府事权界定容易产生重复，形成一级预算双重乃至多重领导，这不仅不能提高效率，而且可能产生相互推诿、敷衍塞责。二是在分税制改革不彻底的情况下，容易形成地方主义。三是现行过多的行政级次，一方面使一般公共服务费用支出，特别是“三公”费用开销居高难下，另一方面也不利于地方政府职能的转变，政府事权的规范和界定。

（三）公共服务责任的层层下移

各级政府事权错位很大程度上是长期事权层层下移造成的。事权下移

---

① 田发、周琛影：“重构地方政府间财政关系”，《改革》2004年第2期，第38—42页。

的形式多种多样，常见的有：一是一些含糊不清的支出多数都被分配给下级政府，例如社会保障，分税制并未界定多大程度由省以下政府来承担，现在实际上要求地方政府负责，增加了一笔没米下锅的饭债[①]。近期才逐步提高不同社会保障项目的统筹层次。一些自然灾害救济、统计、气象、抚恤、口岸建设等支出，应是中央和省级政府的责任，却全部或部分下放给了地方。上级一些部门，包括劳教、劳改等司法机关，经常直接插手地方事务、扩编增人，回避本级编制部门的监督，而相应经费却由地方政府承担。再如，国道的建设与维修、基础科学研究、地下重要文化遗产的挖掘整理与保护，也多分给了地方政府。[②]二是下放企业。20 世纪 90 年代后半期以来，除少数垄断行业外，国有企业全面亏损，因此从中央政府开始，各级政府在紧抓少数大型垄断高效企业的同时，纷纷将亏损企业下放给下级政府，让下级背包袱[③]，尤其是安置下岗失业人员。三是上级买单，下级出钱。上级政府利用权威规定一些公共服务（如教育、计划生育等）的义务性支出水平，直接干预地方政府支出，强制增加支出项目，且层层加码又不提供足额配套资金。例如一些邮电、通讯类的中央级公司，往往要求地方参与相关基础设施投资，但建成后的项目及收益地方却很难分享；又如近几年国家与省经常出台调资增支政策，几乎每次都是只有政策不给钱，要求地方财政自行解决。[④]

（四）政府间公共服务事权划分混乱的成因

政府公共服务事权划分的不合理和含混多变不仅使中国迟迟难以建立健全公共财政体系，而且造成财政支出效率较低、基层财政困难等一系列严重问题。本书认为，其背后隐藏着深刻的体制和法制原因，只有对这些问题着手加以解决，才能形成一个比较完善而持久的政府事权划分方案。

1. 政府普遍的自利取向和公共治理问题。公共财政的要义是各级政府

---

① 贾康、白景明：“县乡财政解困与财政体制创新”，《财税与会计》2002 年第 5 期，第 9—13 页。

② 吴湘灵、高红岩：“地方政府事权与财权分配关系初探——以四川省德阳市为例”，《中国软科学》2001 年第 4 期，第 29—35 页。

③ 姚洋、杨雷：“制度供给失衡与财政分权的后果”，《战略与管理》2003 年第 3 期，第 27—33 页。

④ 万丈英：“县级财政：如何跨越体制这道坎”，《审计与理财》2003 年第 6 期，第 21—23 页。

对本辖区的居民负责，按照本辖区的偏好提供公共产品，因此其核心问题就是如何使政府负责，并且能够灵敏而又有效地对本地区居民的偏好做出反应，这在本质上就是辖区内的公共治理问题。这一问题的解决既不能离开通过立法确立政府间在事权和财权方面的分权，也不能离开一定的地方民主机制。

我国处于转型时期，自上而下的政治集权和人事体制，使得中国的分权安排属于集权下的分权安排，属于随时可由政府自由裁量权变更的分权，[①] 外加民主机制的不完善，使得各级政府均缺乏一套地方民主机制，决定了目前地方政府不是对辖区民众负责的内部责任政府，而是主要对上级负责的外部责任政府；然而这种外部责任又不是完全责任，因为分权的客观存在和上下级政府间由于信息不对称而存在委托——代理问题。因此总的来讲，对中国地方政府的规则约束是不够的，地方政府及其部门和官员的行为往往以自利为取向，中央部门官员事实上也同样普遍存在自利取向。无论如何，我们在制定规则时，均需要预设所有政府为自立取向的利维坦政府，它们在履行公共职责的同时，其行为更多考虑自身利益，往往是为了使自己能够控制更大的经济规模和获取更多的财政收入。只有基于这种预设而确立的规则才能有效。

为了自身财政收入的最大化，地方政府利用中央政府逐步退出、市场尚未填补的体制转轨机会，接收或截获了许多本应由市场接管的投资和金融等权限[②]，不仅维持了传统公共产品和准公共产品生产领域的垄断地位，甚至插手竞争性私人产品生产领域。例如多次经济过热均有各级政府的身影，其根本性原因之一就是，在竞争性经济领域中国还没有完成从上述“行政分权”向“经济分权”转型，经济规模中的一大部分仍然为行政性经济，而非市场经济。职能的膨胀和混乱导致政府规模的迅速扩张，反过来又增加了财政负担。政府的普遍自利特点还决定了其对这一矛盾的解决

① 这一点也反映在所得税的分成上。1994 年的分税制财政体制改革中，中央规定个人所得税和企业所得税（中央企业所得税、地方银行和外资银行及非银行金融企业所得税，铁道部门、各银行总行、各保险总公司等集中缴纳的所得税收入除外）属于地方税，到 2001 年中央政府改变了做法；从 2002 年 1 月 1 日起，对企业所得税和个人所得税收入超过 2001 年的增量部分实行中央和地方按比例分享；2002 年按五五比例分享；2003 年按六四比例分享；2003 年以后年份的分享比例按实际收入情况再行考虑。

② 李光辉：“中国地方政府债务融资制度创新的若干问题”，《中共中央党校学报》2003 年第 1 期，第 72—76 页。

之道不是清理职能、压缩规模，而是进一步攫取更多的财政收入。这就造成了一方面即便人浮于事，而且预算内收入主要用于“吃饭财政”，政府却缺乏真正的激励去压缩编制，减轻负担；另一方面，虽然财政开支紧张，地方政府仍然热衷于扩张投资，圈地上项目，同时尽量推诿无法获利的公共服务责任。

2. 准财政联邦制下地区间和政府间财税竞争。虽然许多政体的正式制度安排规定了政府之间只能是合作、服从关系，但事实上的制度安排却往往体现出更为根本的竞争关系，因此这类政府是“竞争性政府”①。我国就是这种情况，尽管是单一制国家，且政治上中央集权特色也十分显著，但其经济与财政体制却带有很强的联邦色彩，被一些学者指称为“财政联邦制”（Fiscal Federalism），“中国式的联邦制”（Federalism of Chinese Style），或者“市场维护型联邦制”（Market Preserving Federalism）。当然这些观点对中国的联邦制定性均存在一定偏差，更接近现实的说法是“事实上的准联邦制”。②

中国在准财政联邦制下，各地政府的利益与本地经济紧密相关，因此有足够的激励方式去刺激本地工业发展和城市建设；垂直的官员人事体制也强调经济挂帅，对地方官员实行末位淘汰制，把对其的考核简约为地方GDP的增速、固定资产投资额、招商引资数量等指标的评比考核，更加强化了各级地方政府发展经济的激励。结果是，对经济利益和个人前途的追求使各级政府展开了激烈的财税竞争，普遍奉行发展型财税政策。政府既要对资本，尤其是海外资本提供有足够诱惑力的税率优惠和减免，又要加大发展支出，甚至常常以财政补贴来吸引投资，其选择必然就是：尽量将各类“财政包袱”往外推，往下甩，直到县乡一级再也无处可推可甩，只好往后拖。

3. 垂直命令的行政体制和上下级不对称博弈。财政分权和政治—行政集权之间隐藏着尖锐的矛盾。《预算法》规定各级财政向本级人大负责，

① 冯兴元：“论辖区政府间的制度竞争”，《国家行政学院学报》2001年第6期，第27—32页。

② 目前流行的观点对中国的联邦制定性存在如下偏差：首先，中国的体制是集权下的分权体制，缺乏稳定性，不同于联邦制国家通过宪法来确立稳定的分权框架的做法；其次，中央和地方分权安排并没有顾及民众个人层面的问题，但国外的联邦制安排一般以维护个人的自由权利为基础。当然中国的分权特征也很难被中央政府的“民主集中制”所冲销，中央和地方之间存在非正式的、事实的分权安排，而这些安排往往是政府竞争的较为稳定的结果。此外，中国的分权安排日渐更多地顾及民众个人层面的自由权利问题，比如2004年初宪法修正案里写入对个人基本权利的保护，就部分印证了这一点。

因此理论上上下级政府的财政相互独立，然而上级政府在政治和行政上仍然对下级政府享有绝对权威，例如可以通过考核评比的方式和目前流行的“一票否决”制度来迫使下级政府官员听命，也可以在党管干部的原则下通过人事任免调动来影响下级政府。这种不对称的博弈导致上下级政府很容易发生机会主义行为和策略性行为。上级政府的机会主义行为和策略性行为是把资金尽量往本级政府调，把问题尽量往下级政府压，导致资金层层集中而事权层层下放。下级政府面对上级政府的这种行为，也会产生预算软约束和倒逼行为：既然下级政府是在不收报酬地帮上级政府分忧，那么出了问题上级肯定要兜底，这样开支只管扩张，基本公共支出尽管拖欠，问题大了，上级和中央政府必然不会坐视地方破产，只能拿出钱来。而且，在这种情况下，对上级政府，地方政府一般仍会采取各种直接或者间接讨价还价的方式，形成倒逼机制，要求以优惠待遇、资金资源和机会形式，给予一定的侧面补偿支付。

4. 缺乏完备的法制保障。政府间公共服务事权的划分在国际上主要是通过立法而非行政干预来确立的。各级政府事权的履行又需要其财权的保障，这些财权也是通过立法来保障的。从世界来看，不论是联邦制国家还是单一制国家，发达国家还是发展中国家，政府间责权利关系都是建立在宪法或相关法律基础上，关系的调整也按法定程序进行。当然，这种事权划分的核心办法是立法权归属的划分，它并非预先事无巨细地列举各类具体支出权责的归属，而是将提议、批准、监督某一类支出的立法权明确赋予某级政府的相应立法机关①，这样既维护了分权原则，又保证了动态调整的可能。

中国在法律上并非分权国家，因此在缺乏法律依据和约束的情况下，政府间迄今为止的所有财政安排和事权调整都是中央和地方谈判妥协的结果，也都是根据中央和地方政府的“决定”、“通知”、“条例”来传达和执行的②。这其中，中央政府由于政治和行政上的权威地位，往往对事权和财权划分方案有主要的动议权和决定权。事权和财权的调整也并不经过全国人大和地方人大，而主要在政府之间由行政

① 齐志宏：“多级政府间事权划分与财政支出职能结构的国际比较分析”，《中央财经大学学报》2001年第11期，第6—10页。

② 姚洋、杨雷：“制度供给失衡和中国财政分权的后果”，《战略与管理》2003年第3期，第27—33页。

渠道解决，因此缺乏内在的稳定性和法律保障。事实上上级政府能够比较随心所欲地调整事权和财权分配，从而可将事权层层下放，财权逐步上收。地方政府面对随时会变的事权和财权分配格局，也就容易滋生不负责任的短期行为。

第二节 地方政府间财力分配的均等化度量

地方政府可控财力构成是其提供公共服务的基础保证，财力分配的非均等化，将会导致公共服务的供给总量不足与公共服务的城乡、区域间差距扩大。因此，很有必要对地方财政的财力均等化水平进行度量。

一、地方财政收入状况总体描述

从地方财政收入运行状况来看，规模从1991年的2211.23亿元增加到2011年的52433.86亿元，增长23.7倍，年均递增17.15%。除1994年外①，地方财政收入始终保持较高比例的增长，增长率最高年份为1993年的35.4%，最低的年份为2002年的9.12%②，2001年主要源于所得税分享制度因素，地方财政收入增长比例曾提高到21.8%；2003年之后地方财政收入进入快速平稳增长阶段，都保持在20%以上的增长率，2005年、2007年曾一度达到26.97%和28.79%，2009年受全球金融危机的影响，增长率下滑到13.82%；随着中央4万亿元投资等“一揽子”经济刺激计划实施后，2010年则回升到24.57%，2011年进一步攀升到29.11%（见图4-13）。

① 1994年分税制改革要求，中央与地方财力分配按6:4进行，导致地方财政收入急剧下滑。

② 从2002年1月1日起，中央决定将企业所得税和个人所得税实行中央财政与地方财政按比例分享，以2001年为基数，2002年实施增量5:5分享，2003年中央与地方按6:4分享，2004年以后的分享比例另作商议。面对分税制财政体制的调整，地方政府为了避免中央政府过多地挤占其利益，竭力提高2001年所得税基数，以减少增量部分，由此导致2001年地方财政收入快速增长。而2002年则基于所得税分享实施引起地方财政增收锐减。

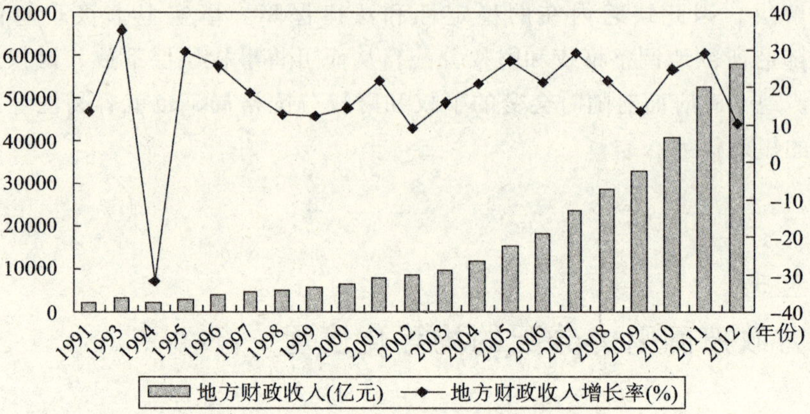

图 4 - 13 地方财政收入规模及增长率

资料来源：根据历年《中国统计年鉴》的数据整理得出。

地方财政收入总量占国家财政收入的比重不断下降。地方财政收入占国家财政收入的比重在 1993 年以前呈上升状态，1993 年达到最高点 78%，这源于财政包干体制下，中央依赖于地方组织收入，使地方政府掌握了大部分收入支配权。然而，受分税制财政体制改革的影响，地方财政收入占比从 1994 年起出现了急剧下滑，由 1993 年的 78% 猛降至 1994 年的 44.3%，1995 年以后这一比例又有所回升，但回升幅度不大，1997 年达到 51.1%；而从 1998 年起，这一比例又开始略微下降，2002 年降至 45%，2005 年又上升到 47.7%，2007 年、2008 年则又回调到 46% 左右；从 2009 年开始逐年递增，从 47.6% 提高到 2012 年的 50.77%（见图 4 - 14）。地方财政收入占国家财政收入比重的这种变化使中央掌握了收入主导权，增

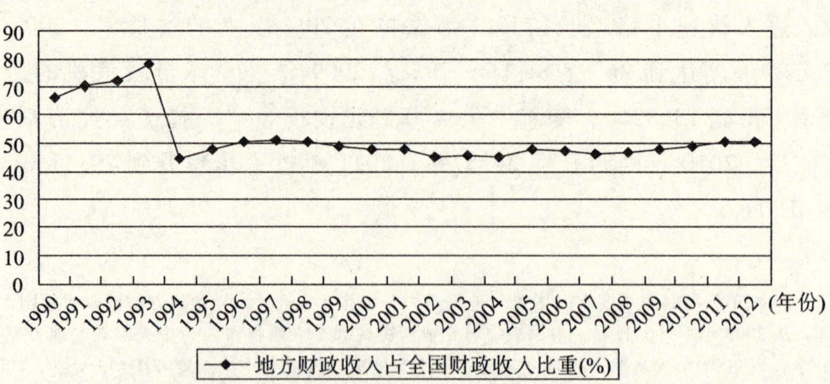

图 4 - 14 地方财政收入占全国财政收入比重

资料来源：根据历年《中国统计年鉴》的数据整理得出。

加了中央财力，增强了中央政府的宏观调控能力，充分保证了中央事权的实现。地方财政收入占国家财政收入比重的下降导致地方财力大幅下降，尤其是财政收入初次分配中地方直接可控财力大幅度下降，不过近几年回升到50%的财力分配水平。

地方财政自给率是反映地方政府财政能力状况的一个重要指标。地方财政自给率=本级组织收入/本级支出。分税制前，地方财政不但可以保证自己的支出需求，而且略有剩余。图4－15显示，1994年地方财政自给率急剧下降到0.57，1995年后有所提高，但也仅为0.62，1996年为0.65，1997年达到0.66；而1998年之后财政自给率又呈现出下降趋势，2002年为0.56，2003年提高到0.57，2004年则为0.58；2005年至2008年自给率维持在0.6左右，2009至2011年则略微下降为0.53、0.55、0.57。地方本级组织收入不能满足本级财政支出的需要，形成了地方普遍接受中央财政补助的收入分配格局。地方各级财政中，财政自给率下降幅度最大的是地市财政，乡镇财政次之，县级财政再次之，最后是省级财政。其中原因，主要是因为中央"增量调整"是针对工商业活动频繁的流转税种（增值税和消费税）进行的，而城市地区是"两税"增长较快的地方。有资料表明，2007年地方各级财政中，乡镇财政自给率较高（0.87以上），地市级财政次之（0.72以上），省级财政再次之（0.68以上），县级财政约为0.5①。尽管从数字上看，乡镇财政自给率在各级财政中是最高的，但这并不能说明乡镇财政的运行状况要比其他级次要好。现实结论恰恰相反，省、市、县、乡镇的财政状况从上至下一级比一级差。这是因为县级和乡镇级财政同处于农村地区，这两级财政得以存在的经济财源基础相同。而各级财政主观上都具有"财政自利"行为，加上上级政府被赋予财政体制制定权，又为这一主观"自利"提供了现实可能，这就使政府级次具有累积收入、改善本级财政收支状况的效应。同时，级别越高的地方政府从中央政府获取的转移支付越多。因此，我们可以推论，位居县级财政以下的乡镇财政，其财政状况只能比县级财政状况更差一些，而不可能更好。

由于政府级次不同，即使同样的财政自给率，其含金量也是不同的。政府级次越高，凭借财政体制制定权获取所需财力的可能性越大，政府级次越低，越是接近基层，则没有财政体制制定权上的优势。这进一步说

① 根据《中国财政年鉴（2008）》的有关数据计算得出。

明，处于较低政府级次的县乡政府，财政自给率低意味着社会公共需要满足程度的绝对低下。

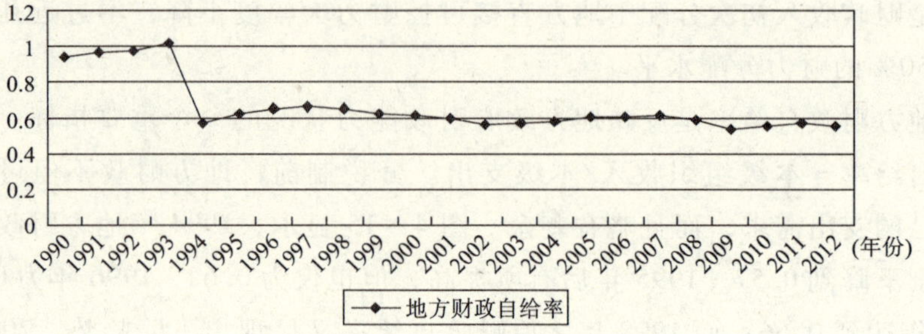

图 4－15 地方财政自给率

资料来源：根据历年《中国统计年鉴》的数据整理得出。

地方财政收入占全国财政收入比重究竟多大合适并没有定论，从国别比较来看，我国地方财政收入近45%的占比还算是高的。地方财政，尤其是基层县乡财政自给率过低，要么不能提供足额的公共服务，无法履行公共服务责任；要么过于倚重中央财政或上级财政的补助，自身的财政努力不够。公共服务均等化目标的实现，要求中央政府干预基层政府公共服务的决策，并相应集中财力来缩小地区间由于经济发展水平和财政支付能力差异造成的公共服务水平的差距；而提高基层政府对辖区内居民公共需求的回应性及公共服务供应和生产效率，则要求基层政府拥有较大的财政权限。因而合理的地方政府财力分配规模与水平，应是在集权与分权这两个基本路径之间寻求某种程度的平衡。

二、地方财力分配均等化水平测算：横向财政间比较

鉴于财力均等化对于实现公共服务水平均等化的重要性，以及实际度量的需要，通常用地区间财力均等化表示公共服务水平均等化程度。各个地区的居民所享受的公共产品主要由两部分构成：一部分是由中央政府提供的全国性公共产品，从理论上讲地域差别不大；另一部分是各个地方政府提供的地方性公共产品，其供给水平由地方政府的财政能力决定。各地区政府财政能力的差异，是导致不同地区公共服务水平均等化实现程度差异的根本原因[①]。而考量各地区财力分配均等化水平，实际是进行横向财

① 陈宪："分税制改革、财政均等化与政府间转移支付"，《学术月刊》2008 年第 5 期，第 56—61 页。

政间比较，考虑到转移支付的因素，分为地区财力初次分配与财力再分配的差异程度两个方面。

（一）测算方法Ⅰ：变异系数与极差率

各地区人均财政收入差异反映基于要素禀赋形成的地区间初次财力分配的均等化状况，体现地区自主性财力均衡水平；在接受中央对地方的补助后形成各地区人均可支配财力差异，表现为各地区财力再分配的均等化状况，能够客观反映出公共服务水平均等化程度。

下面选取1995—2011年的各地区的人均财政收入和人均可支配财力的变异系数和极差率来衡量地区间财力分配差异情况。变异系数的值越大，则全国各地区人均财政收入（或支出）的变异程度越大，即全国各地区人均财政收入（或可支配财力）差距越大；反之差距越小。极差率从另一个角度反映全国各地区人均财政收入（或可支配财力）的波动程度。极差率越大，则全国各地区人均财政收入（或可支配财力）的波动程度越大；反之波动程度越小。

变异系数=全国各地区人均财政收入（或可支配财力）的标准差/全国各地区人均财政收入（或可支配财力）的均值

极差率=某一年度全国各地区人均财政收入（或可支配财力）的最高值/某一年度全国各地区人均财政收入（或可支配财力）的最低值

从图4-16可以看出，各地区人均财政收入的变异系数从1995年的0.97增加到1999年的1.07，表明这段时期人均财政收入的地区差距在扩大。2001年之后，人均财政收入变异系数逐年提高，一直上升到2004年的1.2，表明这期间人均财政收入地区差异仍在继续扩大。从2005年起变异系数逐年减低，从1.18下降到2010年的0.91，2011年进一步下降到0.76，地区间财力差距呈现出缩小的趋势。而人均可支配财力差异呈现无规则的变化状况，1995—2000年期间，前三年差异程度扩大，后三年逐步缩小。2001年后又一度扩大到2003年的0.77，但之后差异程度呈逐年缩小趋势，下降到2010年的0.55，2011年为0.52，其折线图均低于人均财政收入。

以变异系数衡量的各地区人均财政收入、人均可支配财力差距总体上处于较高的水平。不过人均财政收入的变异系数近几年呈现稳定下降的态势，表明各地区财政收入差距在继续缩小，而在中央对地方转移支付后，

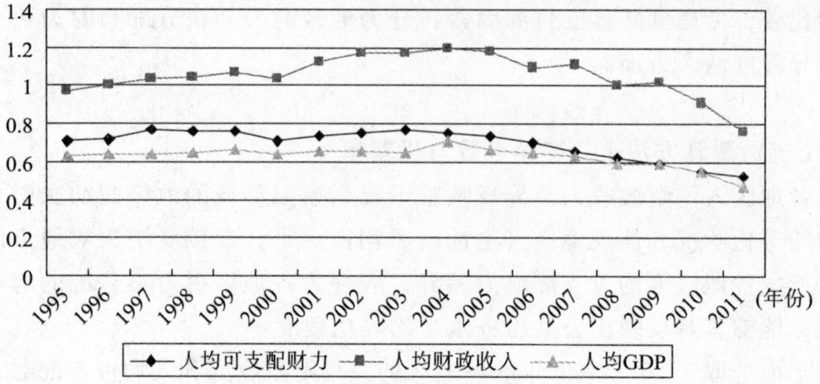

图 4-16 各地区人均财政收入、人均可支配财力、人均 GDP 的变异系数

资料来源：根据历年《中国统计年鉴》的数据整理得出。

地区人均可支配财力差异相对于转移支付前的地区财力差距，已大为改善，表明财政转移支付改进了财政支出均衡。不过人均可支配财力变异系数年均仍高达 0.69 左右，说明政府间转移支付的财力均等化效应并未真正释放出来，影响到公共服务均等化水平的快速提升。

进一步对比地区人均财政收入、人均可支配财力差距与地区人均 GDP 差距可知，人均 GDP 年均处于 0.63 左右波动的水平，说明地区间经济发展水平的差异和居民贫富差距都较大。但是，人均财政收入和可支配财力的变异系数均高于人均 GDP 的变异系数，表明财政领域的不均等程度超过了经济领域。显然，这不符合财政的本质，因为财政活动属于社会再分配范畴，实现居民公共服务水平均等化是财政的重要目标，但财政均等化政策并未发挥应有的作用。①

1995—2011 年全国各地区人均财政收入和可支配财力的极差率变化情况同样能反映上述趋势。2000 年以来，全国各地区人均财政收入和可支配财力的极差率在扩大，且趋势比较明显，全国各地区人均财政收入和可支配财力的波动程度加大。不过在 2005 年之后，各地区人均财政收入极差率快速缩小，从 2005 年的 18.5% 下降到 2011 年的 9.07%；而人均可支配财力的极差率也同样逐年递减，从 2005 年的 7.95% 下降到 2010 年的 5.04%，2011 年反弹到 6.21%，这表明地区间财力分配不均衡状况在改善。不过就各地区人均财政收入高达 10 倍，人均可支配财力有 5 倍的差距

① 田发：“财政均等化：模式选择与真实度量”，《财经科学》2011 年第 3 期，第 64—72 页。

而言，财力均衡性仍有较大的改进空间（见图4－17）。

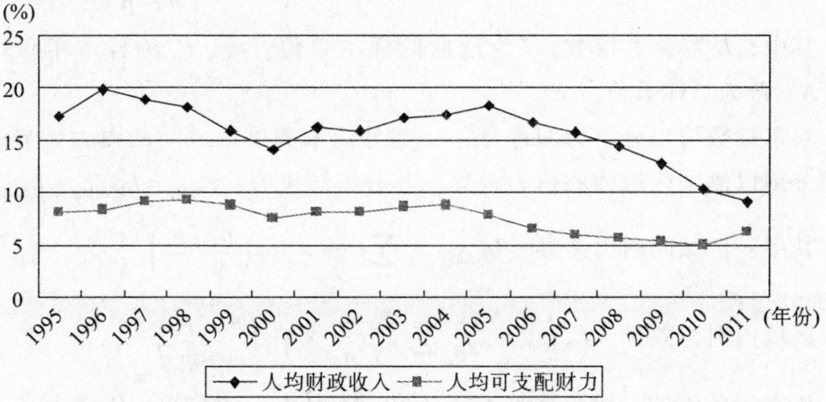

图4－17　各地区人均财政收入和人均可支配财力的极差率变化情况

资料来源：根据历年《中国统计年鉴》的数据整理得出。

综上所述，在接受中央转移支付后，地方横向财政间财力均等化程度有所提高，不过地区间初次财力分配与财力再分配后的差异程度仍旧较大，表明地区间财力分配仍不均衡，影响到各地区公共服务均等化水平。

要提高横向财政间财力分配均等化水平除了靠缩小基于各地区经济发展水平形成的财力差异外，更多依赖于中央对地方转移支付的均等化效应。在现行转移支付结构下，一般性转移支付的财力均等化效应最强；专项转移支付次之；税收返还效果最差。为提升地区间财力均等化水平，促进地区间公共服务均等化，今后转移支付资金应逐步向中、西部落后地区倾斜，主要投入支农、科教文卫、社会保障等民生领域。同时建立一个以公式化为基础，一般性转移支付为主，专项转移支付为辅的转移支付体系。税收返还维持了地方既得利益，是旧体制的延续，应逐步取消；除均衡性转移支付外的其他类型的一般性转移支付都是由于政策调整造成的，出现混乱和不规范情形，应将其整合为一项统一的一般性转移支付。专项转移支付只能是次要的、辅助的形式，规模不能过大，其支付的对象应是具有外溢性、突发性、特殊性、非固定性等特征的项目。

（二）测算方法Ⅱ：泰尔指数

泰尔指数可以用来衡量一组经济指标在不同时间、地区和层次范围内的差异，将应用于测度地区财力分配均等化水平。

泰尔指数的具体计算公式为：$L = \sum_i \sum_j \frac{n_{ij}}{n} \times \log\left(\frac{n_{ij}}{n} \Big/ \frac{p_{ij}}{p}\right)$

其中，L 为泰尔指数；i 为选取的样本单位；n_i、P_i 为样本单位的数值；N、P 为总体数值。

泰尔指数可以分解为两部分：一部分用来测度区域间的财力差异；另一部分用以测度区域内的财力差异。其分解结果为：$L_{总体} = L_{区域间} + L_{区域内}$

其中：区域间财力差异 $= L_{区域间} = \sum_i \frac{n_i}{N} \times \log\left(\frac{n_i}{N} \Big/ \frac{p_i}{P}\right)$

区域内财力差异 $= L_{区域内} = \sum_i \sum_j \frac{n_i}{N} \frac{n_{ij}}{n_i} \times \log\left(\frac{n_{ij}}{n_i} \Big/ \frac{p_{ij}}{p_i}\right)$

P_{ij}表示各省的一般预算收入（或可支配财力）的数额，P_i 表示各区域的一般预算收入（或可支配财力）的数额，P 表示各区域汇总预算收入（或可支配财力）；n_{ij}表示各省的总人口数，n_i 表示各区域的总人口数，N 表示全国总人口数。时间跨度是 1995 年至 2010 年。泰尔指数的值越小，说明选取指标的差异越小，即均等化程度越高。

为进一步分析总体差异多大程度由区域间差异或区域内差异因素引起，将对总体泰尔指数的差异贡献率进行解析。

$T_{总体} = T_{区域间} + T_{区域内} = T_{区域间} + T_{东部} \times \frac{n_{东部}}{n} + T_{中部} \times \frac{n_{中部}}{n} + T_{西部} \times \frac{n_{西部}}{n} + T_{东北部} \times \frac{n_{东北部}}{n}$方程两边同除以 $T_{总体}$，得到公式：

$$1 = \frac{T_{区域间}}{T_{总体}} + \frac{T_{东部}}{T_{总体}} \times \frac{n_{东部}}{n} + \frac{T_{中部}}{T_{总体}} \times \frac{n_{中部}}{n} + \frac{T_{西部}}{T_{总体}} \times \frac{n_{西部}}{n} + \frac{T_{东北部}}{T_{总体}} \times \frac{n_{东北部}}{n}$$

其中，$\frac{T_{区域间}}{T_{总体}}$、$\frac{T_{东部}}{T_{总体}} \times \frac{n_{东部}}{n}$、$\frac{T_{中部}}{T_{总体}} \times \frac{n_{中部}}{n}$、$\frac{T_{西部}}{T_{总体}} \times \frac{n_{西部}}{n}$、$\frac{T_{东北部}}{T_{总体}} \times \frac{n_{东北部}}{n}$分别为区域间差异、东部地区差异、中部地区差异、西部地区差异、东北地区差异对总体差异的贡献率。

地区财力分配均等化水平的实质是指政府提供均等化公共服务的财政能力的均衡状况，考虑到转移支付的因素，分为地区财力初次分配与财力再分配的均等化水平两个方面。前者反映转移支付前基于要素禀赋形成的地区初次财力分配差距，体现地区自主性财力均衡水平，可用地区一般预算收入泰尔指数来表示；后者反映接受转移支付后的地区财力再分配差距，体现区域公共服务的均等化水平，可用地区可支配财力泰尔指数来表示。

1. 地区财力初次分配均等化水平。由图 4－18 看出，所统计的 16 年期间，地区一般预算收入的总体泰尔指数呈现先升后降的态势。1995 年至 2003 年地区初次财力差距在逐步扩大；2003 年达到峰值 0.0985，之后逐年下降，2010 年为 0.07525；但指数差额仅为 0.02055，且均值为 0.08209，说明地区财力初次分配差异没有明显收敛。区域间泰尔指数与总体泰尔的曲线变化基本一致，而区域内泰尔指数仅在 0.031—0.038 间小幅波动，可初步判断地区财力初次分配差距主要是由区域间财力差距引起的。地区财力总体差异的贡献率分解则证实（见表 4－3），区域间差异贡献率平均为 58%，占据总体差异的主要因素；而区域内差异贡献中，东部地区明显高于其他三个地区。这说明区域间财力差距与东部地区财力差距是造成地区财力初次分配差距的主要因素。

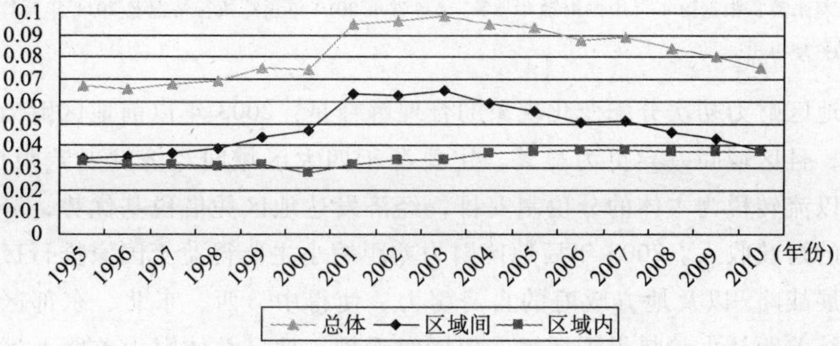

图 4－18　地区一般预算收入泰尔指数

资料来源：根据历年《中国财政年鉴》、《各省市 2010 年预算执行情况及 2011 年预算草案》的数据整理计算得出。

表 4－3　　地区财力初次分配差异的贡献率　　单位：%

年份	东部	中部	西部	东北部	区域内	区域间
1995	39.05	2.39	4.95	2.08	48.47	51.53
1996	38.78	1.4	5.61	1.64	47.43	52.57
1997	37.92	1.11	5.95	1.6	46.58	53.42
1998	36.26	1.3	5.45	1.67	44.68	55.32
1999	34.46	1.44	4.33	1.41	41.64	58.36
2000	31.85	1.09	3.01	1.44	37.39	62.61
2001	28.14	1.12	2.39	1.52	33.17	66.83
2002	29.44	1.1	2.7	1.46	34.7	65.3

续表

年份	东部	中部	西部	东北部	区域内	区域间
2003	29.05	1.32	2.64	1.37	34.38	65.62
2004	30.88	1.83	3.63	1.73	38.07	61.93
2005	31.13	2.67	4.12	2.29	40.21	59.79
2006	30.5	5.47	4.61	2.43	43.01	56.99
2007	31.31	2.89	5.44	3.02	42.66	57.34
2008	32.39	3.32	6.26	2.77	44.74	55.26
2009	32.49	2.86	7.77	3.21	46.33	53.67
2010	33.65	2.79	9.58	3.88	49.90	50.10

资料来源：根据历年《中国财政年鉴》、《各省市2010年预算执行情况及2011年预算草案》的数据整理得出。

地区财力初次分配变化现象的合理解释是：2003年以前地区财力差异扩大，且区域间差异更为显著，主要源于四大区域间经济发展差距拉大，配合以流转税为主体的分税制安排，经济发达地区凭借税基优势，分配到更多的财政收入。2003年后地区财力差距缩小主要得益于国家推行区域协调发展战略[①]以及地方政府的自身努力，使得中、西、东北、东部区域间的经济差距拉大趋势得到缓解。但同时看到，地区总体财力差距及区域间财力差距并未有效缩小，且东部地区率先发展中，其内部的财力不均衡严重，北京市、天津市、上海市、江苏省、浙江省相对于其他东部省份处于强势发展地位。[②]

2. 地区财力再分配均等化水平。图4－19显示，地区可支配财力的总体、区域间和区域内的泰尔指数曲线走势相似，除个别年份向上波动外，三条曲线都呈下降趋势，这说明地区财力再分配均衡水平在提高。总体与区域间的泰尔指数自2003年后下降幅度更快，达到75%。区域内泰尔指数均显著高于区域间泰尔指数，初步判断总体差异主要由区域内差异构成。

---

① 国家于1999年推行西部大开发战略；2003年底和2004年初相继提出中部崛起和振兴东北老工业基地的发展战略；2009年和2010年陆续出台有关区域发展规划。

② 田发、杨楠："基于泰尔指数的区域财力均等化水平估算"，《商业研究》2011年第10期，第30—34页。

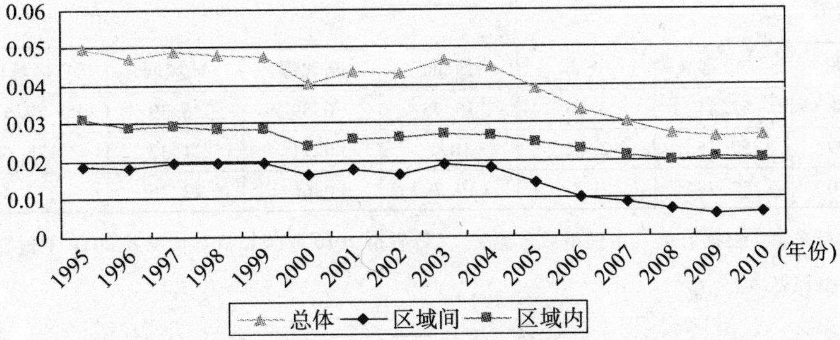

图 4－19　地区可支配财力泰尔指数

资料来源：根据历年《中国财政年鉴》、《各省市 2010 年预算执行情况及 2011 年预算草案》的数据整理计算得出。

地区财力再分配总体差异的分解证实（见表 4－4），区域间差异的贡献率 2003 年以前在 40% 的水平，之后逐年下降到 2010 年的 22.76%。而区域内差异贡献率平均稳居在 64.51%，其中东部地区的贡献率最高，平均达到 44.66%，近几年保持在 50% 以上的水平；西部地区的贡献率居次，平均在 16.2% 的水平；中部地区贡献率较小，平均不到 3% 且较为稳定；东北地区贡献率最小，不到 1% 的水平。这表明区域间和东、西部地区内部的财力差异是引起地区财力再分配不均等的主导因素。

表 4－4　地区财力再分配差异的贡献率　单位：%

年 份	东 部	中 部	西 部	东北部	区域间	区域内
1995	40.77	2.66	17.66	1.16	37.75	62.25
1996	40.08	2.07	18.22	0.95	38.68	61.32
1997	40.36	1.61	16.84	0.88	40.31	59.69
1998	41.03	2.13	15.11	0.82	40.91	59.09
1999	42.25	1.93	14.67	0.42	40.73	59.27
2000	44.57	1.71	12.59	0.47	40.66	59.34
2001	39.99	3.93	14.97	0.42	40.69	59.31
2002	41.82	2.49	16.8	0.34	38.56	61.45
2003	39.55	2.92	15.62	0.46	41.45	58.55
2004	41.84	3.34	13.85	0.32	40.65	59.35
2005	44.39	3.7	14.41	0.94	36.56	63.44
2006	46.39	5.38	16.63	0.89	30.71	69.29
2007	48.91	3.25	17.05	1.01	29.78	70.22

续表

年份	东部	中部	西部	东北部	区域间	区域内
2008	52.41	3.66	16.95	0.59	26.39	73.61
2009	57.15	2.72	18.1	0.71	21.32	78.68
2010	52.99	3.8	19.79	0.66	22.76	77.24

资料来源：根据历年《中国财政年鉴》、《各省市2010年预算执行情况及2011年预算草案》的数据整理得出。

对比转移支付前后地区财力均等化水平曲线的综合表现，地区财力总体差异的差额从1995年的0.01747提高到2010年的0.04866；区域间财力差异的差额从1995年的0.01584提高到2010年的0.03165；而区域内财力差异的差额很小。这表明中央在不断优化转移支付结构，增强对中西部落后地区的补助下，有效改善了地区财力总体均衡水平与区域间财力均衡度，为促进区域间公共服务均等化提高均衡财力保障。

但是，地区内财力再分配差异实际变化较小，且与财力初次分配相反，地区总体财力差异的主要来源已由区域间财力差异转变为区域内财力差异。从各区域内看，东部地区内部的财力再分配差异最大，主要原因是东部的发达城市如上海市、北京市等分享了较多的税收返还，而欠发达地区难以获取中央转移支付而成为“夹心层”，从而导致东部区域内部的财力差距显著。西部地区内部财力再分配差异同样居高的主要原因是：中央财政转移支付更侧重于西藏、青海、新疆、宁夏等少数民族与边疆地区，从而导致西部地区内部的财力差距拉大。这说明转移支付体系注重均衡区域间财力分配，却没有有效抑制各区域内的财力差异，需要进行相应的调整。

（三）区域财力均等化缺口估算

区域财力均等化水平测度可直观反映其均衡水平高低程度，有助于在整体上评估区域财力均衡状况，却缺乏具体的量化数值来估算区域财力均等化缺口。后者是厘清区域财力均等化的真实水平，政府制定具体区域财力均衡政策的客观依据。

区域财力均等化缺口包括两个层面：一层是区域间财力均等化缺口，它指在全国范围内财力均衡的情况下，各区域标准人分配的标准财力与实际可支配财力的缺口，可弄清各区域间财力均衡分配的真实状况；另一层是区域内财力均等化缺口，它指各个均等化区域内各省标准人分配的标准财力与实际可支配财力的缺口，有利于厘清区域内各省财力均衡分配的真实状况。

1. 区域财力标准人分配模型构建①。区域财力均等化的目标是各地按常住人口实现人均可支配财力均衡。常住人口系在区域内创造人均生产总值、人均财政收入并享有均等公共服务的标准人。区域财力标准人分配模型构建步骤如下：②

第一步：设计区域内某省标准人 Q：$Q=\{Mm,Nn,Ll\}$ (1)

标准人 Q 的构成要素体现在均等化区域内创造均等生产总值 M（本区域人均 GDP）、均等财税收入 N（本区域人均财政收入），享受均等公共服务 L（本区域人均财政支出）。若把它放到均等化区域内的一个省域，则该省标准人 Q 的要素是：Mm（区域内某省人均 GDP）、Nn（区域内某省人均财政收入）、Ll（区域内某省人均财政支出）。

第二步：测算均等化区域内某省的标准人系数：

$$P=\{Mm/M,Nn/N,Ll/L\} \quad (2)$$

其中：Mm/M 为人均 GDP 系数；Nn/N 为人均财政收入系数；Ll/L 为人均财政支出系数。三者权重分配是财政支出系数为 70%，财政收入与 GDP 系数各为 15%③。可推导出：

$$P=Mm/M\times 15\%+Nn/N\times 15\%+Ll/L\times 70\% \quad (3)$$

标准人系数反映均等化区域内某省标准人的财力状况，系数为 1 时，表明标准人可用财力达到均等化区域内的基本财力标准；系数偏离 1 的程度越大，说明标准人可用财力越高或越低。

第三步：按照均等化区域内的标准人均财力计算出各省的标准财力。

某省标准财力 = 本区域标准人均财力 × 某省标准人数

= (区域总财力 / 区域标准人数) × (某省常住人口 × 某省标准人系数) (4)

其中：区域标准人数为该区域内各省常住人口分别与其标准人系数的

① 孙红玲：“论崛起三角向均衡三角的有机扩散”，《中国工业经济》2009 年第 1 期，第 29—41 页。

② 区域财力标准人分配模型虽然按估算区域内财力均等化缺口来构建，但其基本原理同样适用于度量区域间财力均等化缺口。只需将模型中的“区域内”替换为“全国范围内”、“某省”替换为“某区域”便可。

③ 为求得标准人系数 P，参照德国的做法取其整数即按增值税预平衡即收入权重 30%、财力需求平衡即支出权重 70% 计算；同时考虑到占 30% 的收入系数部分仅有地方财政收入并不能完全的真实反映出，因而需加入 GDP 份额，并使人均 GDP 系数与人均财政收入系数在收入权重中各占 50%，即在整个收入 30% 的权重系数中各占 15%。

乘积之和，标准人系数提高到≥1。[①]

第四步：估算出四大区域内各省财力均衡分配的缺口。

某省财力缺口是实际可支配财力与标准财力的差额。财力缺口比率 =（实际可支配财力 - 标准财力）/标准财力。某省的实际可支配财力偏离标准财力的幅度越大，说明标准人获取的财力过多或不足，可作为评判各区域内横向财力均衡状况的依据。

2. 区域间财力均等化缺口估算。从表 4-5 可见，在全国范围内财力均衡情况下，东部地区、东北地区的标准人系数高于 1 的水平，分别达到 1.21、1.15，表明这两个区域的标准人获取相对更多的财力，与这两个区域经济发展水平较高、税基充裕、公共服务水平较高的经验观察吻合。而中部、西部地区的标准人系数低于 1，分别是 0.72、0.95，表明这两个区域的标准人分配的财力略显不足，这也符合这两区域发展相对滞后的现状。中部地区标准人系数偏离较为严重，除人均 GDP 系数稍高于西部外，人均财政收入系数、人均财政支出系数均小于西部的数值，说明中部地区的标准人财力水平不仅落后于全国平均水平，甚至还赶不上西部地区的水平。

表 4-5　2010 年全国财力均衡下区域间财力均等化缺口

	全国	东部地区	中部地区	东北地区	西部地区
人均 GDP（元）	32663	47211	23732	33144	21990
人均 GDP 系数	—	1.45	0.73	1.01	0.67
人均财政收入（元）	3065	4685	1785	3089	2162
人均财政收入系数	—	1.53	0.58	1.01	0.71
人均财政支出（元）	5508	6020	4119	6647	5841
人均财政支出系数	—	1.09	0.75	1.21	1.06
标准人系数	—	1.21	0.72	1.15	0.95
常住人口（万人）	131659	48442	35603	10885	36729
标准人数（万人）	143464.6	58614.82	35603	12517.75	36729
标准财力（亿元）	72518.46	29628.61	17996.6	6327.47	18565.77
实际可支配财力（亿元）	72518.46	29164.3	14664.16	7234.95	21455.05
财力缺口（亿元）	—	-464.32	-3332.44	907.48	2889.28
财力缺口比率（%）	—	-1.57	-18.52	14.34	15.56

资料来源：根据《各省市 2010 年预算执行情况及 2011 年预算草案》及各地区的《2010 年国民经济和社会发展统计公报》的数据计算得出。

① 为了实现区域财力均衡，需将标准人系数低于 1 的省份调高到 1 的水平，使其人均可支配财力达到均等化区域内的基本标准。

估算全国范围内各区域的财力均等化缺口可发现，在全国财力均衡的情况下，区域间财力均衡分配的缺口较大。东部地区的实际可用财力偏离标准财力最小，为-1.57%；受人口较多因素影响，东部地区可支配财力还略低于标准财力，说明感觉上东部相对其他三个区域获取更多的财力份额是一个错觉，实际上东部地区的财力状况仅接近全国财力均衡的基本标准。中部地区的实际财力水平偏离标准财力的幅度达到-18.52%，说明中部地区的财力缺口较大，标准人实际可支配财力明显不足，财力均衡分配上面临“中部塌陷”的窘境。东北地区的实际财力高于标准财力的比例为14.34%，说明东北地区分享了更多的财力份额，确保其提供公共服务所需的财力保障。西部地区的可支配财力高于标准财力达到15.56%，表明在中央转移支付的倾斜性支持下，西部地区的财力状况已大为改善，能分享到更多的均衡财力。

3. 区域内财力均等化缺口估算。表4-6显示2010年四大区域内各省的标准人系数、区域内各省的财力均等化缺口比率。

表4-6　　2010年四大区域内各省财力均等化缺口

区域	人均GDP系数	人均财政收入系数	人均财政支出系数	常住人口（万人）	标准人系数	标准人数（万人）	标准财力（亿元）	实际可支配财力（亿元）	财力缺口比率（%）
东部地区	—	—	—	48442	—	55832.35	29164.3	29164.3	—
北京	1.66	2.86	2.32	1755	2.30	4035.64	2108.04	2446.2	16.04
天津	1.57	1.86	1.83	1228	1.79	2202.78	1150.63	1351.3	17.44
河北	0.61	0.40	0.66	7034	0.61	7034	3674.24	2778.9	-24.37
上海	1.86	3.19	2.86	1921	2.76	5296.45	2766.63	3302.9	19.38
江苏	1.12	1.13	1.04	7725	1.07	8237.83	4303.07	4843.84	12.57
浙江	1.11	1.07	1.03	5180	1.05	5426.65	2834.63	3208.41	13.19
福建	0.81	0.68	0.77	3627	0.76	3627	1894.58	1678.71	-11.39
山东	0.88	0.55	0.62	9470	0.65	9470	4946.70	3560.78	-28.02
广东	1.0	1.0	0.93	9638	0.95	9638	5034.46	5414.76	7.56
海南	0.50	0.67	1.11	864	0.95	864	451.31	578.5	28.18

续表

区域	人均GDP系数	人均财政收入系数	人均财政支出系数	常住人口（万人）	标准人系数	标准人数（万人）	标准财力（亿元）	实际可支配财力（亿元）	财力缺口比率（%）
中部地区	—	—	—	35603	—	36997.12	14664.16	14664.16	—
山西	1.12	1.59	1.37	3427	1.36	4666.86	1849.75	1928.38	4.25
安徽	0.84	1.05	1.02	6131	1.0	6131.70	2430.36	2583.5	6.30
江西	0.90	0.98	1.05	4432	1.01	4497.74	1782.72	1911	7.20
河南	0.98	0.82	0.87	9487	0.88	9487	3760.26	3413	-9.24
湖北	1.16	0.99	0.90	5720	0.95	5720	2267.18	2125.78	-6.24
湖南	1.05	0.93	1.02	6406	1.01	6493.83	2573.89	2702.5	5.0
东北地区	—	—	—	10885	—	11695.58	7234.95	7234.95	—
辽宁	1.22	1.50	1.11	4319	1.19	5129.58	3173.19	3194.4	0.67
吉林	0.94	0.71	0.98	2740	0.94	2740	1694.98	1787.25	5.44
黑龙江	0.79	0.64	0.89	3826	0.83	3826	2366.78	2253.3	-4.79
西部地区	—	—	—	36729	—	41098.63	21455.05	21455.05	—
内蒙古	2.18	2.04	1.61	2422	1.76	4267.96	2228.04	2280.5	2.35
广西	0.89	0.74	0.71	4856	0.74	4856	2535.02	2002.57	-21.0
重庆	1.25	1.65	1.06	2859	1.18	3367.10	1757.75	1771	0.75
四川	0.94	0.88	0.89	8185	0.89	8185	4272.88	4242.54	-0.71
贵州	0.55	0.65	0.74	3798	0.7	3798	1982.70	1643.17	-17.12
云南	0.72	0.88	0.86	4571	0.84	4571	2386.24	2285.6	-4.22
西藏	0.80	0.58	3.25	290	2.48	720.27	376.01	550.95	46.53
陕西	1.21	1.17	1.01	3772	1.06	4005.80	2091.18	2217.62	6.05
甘肃	0.71	0.62	0.95	2635	0.87	2635	1375.57	1466.7	6.62
青海	1.10	0.92	2.28	557	1.90	1059.43	553.06	743.4	34.41
宁夏	1.20	1.14	1.52	625	1.42	884.82	461.91	555.9	20.35
新疆	1.14	1.07	1.34	2159	1.27	2748.25	1434.69	1695.1	18.15

资料来源：根据《各省市2010年预算执行情况及2011年预算草案》及各地区的《2010年国民经济和社会发展统计公报》的数据，按区域财力标准人分配模型计算得出。

均等化东部地区内的财力均等化缺口较大，财力非均衡性显著。北京市、上海市、天津市的标准人系数分别达到2.30、2.76、1.79的高点，其标准人获取的财力水平较高，同时北京市（16.04%）、天津市（17.44%）、上海市（19.38%）的实际可支配财力高于其标准财力的比率高达近16%至20%区间，这恰好与这三个城市位居全国经济发展龙头地位相符，标准人享有普遍较高的公共服务。河北省、山东省、福建省的标准人系数处于0.61、0.65、0.76的低位①，属于标准人财力状况较差的省份，而河北省（-24.37%）、山东省（-28.02%）的实际财力水平低于标准财力的比率超过25%，财力缺口比率过大导致标准人支配的财力严重不足。江苏省、浙江省、广东省、海南省标准人系数在1左右，其标准人财力水平达到的基本均衡标准，江苏省（12.57%）、浙江省（13.19%）获取财力高于标准财力近13%；广东省（7.56%）的财政支出略高于标准人公共服务需求；海南省（28.18%）可支配财力远高于标准财力，主要原因是其获得大量的中央转移支付与人口数较少（仅有864万人）。

中部地区的财力均等化缺口较小，财力分配相对均衡。安徽省（1.0）、江西省（1.01）、湖南省（1.01）的标准人系数接近于1，河南省（0.88）、湖北省（0.95）的标准人系数稍低，而山西省（1.36）标准人系数稍高，反映中部六省间标准人财力水平较均衡。除河南省的实际财力低于标准财力9.24%，湖北省低于6.24%外，山西省（4.25%）、安徽省（6.30%）、江西省（7.20%）、湖南省（5.0%）的实际可支配财力高于标准财力略超过5%的水平。这说明中部地区各省的实际可支配财力与标准财力的偏离程度较低，财力缺口较小。

东北地区的财力均等化缺口最小，财力分配更加均衡。辽宁省（1.19）、吉林省（0.94）、黑龙江省（0.83）的标准人系数偏离1的幅度较小，说明三省的标准人财力水平显著均衡。而辽宁省（0.67%）、吉林省（5.44%）、黑龙江省（-4.79%）的均等化财力缺口比率均保持在5%的水平，更能证实东北地区三省财力分配均等。

西部地区的财力均等化缺口严重，财力非均等化显著。西藏自治区（2.48）、青海省（1.90）、内蒙古自治区（1.78）、宁夏自治区（1.42）、新疆自治区（1.27）的标准人系数处于高点，反映其标准人实际财力水平较高，同时西藏自治区（46.53%）、青海省（34.41%）、宁夏自治区

---

① 山东属经济发达省份，其标准人系数被拉低主要源于人口太多（有9470万人）；广东标准人系数表现一般也属于这种情况。

(20.35%)、新疆自治区（18.15%）分享的可支配财力远远高于标准财力。这种现象并非这五个民族自治区的经济发展能力较强所致，而是中央每年给予这些偏远少数民族地区大量倾斜性的补助后，拉高了其标准人系数，从而分享到更多份额的可支配财力。四川省（0.89）、甘肃省（0.87）、云南省（0.84）、广西壮族自治区（0.74）、贵州省（0.7）的标准人系数都低于1，其标准人实际财力水平较低，而重庆市（1.18）、陕西省（1.06）的标准人系数处于略高于1的水平，其标准人财力达到基本标准。内蒙古自治区（2.35%）、重庆市（0.75%）、四川省（-0.71%）、云南省（-4.22%）实际可支配财力偏离标准财力幅度很小，财力缺口较弱；而广西壮族自治区（-21.0%）、贵州省（-17.12%）的可用财力则远低于标准财力，其提供公共服务的财政能力低下。

区域间财力均等化缺口估算发现，在全国财力均衡的情况下，东北、西部地区能获取到更多的财力份额，而中部地区分享的财力则严重不足，东部地区已达到财力均衡的基本标准。这预示着中央在布局区域间财力均衡分配的政策时，重点应多向中部地区分配财政资金，加快推进中部崛起；而西部地区虽然分享的财力较多，但限于其经济基础薄弱、公共服务成本高等影响因素，仍需获取中央的政策与资金支持。

区域内财力均等化缺口估算发现，东部地区内各省的财力缺口显著。其实该区域内的财力分配较少受中央转移支付的影响[①]，财力缺口较大主要是加入人口因素后各省的经济发展水平、财政能力差异较大所致，这恰好为东部地区实行省际财力横向均衡创造现实条件。中部地区六省的财力缺口较小，财力分配相对均衡。在这六省经济发展能力差异较小的有利条件下，为其财力均等化打下基础，有助于提高中部地区的公共服务均衡水平。东北地区的财力缺口最小，财力均等化程度最高。三个省份的区位特色相似、经济发展实力相当，可率先实现公共服务均衡供给。西部地区内各省的财力缺口波动最大，财力均等化程度最低。其实西部多数地区的经济发展差距与自主性财力差距较小，造成财力缺口过大的主要原因是中央分配给西部地区的转移支付不均，需要中央考虑调整现行的转移支付政策，以均衡西部地区内部的财力分配。据此，缩小区域财力均等化缺口的政策建议是：

---

① 东部地区除从中央拿到分税制体制规定的税收返还外，很少能获得中央的一般与专项转移支付。

（1）改革现行转移支付体系。转移支付改革取向是建立一个以公式化为基础、一般性转移支付为主、专项转移支付为辅的体系。考虑到地域辽阔、人口众多、公共服务成本高等影响因素，中央纵向转移支付调节的重点仍是西部、中部地区这两个发展相对滞后的区域，逐步增强其可支配财力，缩小其与东部、东北地区的公共服务差距。

同时，借鉴国外横向财政均衡经验做法，丰富国内“对口支援”形式，建立区域横向财政均衡与转移支付体系。东部地区的要素禀赋占优，在无需获取中央财力支持的情况下，可率先在该区域内进行横向转移支付改革试点，由获取标准人财力过多的省份向财力不足的省份补助，以缩小区域内财力均等化缺口，并可拓展至对其他区域如西部的跨区域转移支付。西部地区限于自主性财力薄弱、公共服务成本较高等因素影响，区域内财力不均衡更多依赖于中央的一般性转移支付来调节。中部地区的财力分配相对均衡，需要中央给予更多政策与资金的支持，以加快中部崛起。东北地区在财力均衡的有利条件下，重心应放在公共服务均等化，促进市场统一与公平竞争上。[①]

（2）改进均衡性税收分享体系与调整区域公共服务责任分工。为提升区域财力均等化水平，提高区域财政的自生能力，需要改进均衡性税收分享体系，形成均衡性税收收入分配格局。结合“十二五”税制改革、三级财政级次建立的契机，设计出中央、省级、市（县）三级政府的税种划分框架。同时，调整区域公共服务责任。针对问题较多的教育、医疗、社会保障等基本公共服务领域的支出责任，按照区域提供水平的差异，逐步提升到省级政府甚至中央政府来统筹，以实现区域基本公共服务均等化。

（3）加快实施区域发展总体战略，促进区域协调发展。财政体制改革是解决区域财力均等化问题的重要手段，而加快实施区域发展总体战略，促进区域协调发展，才是实现区域财力均等化的根本保障。为此，要推进新一轮西部大开发、全面振兴东北地区等老工业基地、促进中部地区崛起、支持东部地区率先发展。改革的着力点是：缩小地区之间发展差距、推进地区之间基本公共服务均等化、推动区域一体化发展及促进可持续发展。

---

① 田发、周琛影：“中国四大区域财政均等化考量”，《经济社会体制比较》2010 年第 6 期，第 80—87 页。

三、地方财力分配均等化水平测算：纵向财政间比较

公共服务水平均等化的实现，不仅关系到横向财政均等，还有纵向财政均等问题。当中央政府与地方政府，或者上下级政府之间事权与财力不对称时，就会产生纵向财政不均等。无论是中央政府的事权大于财力，还是地方政府所承担的支出责任大于财政收入，都有可能影响到公共服务水平均等化的实现。因为，当中央政府收入难以满足其支出需求时，就没有足够的财力用于转移支付，难以弥补地区间的差异；当地方政府总是处于入不敷出的境地时，就无法保证地方公共产品的最优供给。[①] 因此，需要考量各层次政府间财力分配状况，它涉及公共服务均等化水平。各层级政府间本级财力的分配情况，体现为各级财政的自主能力。这里主要分析构成财政主体的税权分配上，它直接影响到公共服务均等化的供给水平。

（一）各级财政间税权分配演化：财力层层集中

与世界一些国家的做法不同，1994 年中国在中央与地方之间进行税收收入划分时，在最主要税种（如增值税）的划分上，基本上是按“收入规模”标准进行“倒轧账”的。为提高中央收入在整个财政收入中的比重，规定在整个财政收入规模中，中央占比约 60%、地方占比约 40%。根据这一标准，为达到既定的分配比例，在各主要税种上按照估算收入进行“倒轧账”。由于在将收入较多的消费税、关税以及海关代征的增值税、消费税划为中央税，将增值税、资源税、证券交易印花税划为共享税后，就基本满足了中央税收收入占比约 60% 的需要，因此，就将这些税种以外的其他税种全部划归了地方税的范围。在省级以下，各省也都参照了中央分税的上述做法，首先设定省级和市（县）掌握财力的基本收入分配比例，然后据此进行税种划分。地市对县以及县对乡镇，基本上也是按照上述办法进行操作的。

上述“倒轧账”的分税方法存在两个误区：一是分税不是按照各级政府承担的事权职责为基础，导致各级政府分配财力与政府事权相脱离，无法切实保证各级政府履行职能所需的必要财力。二是没有根据税种的内在特性和经济功能，确定收入归属。哪一个税种归属于哪一级政府或如何分享，存在很大的不确定性和随意性，不利于发挥一些税种本身所具有的调

---

① 张启春：“政府间转移支付与地区财力差距变化”，《中南财经政法大学学报》2005 年第 6 期，第 111—115 页。

节功能。在地方各级财政，一些地方税种究竟是采取共享形式，还是由某一级政府专享，各省都没有定论，也没有统一的做法。总体上看，一些收入规模不大的小税种，很容易变为较低级次政府的专享税种；大部分主要税种，都采取了在各级政府间共享的形式。

按照通行做法，一些税种，其内在特性决定了只适合在中央与省政府之间进行分享，不宜下放得太低；一些税种适合于在省级政府和市（县）政府间进行收入分享，一方为主，一方为辅。而按照上述“倒轧账”方法确定的收入划分，由于指导思想上重视税种的收入组织功能，重点放在了如何保证本级财力上，忽略了各个税种不同的内在特性和经济功能，导致一些税种在收入归属上很不合理。目前这种情况在地方各级政府都存在，一些对宏观经济调控具有重要意义的税种，由于其收入规模小，省级政府不留，地市政府也不留，最后下放到了政府级次较低的县乡政府。这显然不符合税种划分的基本原则，不利于各级财政正确履行其应有的政府职责。

上述提到，1994 年在确立分税制财政体制基本财力划分格局时，中央不是按照地方承担事权责任的多少，确定中央与地方间的财力分配格局，而是按照收入规模进行“倒轧账”，从指导思想上强化了地方在收入分配上只重视收入规模的错误意识。很多地方都错误地认为，分税制的核心就是以税种划分收入，因而在制定对下体制中，片面为本级财政追求收入规模，导致财力层层集中在较高级次的政府。

从财政体制上看，中央对省之间已基本上打破了旧体制下按企业隶属关系划分收入的做法，财力划分主要是以税种划分为主，相对比较规范。而在省以下各级政府，尽管原则上也是要求按照中央对省的税种划分方法进行，但由于企业隶属关系是体现企业财源大小、丰歉程度的重要标志，因而很多地方将“企业隶属关系”这一标准极度放大化，不仅企业所得税按照隶属关系划分，[①] 流转税、乃至其他一些小税种，也按照隶属关系进行划分，表现在财力分配上“层层抓大”。如有的省（直辖市）完全采取了按照行政隶属关系划分的方法，规定凡是省属企业缴纳的各种税收，都归省本级财政；地市所属企业缴纳的各种税收，都归地市级，如天津市。还有的地区为了集中财力，甚至“指名道姓”地将个别企业的收入列为本级财政固定

① 2002 年起实行所得税共享，但仅对增量部分调整，存量部分分配格局不变。

收入，这种情况在省本级有，在地市本级也有，从而呈现出“层层抓大”的现象：抓大税种，抓国有、市属大企业，抓金融、保险机构等。

财力分配上的这种“层层抓大”，各地都有一些惊人相似的突出特征。如各地的省级财政，普遍地“抓”住了中央企业、省属企业，将这些中央企业、省属企业的收入，作为本级财政的主要税源。同时，还有的地方，更精确地将这些大企业的几个大的税种，划归省级财政。如有的地方规定，中央四大企业、省属企业交纳的营业税、增值税的25%，除划归中央税收外，都划归省本级财政。到了地市一级财政，也如法炮制。在省财政“抓”完剩下来收入的基础上，地市财政又“抓住”了税源相对较大的几个税种。如个人所得税、固定资产投资方向调节税①、城市维护建设税等税种，规定属于市属或市属以下企业的，都归地市级政府。到了地市以下政府，上述上级政府分剩下来的税种和没有确定归属的收入，就成为县级政府确定对乡镇收入划分的基础。县属企业的除上级财政已经分配完的税种收入以及一些与农业有关的税种收入，② 构成了县乡收入的基本组成。县级政府在处理对乡镇的收入划分上，也采取了集中财力，实行“紧乡保县”，县属企业的收入归县。乡镇财政得到的只是乡镇企业的一些税种。如某乡镇的主体税种包括：乡镇所属和下属单位及个人缴纳的各项税收，包括增值税的25%、营业税、企业所得税的40%、个人所得税的40%、契税、城市维护建设税、土地使用税、车船使用税、房产税、印花税等。从财力规模上看，处于财政体制最底层的县级财政和乡镇财政，在财力分配上没有主动权，财力也最为薄弱。

（二）地方各级财政在主要税种上的财力分配

1994年的分税制财政体制改革，确立了中央与地方收入划分的基本框架，后经过多次对个别税种（如企业所得税、个人所得税、屠宰税、农业特产税等）的调整，目前中央与地方收入划分的基本情况如下：

中央固定收入包括：关税，海关代征消费税和增值税；消费税，来自铁道部门、商业银行总行和保险总公司的税收等。

中央与地方共享收入包括：增值税（75%归中央政府、25%归地方

---

① 2001年起暂停征收固定资产投资方向调节税。

② 2000年推行的农村税费改革，制定了新的农业税政策。从2003年起，取消农业特产税；2004年起五年内取消农业税；2006年起在全国范围内免征农业税。

政府)、企业所得税和个人所得税（2002 年 50% 归中央政府、50% 归地方政府，2003 年起 60% 归中央政府、40% 归地方政府)、资源税和证券交易税等。

地方固定收入包括：营业税（不含铁道部门、商业银行总行和保险总公司集中交纳的营业税)、城镇土地使用税、固定资产投资方向调节税、城市维护建设税（不含铁道部门、商业银行总行、各保险总公司集中交纳的部分)、房产税、车船使用税、印花税、耕地占用税、契税、土地增值税及国有土地有偿使用收入等。这些税种，是构建省以下各级财政体制的基本税种，也是构成地方各级政府财力的基础。

当中央政府与地方政府，或者上下级政府之间公共服务事权与财力不对称时，就会产生纵向财政不均等，影响到公共服务水平均等化的实现。因此，需要考量各层次政府间财力分配状况，而税收收入占到整个财政收入的近 90%，这里主要分析构成财政收入主体的税种分配情况。

2010 年中央财政收入 42470.52 亿元，其中国内增值税为 15895.59 亿元、企业所得税为 7794.25 亿元，占比分别是 37.4%、18.3%。仅这两个税种就达到中央财政收入的 55.8%，可见中央财政的主体税种非常明显。而地方各级政府的主体税种如何配置直接关系到其可控财力的稳定性，是公共服务提供能力的保证，所以重点考量各级地方政府的主体税种配置情况。

以 2007 年为例，地方财政收入为 23573 亿元。其中：省级收入 6001 亿元，占 25.5%；地市级收入 7932 亿元，占 33.6%；县级收入 7921 亿元，占 30.9%；乡镇级收入 2349 亿元，占 10%。表 4－7 显示主要税收收入项目分级次完成情况。2007 年地方营业税、增值税、企业所得税的收入规模分别是 6379.5 亿元、3867.6 亿元、3132.3 亿元，占地方财政收入的比重分别达到 27.1%、16.4%、13.3%，具有地方财政主体税种的特征。

表 4－7　2007 年省以下各级财政主要税种收入完成情况　单位：亿元，%

收入项目	完成数	其中							
		省本级		地市级		县本级		乡镇级	
		数额	比重	数额	比重	数额	比重	数额	比重
营业税	6379.51	1901.09	29.8	2047.82	32.1	1837.3	28.8	593.29	9.3
增值税	3867.62	843.14	21.8	1264.71	32.7	1318.86	34.1	440.91	11.4

续表

收入项目	完成数	其中							
		省本级		地市级		县本级		乡镇级	
		数额	比重	数额	比重	数额	比重	数额	比重
企业所得税	3132.28	1174.61	37.5	1011.73	32.3	714.16	22.8	231.79	7.4
个人所得税	1273.78	487.86	38.3	382.13	30	304.43	23.9	99.35	7.8

资料来源：根据《中国财政年鉴（2008年）》的数据整理得出。

从图4-20看出，如果按照占比10%以上作为确认地方主体税的标准，营业税、增值税两税无疑成为省本级、地市本级、县本级及乡镇级财政的主体税种；企业所得税则是省本级、地市本级的主体税种。省级财政中，三税合计占比近65.3%，其中，营业税、增值税、企业所得税分别占比31.68%、14.05%和19.57%。地市财政中，三税合计收入占比54%以上，其中，营业税、增值税、企业所得税分别占比25.82%、15.94%和12.76%。县级财政中，三税合计收入占比近50%以上，其中，营业税、增值税、企业所得税分别占比23.2%、16.65%和9.02%。营业税、增值税是乡镇财政的主体税种，这两税合计占乡镇财政总收入的43%以上，其中，营业税和增值税分别占25.26%和18.28%。

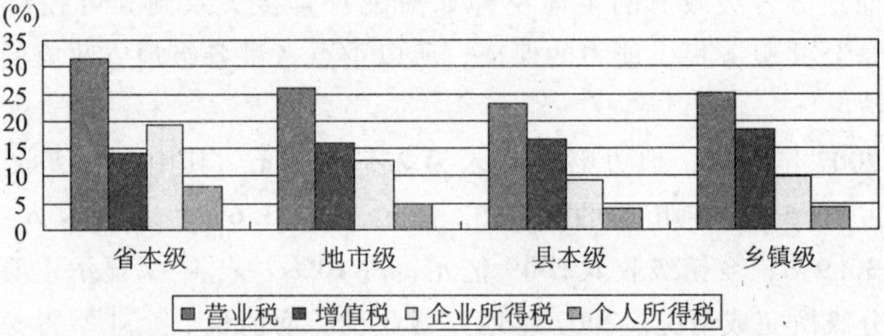

图4-20　2007年各级地方财政主要税种占财政收入比重

资料来源：根据《中国财政年鉴（2008年）》的数据整理得出。

如果从横向对比来看，就会发现，地方各级财政的这些主体税构成具有惊人的相似性。营业税、增值税和企业所得税三税是省本级、地市本级、县本级及乡镇级收入构成占比最高的税种，在各级财政中的收入占比（即重要性程度）排列也相同。

从上述税种对各级财政的重要性程度看，营业税、增值税、企业所得税三税随着政府级次的下降，其对本级财政的重要程度也随之下降。营业税对省级财政、地市财政、县级财政、乡镇财政的重要性程度分别为32%、26%、23%、25%；增值税对四级财政的重要性程度基本维持在14%—18%间；企业所得税对四级财政的重要性程度分别为20%、13%、9%和10%。三大税种的上述分布说明，越是到了较低级次的政府，财政收入越是不依赖于税制结构中的这些主体税种，而是更加分散。这也可以从增值税、营业税、企业所得税、个人所得税四税合计占本级财政的比重上看出来。四税合计占省级财政收入比重为73%，占地市财政收入比重为59%，占县级财政收入比重为53%，呈现逐级降低趋势；四税合计占乡镇级财政为58%，是因为作为乡镇主导收入的农业税类取消后，乡镇本级收入增长缓慢，导致四税占比较高，而四税实际收入增长很小。

近几年县级财政以及乡镇财政约有40%的财力，必须依赖于四税以外的其他一些小税种，以及政府收费或其他形式的收入为本级财政提供资金来源，否则县乡两级财政履行事权所需的财力必然不足。2009年地方营业税、增值税、企业所得税的收入规模分别是8846.88亿元、4565.26亿元、3917.75亿元，占地方财政收入的比重分别达到27.14%、14%、12.02%。税制结构中，主体税种一般具有税源相对稳定的特征，非主体税种往往税源比较分散，收入不稳定①。较低级次政府对这些主体税种依赖度相对较低，而高度依赖于那些非主体税种及政府收费等收入，这就使得较低级次的农村县乡财政的财力处于非常不稳定状态，在各级财政中财力最为薄弱，其公共服务能力低下，并由此拉大城乡间公共服务差距。

要缩小纵向财政间财力分配差异程度，需要提高各级地方本级财政自生能力，构建各级地方的主体税种。在现行划分中央、地方固定收入、分享收入的基础上，结合税制改革和“正税、清费”改革，根据新增加和调整税种的情况，设计出中央、省级、市（县）三级税种划分的框架。中央专属税种是以关税、消费税为主体税种；省级专属税种是以营业税为主体税种，并辅之以社会保障税；市县级税种是以物业税、维护建设和教育税为主体税种，并辅之以契税、车船税、印花税、遗产与赠与税等零星税种。共享税设计分为两个层面：一个层面是中央、省级和市县共享税，包括增值税（全国主体税种、中央主要分享）、企业所得税、个人所得税；另一个层面是省级和市县共享税，包括资源税、环境保护税。

---

① 田发、周琛影：“基层财政解困：一个财政体制变迁的分析框架”，《经济学家》2007年第1期，第88—92页。

第三节 转移支付的财力均等化效果估算

分税制改革对中国政府间财政关系做了很大的调整，中央通过与地方划分税种，分设国税、地税两套税务机关，汲取了大量的收入，提高了中央财政的“两个比重”，摆脱了分税制前中央向地方借钱运转的窘境。① 但伴随着财权不断上收的同时是公共服务事权的不断下移，这在很大程度上加剧了基层政府的财政困难。为了弥补分税制改革给下级政府带来的财力缺口，减轻财政的纵向不均衡，同时也为了逐步兑现改革之初缩小地区间财力不均等状况的政治承诺，转移支付逐渐成为处理政府间财政关系，推动基本公共服务均等化的重要财政工具。随着中央财力的增强，中央对地方转移支付不断增加。从图 4 - 21 可以看出，中央对地方转移支付规模从 1994 年的 2450 亿元增长到 2011 年的 39900 亿元，增长 16.26 倍，年均增长 17.84%。1994—1997 年中央转移支付占地方财政支出比重从 60.7% 逐

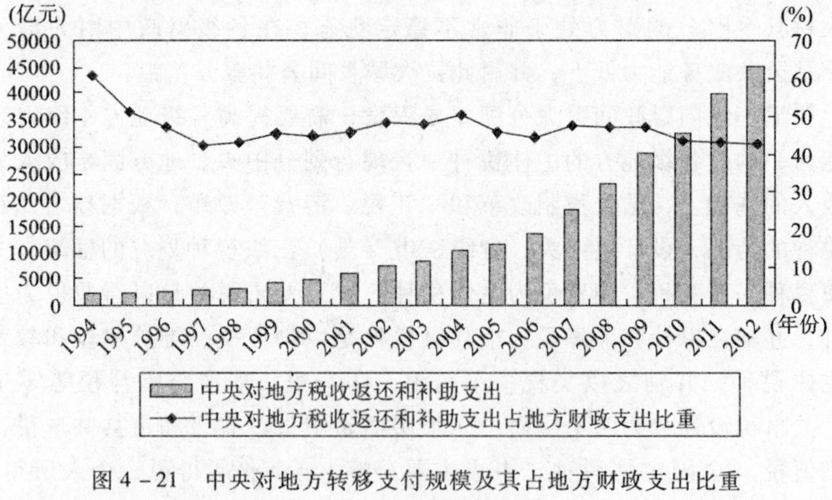

图 4 - 21 中央对地方转移支付规模及其占地方财政支出比重

资料来源：根据历年《中国统计年鉴》的数据整理得出；2011 年、2012 年的数据来自于《我国 2011 年预算执行情况及 2012 年预算草案》。

---

① 李萍：《中国政府间财政关系图解》，中国财政经济出版社 2008 年版。

年下降到42.5%；1998—2004年这一比重从43.3%上升到50.4%；之后比重有所下降，维持在45%左右的水平；2007年达到峰值47.2%，随后这一比重逐年递减，2011年为43.2%，2012年预算安排为42.8%。可见，转移支付已经占到地方政府财政支出的近一半，这表明中央对地方转移支付已构成地方财力的重要来源。

地方政府提供的地方性公共服务，其供给水平由地方政府的财政能力决定。各地区政府的财政能力差异是影响不同地区公共服务均等化实现程度的根本因素。而要考量各地区（横向财政间）财力分配差异情况，除基于各地区经济发展水平形成的财政支付能力差异外，更需要考察中央对地方转移支付的横向财力均等化效应。财政转移支付的效率体现在能否促进各地区财力分配的均等化，进而推动实现地方公共服务水平均等化。据此，拟从财政转移支付的总体上与分项上两方面来测算其横向财力均等化效应，并对如何提升转移支付横向财力均等化水平提出一些政策建议。

一、转移支付的横向财力均等化总体效应

政府间转移支付的均等化水平是基本公共服务均等化的重要保证，本书选择各地区人均财政收入与人均财政支出的变异系数来判断财政转移支付实施前后各地区的财力均等化程度。各地区人均财政收入差异反映地区间初次财力分配的均等化状况；在接受中央对地方的补助后形成各地区人均可支配财力差异表现为各地区人均财政支出水平差异①，能够客观反映出公共服务水平均等化程度。各地区人均财政收入指标的变异系数与人均财政支出指标的变异系数之间的差额，为转移支付的总体横向财力均等化效应。二者的差额越大，说明实施转移支付的横向财力均等化效果越好。

从图4－22可知，各地区人均财政收入的变异系数从1995年的0.97增加到1999年的1.07，表明这段时期人均财政收入的地区差距在扩大。2001年之后，人均财政收入变异系数逐年提高，一直上升到2004年的1.2，表明这期间人均财政收入地区差异仍在继续扩大。从2005年起变异系数逐年减低，从1.18下降到2010年的0.91，2011年进一步快速下降到0.76，地区间财力差距呈现出缩小的趋势。而人均财政支出差异呈现无规则的变化状况，1995—2000年期间，前三年差异程度扩大，后三年逐步缩小。2001年后又

① 《预算法》规定，地方政府财政年度预决算一般应保持收支平衡，不列赤字，由此推断地方政府可支配收入一般与财政支出规模相当。因此以各地区人均财政支出替代人均可支配财力。

一度扩大到2003年的0.77，但之后差异程度呈逐年缩小趋势，下降到2010年的0.55，2011年为0.52其折线图均低于人均财政收入。两者的差额从1995年的0.26逐年提高到2007年的0.45，表明财政转移支付促进地区间财力均等化的效应在不断增强，随后几年的均等化效应有所减弱。

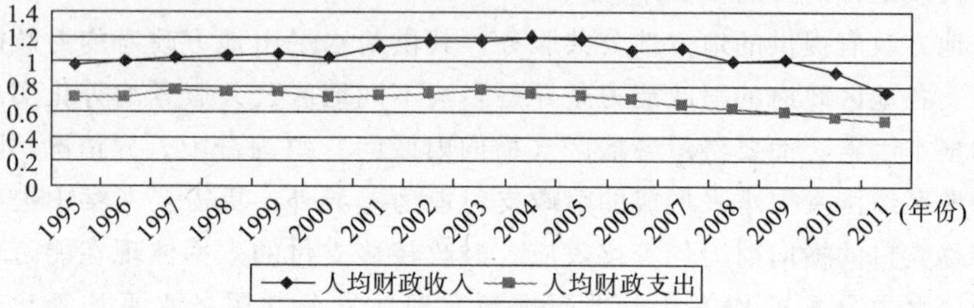

图4－22 1995—2011年各地区人均财政收入与支出变异系数

资料来源：根据历年《中国统计年鉴》的数据整理得出；2011年的数据来自于《各省市2011年预算执行情况及2012年预算草案》。

以变异系数衡量的各地区人均财政收入、人均可支配财力差距总体上处于较高的水平。不过随着各区域经济发展差距的缩小，各地区人均财政收入的差距近几年呈现快速缩小的态势，而在中央对地方转移支付后，地区人均可支配财力均等化水平相对于转移支付前的地区财力差距，已大为改善，表明财政转移支付促进了地区财力分配均衡。不过人均可支配财力变异系数年均仍高达0.69左右，说明政府间转移支付的财力均等化效应并未完全释放出来，影响到公共服务均等化水平的进一步提升。

二、分项转移支付的财力均等化效应

我国现行的转移支付项目主要包括税收返还、财力性转移支付和专项转移支付。表4－8显示这三种转移支付方式的指标值及占比的变化趋势。

表4－8 中央对地方转移支付各项目的规模和比重

年份	中央对地方税收返还和补助支出						
	指标值（亿元）	税收返还		财力性转移支付		专项转移支付	
		指标值（亿元）	占比（%）	指标值（亿元）	占比（%）	指标值（亿元）	占比（%）
1995	2471	1867	75.6	291	11.8	375	15.2
1996	2716	1949	71.8	235	8.65	489	18.0

续表

年份	中央对地方税收返还和补助支出						
	指标值（亿元）	税收返还		财力性转移支付		专项转移支付	
		指标值（亿元）	占比（%）	指标值（亿元）	占比（%）	指标值（亿元）	占比（%）
1997	2854	2012	70.5	273	9.57	518	18.2
1998	3323	2083	62.7	313	9.42	878	26.4
1999	4095	2121	51.8	511	12.5	1424	34.8
2000	4668	2207	47.3	893	19.1	1613	34.6
2001	6015	2309	38.4	1605	26.7	2200	36.6
2002	7362	3007	40.8	1944	26.4	2401	32.6
2003	8240	3425	41.6	2241	27.2	2598	31.5
2004	10379	3609	34.7	2934	28.3	3423	33.0
2005	11474	3758	32.8	3813	33.2	3529	30.8
2006	13491	3930	29.1	5160	38.3	4412	32.7
2007	18112	4096	22.6	7093	39.2	6892	38.1
2008	22946	4282	18.7	8696	37.9	9967	43.4
2009	28621	4942	17.3	11320	39.6	12359	43.2
2010	32341	4993	15.4	13236	40.9	14112	43.7
2011	39900	5040	12.6	18311	45.9	16570	41.5
2012	45101	5189	11.5	22526	49.9	17386	38.6

资料来源：根据《历年中国财政年鉴》的数据整理得出；2011 年、2012 年的数据来自于《2011 年预算执行情况及 2012 年预算草案》。

税收返还从 1995 年的 1867 亿元增长到 2011 年的 5040 亿元，年均增长 6.4%，而占比却从 75.6% 下降为 12.6%；财力性转移支付规模①从 1995 年的 291 亿元增长到 2011 年的 18311 亿元，年均增长 29.55%，占比从 11.8% 上升到 45.9%；专项转移支付数额从 1995 年的 375 亿元增长到 2011 年的 16570 亿元，年均增长 26.72%，相应占比从 15.2% 上升到 41.5%。

用变异系数对各项转移支付资金调节地区财力差异的效应进行量化分

① 财力性转移支付从 2009 年开始改称为一般性转移支付，而原一般性转移支付改称为均衡性转移支付。为客观反映转移支付历史变化情况，这里仍沿用原来的称呼。

析。以各省现有的财政收入为基础，分别加上某项转移支付的数额，再除以全省的总人口，得到各地区接受该项转移支付后各地人均财力的变异系数，即 $V(R+T_n)=\dfrac{\sqrt{\sum_{i=1}^{31}(Y_i-\overline{Y})^2P_i}}{\overline{Y}}(n=1,2,3)$

其中，Y_i 代表在接受某项转移支付前后各地区人均财力水平，$\overline{Y}$ 代表各地区人均财力的均值；P_i 代表各省人口占全国总人口数的比重，TR_1、TR_2、TR_3 分别代表税收返还、一般性转移支付和专项转移支付数额，$V(R+TR_n)$ 与 $V(R)$ 相比较，得出该项转移支付对均衡地区间财力差异的效应。由于每项转移支付资金量大小不同，比较不同转移支付项目的效应，就必须结合各项转移支付规模的比重 P_n，剔除掉规模的影响，即比较 $[V(R)-V(R+TR_n)]/P_n$ 的大小，其值越大，表明该项转移支付的地区间财力均等化效应越大①。

（一）税收返还——偏离财力均等化目标

新体制下采取的税收返还制度，是在保证既得利益的前提下进行的，这对分税制改革起了重要的推动作用。中央与地方的税收分享额度是按照1993 年基数上逐年递增，递增率按增值税和消费税平均增长率 1:0.3 系数确定，并以环比方式逐年递增，成为新的税收返还基数②；2002 年的中央与地方所得税共享制度改革，确定了所得税的税收返还办法；2009 年又新增成品油价格和税费改革税收返还。由于增值税、消费税、所得税的税基与经济发展水平密切相关，导致税收返还规模和经济发展水平存在正相关，即经济发达地区得到的税收返还额多，其财力充裕；而经济落后地区得到返还额少，财力依旧不足。税收返还占中央对地方转移支付的比例较大，1995 年的比重高达 75.6%，之后逐年递减，2003 年为 41.6%，2007 年为 22.6%，2009 年则降到 17.3%，之后继续逐年下降到 2011 年的 12.6%。相对于其他类型的转移支付，税收返还占转移支付规模比重呈快速下降趋势。不过这种对所有地区无差别的基数税收返还，不仅未解决因

---

① 倪红日、洪婷：“中国财力性转移支付制度的实施与完善”，《改革》2005 年第 12 期，第 56—61 页。

② 王艳艳：“中国政府间转移支付制度的财力均等化效应分析”，《绿色财会》2008 年第 8 期，第 13—17 页。

历史原因所造成的财力分配不均和公共服务水平差距大的问题，反而在新体制下肯定了这一差距，不利于缓解地方收入分配不合理、不公平，偏离财力均等化的目标。

从表4－9中可以看出，税收返还的财力均等化效果是很差的，这与理论上的预测是相符合的。实施税收返还前，各地的财力不均衡状况较为严重。从各地人均财力变异系数看，2000—2004年每年都在90%以上，且有逐年上升趋势，2004年甚至达到98.39%，表明各地区经济增长不平衡，财力不均衡的状况也日趋严重。2005年之后这一趋势有所缓解。而实施税收返还后的财力不均衡状况并没有太大改变，仍然高达90%左右，2000年至2005年的税收返还财力均等化水平仅在10%左右，相当微弱。2006年、2007年的税收返还的财力均等化水平提高到15.4%、19.29%，并不意味着其财力均衡化效应在增强，而是税收返还占比快速下滑所致。

表4－9　税收返还的横向财力均等化效应　单位：%

年份	V(R)	V(R+TR$_1$)	V(R)－V(R+TR$_1$)	P$_1$	[V(R)－V(R+TR$_1$)]/P$_1$
2000	82.50	79.68	2.82	47.3	5.96
2001	92.34	88.42	3.91	38.4	10.18
2002	95.66	92.19	3.47	40.8	8.50
2003	96.99	92.81	4.18	41.6	10.05
2004	98.39	94.75	3.64	34.7	10.49
2005	94.79	91.36	3.43	32.8	10.46
2006	91.87	87.39	4.48	29.1	15.40
2007	91.92	87.56	4.36	22.6	19.29

资料来源：根据历年《中国财政年鉴》的数据整理得出。

（二）财力性转移支付——接近财力均等化目标

财力性转移支付旨在增强地方政府财力，平衡地区间财力差距，实现财政均等化，应当是实现财政均等化的主要补助形式。财力性转移支付占比从1995年的11.8%上升到2011年的45.9%，无论从规模或比重来看，日益成为最重要的转移支付项目。现行财力性转移支付包括原体制补助、一般性转移支付、民族地区转移支付、调资转移支付、农村税费改革转移支付、取消农业税转移支付、县乡政府机构改革转移支付、结算补助及其他补助。而只有一般性转移支付才是真正意义上的均等化转移支付。

表4-10显示了一般性转移支付的效果，虽然一般性转移支付的规模远比税收返还小，但是其所起的财力均等化效果却远比税收返还大。对比实施一般性转移支付前后各地区人均财力变异系数，两者的差额从2000年的1.96%逐年快速提高到16.49%，特别是2006年的差额比2005年递增5.12%。2000—2007年一般性转移支付的财力均等化水平年均维持在110%左右，平均是税收返还效果的近10倍，表明一般性转移支付具有很强的横向财力均等化效应。以2011年为例，财力性转移支付所占比重为45.9%，而税收返还和专项转移支付所占比重却高达54.1%。并且，在财力性转移支付中，均等化作用较强的一般性转移支付的比重偏低。2011年一般性转移支付为7487.67亿元，占财力性转移支付的比重为40.89%，占中央财政转移支付总额的比重仅为18.76%。这种状况制约了一般性转移支付乃至整个财力性转移支付的均等化效果。

表4-10　一般性转移支付的财力均等化效应　单位：%

年份	$V(R)$	$V(R+TR_2)$	$V(R)-V(R+TR_2)$	P_2	$[V(R)-V(R+TR_2)]/P_2$
2000	82.50	80.54	1.96	2.2	89.09
2001	92.34	90.01	2.33	2.26	103.10
2002	95.66	91.42	4.24	3.78	112.17
2003	96.99	90.72	6.27	4.68	133.97
2004	98.39	90.47	7.92	7.29	108.64
2005	94.79	85.62	9.17	9.76	93.95
2006	91.87	77.58	14.29	11.32	126.24
2007	91.92	75.43	16.49	13.81	119.41

资料来源：根据历年《中国财政年鉴》的数据整理得出。

今后除了继续扩大一般性转移支付规模外，还需完善其制度设计。一般性转移支付数额主要按照各地标准财政收入和标准财政支出差额以及转移支付系数计算确定。各地区标准财政收入由地方本级标准财政收入、中央对该地区税收返还和财力转移支付构成。地方本级标准财政收入主要根据各税种的税基和税率计算确定。各地区标准财政支出由该地区行政公检法支出、教育部门支出、农林水等其他部门支出等经常性支出构成，根据标准财政供养人数和全国统一支出水平等因素，按人员经费、公用经费和其他经常性支出项目分别计算确定。转移支付系数参照当年一般性转移支付总额、各地区标准支出大于标准收入的收支差额以及各地区财政困难程度确定。[①]

就计算各地的标准财政收入而言，由于公共服务均等化的目标是在掌握地方既有财力的基础上的均等化，而既有财力不仅包括税收收入、中央对地方的税收返还等项目，还应包括没有列入预算的其他收入，并且没有列入预算的这部分收入在个别省份比例还比较大，因此，如果对地方既有财力掌握不全面，均等化的作用就会大大减轻。就计算标准财政支出而言，由于公共服务均等化的终极目标是使每个人享受到的公共服务均等化，因此应当将花费在每个人身上的财政支出即人均财政支出也作为计算标准财政支出的依据，而不是仅将财政供养人数及其人员经费和公用经费作为依据。

（三）专项转移支付——财力均等化水平一般

专项转移支付是着眼于解决地区间具有外溢性的公共服务的提供问题，以国家宏观调控、促进各地协调发展和调整产业结构、优化资源配置为政策目标，实行专款专用，包括一般预算拨款和国债补助等[②]。1995—2011 年间，中央对地方的专项转移支付累计 83760 亿元，占转移支付总额的 38.25%。2011 年专项转移支付达到 16570 亿元，相当于 1995 年 375 亿元的 44.19 倍，年均增长 26.72%，构成转移支付体系的重要组成部分。从具体的项目看，1994 年的专项转移支付中，政策性价格补贴支出占 51%，挖潜改造资金占 3%，而到 2005 年，这两项转移支付的比例分别降至 6% 和零。表明专项转移支付已逐步从竞争性领域退出，而主要用于公共支出、地区均衡发展等方面[③]。特别在增量方面，增加的专项转移支付主要用于如社会保障支出、农村义务教育、农村卫生医疗、粮食风险基金、天然林保护工程等生态环境建设支出，贫困地区政法补助专款支出以及支援经济不发达地区支出等。

---

① 中国财政学会课题组："公共服务均等化问题研究"，《经济研究参考》2007 年第 58 期，第 30—31 页。

② 中国财政学会课题组："公共服务均等化问题研究"，《经济研究参考》2007 年第 58 期，第 30 - 31 页。

③ 周美多："中国专项转移支付的政治逻辑：问题、原因与出路"，《当代财经》2008 年第 5 期，第 35—41 页。

表 4－11 专项转移支付的财力均等化效应 单位：%

年份	V(R)	V(R＋TR_3)	V(R)－V(R＋TR_3)	P_3	[V(R)－V(R＋TR_3)]/P_3
2000	82.50	68.62	13.88	34.6	40.12
2001	92.34	77.70	14.64	36.6	40
2002	95.66	78.98	16.68	32.6	51.17
2003	96.99	83.76	13.23	31.5	42
2004	98.39	78.68	19.71	33.0	59.73
2005	94.79	76.73	18.06	30.8	58.64
2006	91.87	72.57	19.3	32.7	59.02
2007	91.92	71.46	20.46	38.1	53.70

资料来源：根据历年《中国财政年鉴》的数据整理得出。

从表 4－11 可以看出，专项转移支付起了一定的财力均等化作用，其均等化效应近年来一直维持在 50% 以上，其占全部转移支付的比重已上升到 40% 以上，远高于税收返还的均等化效果，但也远低于一般性转移支付的财力均等化效果。

目前，中央专项转移支付项目设置过多、过滥，覆盖面过宽、重点不突出，难以体现中央对地方财政支出的引导和调控作用。在专项转移资金的管理上还存在“多头管理”的现象。例如，灾后补偿和重建转移支付资金的管理就涉及民政部、水利部、交通部、教育部等部委，很容易造成操作中挤占挪用、监督管理不到位、资金的拨付效率低等问题①。在专项资金的使用上还缺乏有效的约束和监督机制。各种转移支付中，只有一般性转移支付作为地方财力补助进入地方预算，纳入了地方人大监督的范围，而其他各种形式的专项转移支付资金都未编入地方预算，使这部分资金脱离了人大的审查、监督。由于缺乏有效约束，各地各级政府挪用与挤占情况严重，往往是“拆东墙补西墙”，将专项资金用于弥补地方财政赤字或用于“形象工程”、“政绩工程”建设，专项资金的“专款专用”难以完全兑现。这种管理模式局限了转移支付功效的发挥，影响到其对地方公共服务均等化的效果。

（四）简要结论与政策建议

财政转移支付的横向财力均等化效应会影响到各地区财政能力均等化

---

① 贾鸿：“中国财政转移支付存在的问题及对策”，《经济纵横》2008 年第 12 期，第 86—88 页。

程度，进而影响到各地公共服务均等化水平。本书研究表明，中央对地方转移支付已构成地方政府近一半的财力来源，从其总体效应看，起到了一定的横向财力均等化效果，且均等化作用逐渐增强，但在转移支付前后各地区的财力差异仍然很大，公共服务提供水平很不均衡。从分项转移支付效果来看，一般性转移支付的财力均等化效应最强；专项转移支付次之；税收返还效果最差。

税收返还对地区间财力差异调节作用微弱，随着其规模与比重的下降，对地区间财力差异的影响在缩小；一般性转移支付对提升地区财力均等化水平的作用较为显著，不过囿于其比重过小，制约了均等化作用空间，但随着其规模与比重的不断提高，会日益成为调节地区间财力差距的主体项目，届时地区财力均等化水平会大大提高；专项转移支付的均等化效应虽没有一般性转移支付那么强，但其比重最大，足以保证其在调节地区间财力差异上发挥更大的作用。基于这些结论，就如何提升财政转移支付的横向财力均等化水平的政策建议如下：

第一，调节转移支付的地区分配结构，促进区域间财力均衡。中国东、中、西部、东北地区基于经济发展水平不平衡形成的财力分配非均等化状况将长期存在。中央对地方转移支付的目标是，要求中央适当集中财力来缩小地区间由于经济发展水平和财力支付能力差异造成的公共服务水平的差距。为提升地区间财力均等化水平，促进地区间公共服务均等化，今后转移支付资金应逐步向中、西部落后地区倾斜，主要投入支农、科教文卫、社会保障等民生领域。

第二，调整现行转移支付结构，建立均等化转移支付体系。均等化转移支付应是建立一个以公式化为基础，一般性转移支付为主，专项转移支付为辅的转移支付体系。

税收返还维持了地方既得利益，是旧体制的延续，均等化效果差。中央财政应逐步减少对体制上解地区的税收增量返还，增加对体制补助地区的税收增量返还，在某种程度上调节地区间财力分布。这样既保证一般性转移支付的资金来源，又削弱了返还基数中的不合理因素，能够缓解并缩小地区间公共服务能力的差距。

财力性转移支付中的原体制补助地区的财政缺口可归并到一般性转移支付中进行统筹，由此真正解决原体制补助或上解数额中的不合理因素。其他类型的财力性转移支付都是由于政策调整造成的，出现混乱和不规范情形，应将其整合为一项统一的一般性转移支付，按照因素法，使用一个全面的转移支付计算公式，确定中央对各地区的转移支付数额。这样的改革措施可确保具有均等化特性的一般性转移支付成为主体项目，实现地区间财力分配均衡化。

专项转移支付只能是次要的、辅助的形式，规模不能过大，其支付的对象应是具有外溢性、突发性、特殊性、非固定性等特征的项目。完善专项转移支付需在清理整合专项转移支付项目设置；提高专项转移支付管理透明度；创新专项转移支付管理方式；建立财政转移支付的法律法规体系等方面寻求突破。①

① 田发："财政转移支付的横向财力均等化效应分析"，《财贸研究》2010 年第 2 期，第 76—81 页。

第五章 diwuzhang

基本公共服务均等化的财政体制安排：国别视角

国外财政体制运行以公共服务均等化为导向，与中国财政体制的异化效应形成反差。本章在进行公共服务均等化模式选择比较的基础上，选择一些代表性国家就其政府间公共服务责任分工、政府间财力分配、均等化转移支付进行比较分析，吸取推动公共服务均等化的国外财政体制安排的经验做法，为中国建立现代均衡财政体制提供思路，从而实现公共服务均等化目标。

第一节 公共服务均等化模式选择比较

基本公共服务均等化是一个动态的过程。成熟的公共服务均等化状态，表现为不同区域之间、城乡之间以及居民个人之间享受基本公共服务水平一致；然而，从开始到成熟，实现公共服务均等化要经历不同的阶段，在每个阶段的侧重点、目标及表现是不同的。[①] 国际上基本公共服务均等化按其目标及表现的不同，分为三种模式：人均财力的均等化、公共服务的标准化和基本公共服务的最低公平。[②]

一、人均财力均等化

人均财力均等化是指，中央政府按照每个地区人口以及每万人应达到的公共支出标准来计算向地方转移支付的制度。该模式提出的背景是，西方国家自20世纪60年代推行的公共服务多级政府管理体制与增值税制下税收过度集中的矛盾，需要中央政府通过转移支付来分散财力，以财力均等化来保障公共服务的多级政府间均衡供给。理论基础是，地方性公共服务需求（如教育、社会保障等）与人口有密切联系，只有中央向地方政府提供大致均等财力，才能确保其根据本地区居民偏好来提供大体均等的公共服务。

该模式主要为欧洲各国和加拿大所采用。以中央对地方转移支付为主，以区域内人口数和人均财政支出水平为主要依据，各地按“地方收入+中央补助”公式来安排支出。在转移支付形式上，英国采用纵向补助制，以中央财政转移支付为主，而德国采用横向转移支付的办法。按德国《联邦财政平衡法》，先将增值税总额的50.4%中的75%部分按州的人口分配，然后将剩余的部分对财政能力弱的州进行“平衡性非对称”分配，使欠发达州的财政能力达到全国平均水平的92%，最后通过复杂的公式，计算出经济发达的州对欠发达州横向补贴数额。为保证地方有大体均等的公共服务，对那些财力均等化产生重大影响的公共服务项目，应当划归中央。如法国将全国公务员和教师等公职人员的工资列为中央政府直接支出。

二、公共服务的标准化

该模式是指中央和上级政府对公共服务颁布设备、设施和服务标准，并以此为依据建立专项转移支付模式。这种模式在对象的选取上以具体的公共服务项目为主，如义务教育、社区公共卫生等，或者采用统一的全国或地区标准，包括服务标准、设备、设施配置标准等。前者如美国联邦政

① 张玉玲：“从和谐视角看公共服务均等化”，《人民日报》2006年11月23日。

② 马国贤：“基本公共服务均等化的公共财政政策研究”，《财政研究》2007年第7期，第74—77页。

府的《1995年对美国公众的服务标准》，后者如美国阿肯色州2006年对义务教育的拨款标准为每位学生5700美元。而在经费的供给上，则一般采用地方与中央分担经费方式。该模式的理论支撑认为公共服务均等化是理念，为此需要通过公共服务标准来具体化。在具体的实施中，它又可分为“提供均等的服务”，即建立政府服务标准、设备设施标准来实现公共服务均等和“让顾客获得均等的服务利益”两种标准。大体上说，前者主要体现于传统管理，后者体现于以政府绩效管理为标志的“新公共管理”。

三、基本公共服务最低公平

基本公共服务最低公平也称为基本公共服务最低供应，最早是1978年由英国学者C·布朗和P·杰克逊在总结财政联邦主义经验时提出来的。该理论将政府间职能分工与经费保障结合起来，提出多样性、等价性、集中再分配、位置中性、集中稳定、溢出效应纠正、基本公共服务最低供应、财政地位平等八个原则。[①] 由于该理论将财政的公平与效率结合起来，解决了财政资金转移支付中的一些难题，因而受到西方政府的广泛关注。

基本公共服务最低公平作为一种模式，是整合前述两种模式的优点而形成的。这种模式确定基本公共服务最低公平原则——国家应让每个居民，无论居住在哪个市或县，都会获得基本公共服务的最低保证，诸如安全、健康、福利和教育。为此，国家应按这一原则确定具体的基本公共服务项目，制定出最低的提供标准，并通过多级政府分担经费来保障各地政府有能力提供这类服务。公共服务标准可以根据行业特点，采用实物标准、经费标准和服务质量标准等，但最终要确保服务质量，并通过绩效评价来促其达到。应确定“谁受益，谁出钱”的等价性原则，这就是说，国家允许并鼓励有财政能力的地方政府提供更多的、质量更高的公共服务，但其经费应由提供服务的地方政府承担。

四、三种模式比较及我国的现实选择

第一种模式在人均支出大体公平的基础上，赋予地方政府较大的理财权，符合财政联邦主义等价性原则，也可避免专项拨款中易犯的以上级政府的偏好替代居民偏好的错误，与此同时，将财政拨款与人口挂钩符合准

① ［英］C·布朗、P·杰克逊：《公共部门经济学》，中国人民大学出版社2000年版，第233页。

公共产品性质，也有利于引导地方政府改革按行政机构“养人”的拨款模式，引入绩效机制。

但是，该模式也存在一些约束条件制约其在我国的应用。该模式内含两个假定：一是公共服务是多级政府管理，对哪级政府应提供什么公共服务有明确的法律规定，如社会保障由中央政府提供，其服务直接面对居民，地方财政支出限于公共工程和地方性公共服务；二是地方议会有强大预算约束力。我国在公共服务的多级政府分工职责不清，带有随意性和非规范性，地方预算约束软化和基层政府行为异化，这些导致地方政府难以具备承担公共信托责任的行为能力。该模式致力于地方性公共服务均等化，它的前提是中央财力强大和地方经济相对均衡。中央政府为推行分税制而妥协维持地方既有利益，实际控制的财政资源不多，且地区间经济高度不均衡，人均财政支出水平差异显著及各地居民公共服务偏好不一，这就决定了均等化只能限定在基本公共服务这一较小范围内。由此可见，我国现阶段尚不具备推选人均财力均等化的基本条件。

第二种模式由于采用选择公共服务项目逐项建立标准的方式，既有利于落实基本公共服务政策，又能保证公共服务质量。而且这种模式机制灵活，国家可以按财力可能，逐步扩大公共服务均等化范围，统一的公共服务标准还有利于克服地方政府在设备设施供给上“高标准、豪华化”的浪费现象。

但是，该模式也存在一些不足。一是基于技术及财政原因，建立公共服务标准困难。从技术方面看，制定某行业的设备设施配置标准较容易，制定服务标准较困难，而制定以“顾客”受益为基础的服务质量标准更困难；从财政方面看，较高的标准需要较高的财力保障，在多级政府成本分担方面易出现博弈行为，使中央政府背上沉重的财政负担。二是“一刀切”的全国标准容易造成与地方居民的需求相脱节。由于公共服务标准是按中位地区的需要制定的，经济发达地区的居民有更高公共服务需求（如文化娱乐、休闲等），在财力允许的条件下却不能得到满足；而经济落后地区居民的公共服务需求层次偏低（如教育等），一味要求其达到中等水平，会形成公共资源浪费，造成政府财力紧张。三是设立公共服务标准法困难。总之，公共服务标准化是实现公共服务均等化的重要路径。但它比较适用那些地域不大，经济发展水平差异较小的国家。对我国这样地域广大，经济差异较大的国家来说，实施起来显然是很困难的。

前两种模式不适合现阶段中国经济和财政现状，而第三种模式——基本公共服务最低公平是适合于我国的。主要基于以下分析：

一是它符合中央的政策目标。该模式将均等化限定为基本公共服务，这与党的十六届六中全会以来的要求是吻合的。我国目前人均财力水平仍较低，加上基础设施的巨大支出需求，尚无力达到全部公共服务均等化。面对这一现实，国家有选择地将部分重要的公共服务列为基本公共服务，并以国家名义来保证最低标准既有必要性，又有可能性。

二是它为解决发达与欠发达地区矛盾提供了可靠的路径。我国是13亿人口的大国，不同地区在经济发展水平上存在着巨大差异，因此，任何一项政策的提出都必须考虑这一国情。该模式将公共服务最低公平原则与等价性原则结合起来，这就是说，国家保障欠发达地区政府向居民提供最低限度基本公共服务的资金需要，同时，它又不妨碍发达地区政府用自己的财力，向居民提供更多，质量更高的公共服务。这就解决了公共服务标准化下公共资源“既不足，又冗余”的难题，也提供了处理地区间关系的正确路径。

三是它符合公共财政改革渐进论要求。在我国，任何一项公共服务的全国性普及需要上百亿元财政资金来支撑。例如，要普及新型农村合作医疗，按全国7亿多农民，2008年以人均80元的最低政府补助计算，财政每年都投入560亿~600亿元，2010年的新农合的补助标准提高到每人每年120元，则花费了近千亿的财政投入，2011年的补助标准提高到每人每年200元，这样财政每年至少支付新农合1600亿元。为此，基本公共服务均等化的范围和标准的设定应当顾及国家财力可能，财力不足时，我们可以设定一个最低标准，随着国家财力增强逐步提高。而基本公共服务最低公平模式正好适应渐进策略，它既顾及了现实财力可能，也为国家提高标准留下了政策空间。

四是它符合我国公共政策走向。虽然理论界对该模式研究尚未展开，但并不妨碍实践。可以说，我国近年来出台的重大改革，如农村义务教育经费保障新机制、新型农村合作医疗制度等都是按最低公平的思路制定的。尽管新型农村合作医疗要求每个人交10元，政府补助80元~120元，看病报销一半以上，属于最低水平的保障，但在“因病致贫、因病返贫”上起了重要作用，因而受到了普遍欢迎。据统计，2003年，全国只有333个县开展试点，8000万农民参加；到2007年，新农合已覆盖全国2451个县（市、区），覆盖率达86%，参加的农民达到7.3亿人；而2011年新农合制度取得新的进展，全国参加新农合人数为8.32亿人，参合率超过97%，继续稳定在高位，全年受益13.15亿人次。2003年全国筹集新农合基金只有40亿元，到2007年当年筹集新农合基金就达428亿余元，2010则筹集到资金1308亿元。可见，基本公共服务最低公平是可靠的模式，对实践具有重要的政策指导价值。

总之，中国地区间经济发展和财力严重不均衡，在公共服务存在巨大差异的情况下，只有基本公共服务最低公平原则，才能既实现基本公共服务均等化，又避免财政改革落入“平均主义”陷阱。由于最低公平并非是全国“一刀切”的公共服务标准，发达地区只要财力许可，就可以投入更多财力于公共服务。从这点说，它是在现阶段既定约束条件下唯一可行的选择。

第二节 公共服务均等化与公共服务职责分工比较

一、政府间公共服务职责划分国际比较

（一）美国

美国是世界上第一个也是最典型的联邦制国家，与此相适应，实行联邦、州、地方政府三级相对独立的财政体制，基本上形成了比较规范的政府间财政关系。联邦政府的公共服务职责主要包括：联邦级行政、国防、外交、征税、借款和货币发行；对州、地方政府的补助；规定对内对外贸易政策；统一全国度量衡；管理全国邮政；统一版权与专利；社会保障；对能源、环境、农业、住宅、交通等项目的资助等。其中重点是军事、退伍军人福利、社会保险和医疗保险、收入保险等方面。州政府的公共服务职责是：公路建设、基础教育、公共福利项目、医疗和保健开支、收入保险（对劳动能力缺陷或丧失者提供最低收入保障）、公用事业（主要有警察、消防、煤气及水电供应）、州政府的债务还本付息等。其中重点是教育、公共福利、公路建设以及医疗卫生事业等。地方政府的公共服务职责

是提供本地区受益的项目，一般以警察、消防、水电煤气供给等公共服务为主。由于收入来源比较有限，地方政府经济发展和基础设施建设通常由联邦和州政府的专项拨款解决，其具体支出项目主要包括：一般行政经费、家庭和社区服务、健康服务、基础教育、治安、消防、道路和交通、公用设施支出等。

美国政府间公共服务责任划分的基本总结是：

一是政府间支出责任划分有明确的法律依据。美国各级政府的地位和权力，以法律所确定的条文为依据。法律规定、保障并制约政府的权力边界、活动范围与行为方式，包括政府的财政体制运行。

二是社会保障、医疗与健康、公共福利等具有收入再分配性质或需要全国统一标准的公共产品和服务，主要由中央政府（或联邦政府）或层级较高的地方政府（或联邦成员政府）来提供。在美国，社会福利项目支出完全由联邦财政承担，公共福利支出的80%以上由联邦财政与州财政承担。

三是教育支出是各级财政都必须承担的最主要项目。教育支出是美国地方政府最主要的财政支出项目，教育补助金与高中教育支出在州级财政经常性支出中的比例超过了30%。尽管联邦财政直接投入到教育方面比重不是很高，但值得注意的是，州与地方财政在教育方面的支出有相当大的比例是来自于联邦财政的有条件拨款。

（二）德国

联邦德国的管理层次为联邦、州和地方三级管理。《德意志联邦共和国基本法》在财政收入的分配、财政支出责任的划分上突出了联邦制的相对独立性质，对政府公共服务范围划分做出了明确规定。

联邦政府的公共服务包括：国家安全和武装力量；联邦行政事务、财政管理和国家海关事务；对外交往和国际关系；联邦铁路、公路、水道航运、空中航运和邮电通讯；社会保障，包括失业救济、医疗、退休保险及家庭社会补助；[①] 重大科学研究计划，主要是核能源、外层空间、航天技术、海洋开发等高科技研究；煤田和矿山开采等跨区域的经济开发等。德

---

① 社会保障是联邦政府最重要的支出责任，2002年占联邦级总支出的比例为45.04%。联邦社会保障的具体任务包括：养老保险支出、劳动市场、家庭政策、住房补贴、战争受害者补贴、农业社会政策和其他社会领域等九个方面，其中最大的支出项目是对退休金的补助，2003年为772亿欧元，占社会保障总支出的比重为36%。

国法律规定，联邦货币发行和管理由相对独立的德国联邦银行负责。联邦政府与州政府之间不是简单的直接领导与被领导的关系，其事权与财力界限十分明确，相互之间不能越权进行干预。

州政府的公共服务责任包括司法管理、内部安全、文化教育和卫生事业等。大学和中小学正规教育是州的主体，正规大学都直接属于州所有，由州负责学校的建设、维护、设备投资和人员经费，只有极少数的私立大学以捐款和学费为经费来源。中小学的正规教育也是州的任务，州负责所有教学人员和正常经费的支出，不负责固定设备的支出，没有教学设备财产的所有权。同时，州负责本州的司法系统和内部安全的警察系统。

地方政府的公共服务责任分为三类：指令性义务任务、非指令性义务任务和自愿任务。地方作为国家的一个部分，它必须完成联邦和州在本地方的任务。由联邦或者州下达的任务就是地方的指令性任务，根据国家的统一规定，包括：支付社会救济和住宅补贴；消防和急救事业；防止自然灾害的措施；组织联邦和州的选举等。地方政府作为自治单位，应该为本辖区内的居民提供基础生活设施，如清除垃圾，供应水、电和煤气，建立并维持小学和幼儿园等，都属于地方的非指令性任务，这些任务不是为国家而完成的任务，而是为本地区居民而义务承担的任务。自愿任务为建设游泳池、新的公共交通线路、电影院等。联邦、州和地方政府的公共服务责任如表 5－1 所示。

表 5－1　　联邦、州和地方政府的公共服务责任

政府级次	公共服务责任
联 邦	国防、外交、社会保障、社会安全、联邦范围内的重要交通设施（如铁路、高速公路等）的建设和管理、对科学研究和教育的资助、环境保护、卫生体育、消费者保护、食品和农业
州	司法管理、内部安全、文化教育（大学和中小学正规教育）和卫生事业
地 方	支付社会救济和住宅补贴、消防和急救事业、防止自然灾害的措施、组织联邦和州的选举、为本辖区内的居民提供基础生活设施

资料来源：朱秋霞：《德国财政制度》，中国财政经济出版社 2005 年版。

（三）法国[①]

法国行政区划分为大区、省和市镇，在经济上推行“混合经济”模式。与国家经济体制相适应，在财政管理上实行中央、地方分级管理体制。

① 财政部：《财政制度国际比较》课题组：《法国财政制度》，中国财政经济出版社 1998 年版。

中央政府公共服务与财政支出责任划分。中央与地方政府各自承担着不同的财政支出责任，预算支出边界清楚。由于中央权力高度集中，中央政府行使的事权范围较宽，既负责国防、外交、司法等中央政府事权的正常运行，还注重社会公平分配，提供社会福利补贴等。经济方面包括促进农业发展和外贸发展，直接进行投资或通过引导社会投资[①]，支持地区经济发展；负责预测经济发展趋势，制定国家财政和税收政策；管理全国的税收、海关工作及公共会计。教育方面主要是负责大学学校的建设，并统一支付全国所有教师的工资支出。

与上述支出责任相适应，法国中央预算支出分为费用支出（指经常性事务开支）、资本支出（指用于固定资产购置的支出）和军费支出。它包括国防、外交、国家行政经费支出和重大建设投资（如铁路、公路、国营企业等）、国家对社会经济的干预、国家还本付息以及对地方的补助金等。

地方政府公共服务与财政支出责任划分。地方政府的公共服务范围主要集中在教育、卫生、城市基础设施建设等方面。对教育的财政支出责任，按照法国有关法律规定，大学、高中、初中、小学分别由中央政府、大区政府、省政府、市镇政府管理并负责其建设费用和正常运行费用，学校教师的工资统由中央政府支付，省级财政主要负责初中教育和中学生上、下学的交通网络。法国政府认为办学校是政府的事权，因此，即便是私立学校，只要与政府签订合同，即可获得经费资助，其教师工资全部由中央政府发给，学校的建设费用和运行费用也可得到地方政府供给或补贴。大区一级财政主要负责经济发展和职业培训等；省级财政的任务还有省级公路的修建及部分社会福利；市镇财政主要负责安排居民的日常生活，即城镇的水、电、电视天线网络、小学教育、文体设施、老年人安置、市镇公路建设等。三级地方财政之间不存在隶属关系，其财政预算由各级议会决定，但国家对地方的三级财政都有事后的法律监督权。省和市镇预算支出主要包括行政管理费、道路、文教卫生事业费、地方房屋建筑费、警察、司法、社会福利支出和地方债务还本付息等。

（四）日本

日本公共服务职责是由法律明确规定的。其《宪法》、《地方自治法》、

---

① 主要针对国家重大的但短期内没有多少收益的建设项目，如航空、铁路等。

《财政法》、《地方财政法》等法律原则上规定了各级政府间的公共服务职责范围。这些法律在很大程度上解决了不同级别政府之间可能存在的职能重复，以及职责履行的费用负担出现真空或相互转移支出责任等问题。在日本，各级政府之间更多的是强调分工，在公共服务职责划分方面比较强调的是责任而不是利益，各地方政府所追求的是基本公共服务的均等化。

日本的中央政府主要负责“国家的事务”，简要概括为：司法；刑罚以及国家的惩戒；国家的运输、通信；邮政；国立教育及研究设施；国立医院及疗养设施；国家的航空、气象及水路设施；国立博物馆及图书馆。

都道府县是包括市町村在内的广泛地域的地方公共团体，负责处理以下事务：[①]

一是“广域事务”：超越市町村行政辖区范围，涉及广泛地域（跨地区）的事务（如制定地方综合开发计划，治山、治水事业等）；二是“统一事务”：需要统一处理的事务（如维持义务教育以及其他教育水平、警察和管理及运用等）；[②] 三是“联络调整事务”：有关中央政府与市町村之间的联络事务，以及对市町村的行政工作进行提议、指导（例如对市町村的组织及其运营的合理化提高建议、劝告、指导等）；四是“补充事务”：不适于由一般的（单个）市町村来处理的大规模事务（如高中、医院、研究所和美术馆等）。

市町村是基础地方自治体，也是和居民关系最为紧密的一级政府，承担着与居民日常生活最直接相关的行政工作，负责处理除了都道府县所负责行政事务以外的所有事务。其主要内容主要有：[③]

一是与居民生活相关的基础性事务（如办理户籍、居民登记、地址标示、开具各种证明等）；二是有关居民安全、保健以及环境保护等的事务（如消防、垃圾和粪便的处理以及上水道、下水道、公园等的修建）；三是有关街区建设的事务（例如城市计划以及道路、河川和其他公共设施的建设、管理）；四是有关各种设施的建设、管理事务（如公民会馆、市民会馆、保育所、中小学校、图书馆的建设、管理）。

但是，对于前述都道府县所负责事务中的第4项“补充事务”，如果

---

① 《日本的地方自治制度》，财团法人自治综合中心，1997年。

② 调整后的都道府县事务中取消此条，参见《日本的地方自治制度》，财团法人自治体国际化协会，2005年。

③ 《日本的地方自治制度》，财团法人自治体国际化协会，2005年。

某个市町村的规模及能力许可的话，也可以由该市町村来负责。

在市场经济条件下，政府的行政事务及权限主要可以分为：外交、安全、治安，国土、土地利用、交通、社会资本（基础设施建设），经济活动、劳动，福利、保健、环境以及教育、文化、体育等六个大的方面。

如何将这些事权在各级政府间进行配置，不仅关系到社会公平的问题，同时也关系到行政效率的问题。在日本，这六大类行政事务在各级政府之间的总体配置如表5-2所示：

表5-2　　　　中央与地方的行政事务分工

	外交、防卫、安全	国土、土地利用	交通、社会资本	经济活动、劳动	福利、保健、环境	教育、文化、体育
中央	外交 防卫 警察（特定情况） 防灾	一级河川（指定区域之外） 国立公园整治 城市规划（特定情况） 农地改变用途的审批（一定情况） 保安林的指定（特定情况）	铁道事业的审批 公交事业的审批 高速国道 国道（指定区域） 城市公园（特定情况）	货币 金融业的注册、执照职业介绍 调停劳动纠纷等（特定情况） 不当劳动行为的再审查 建筑业的审批（特定情况） 扶持中小企业（特定情况）	养老金 医师等的执照 医药品制造的认可 理容师的执照 美容师的执照	大学 扶持私立学校（大学） 教科书的审定 教科书的无偿补助
都道府县	警察 防灾	一级河川（指定区间） 二级河川（特定情况） 国家公园、都道府县立自然公园的整治 农地改变用途的审批 保安林的指定	汽车驾照颁发 国道（指定区间之外） 都道府县道 公营住宅 城市公园 流域下水道 港湾管理 渔港管理（特定情况）	金融业的注册（特定情况） 职业介绍（特定情况） 职业培训 调停劳动纠纷 不当劳动行为的审查 建筑业的审批 扶持中小企业	生活保障（町村区域） 保健所 儿童咨询所 发放残疾证 洗涤师执照 麻药使用者执照 开设医院的审批	高中、特殊教育学校 中小学教师的工资、人事 扶持私立学校（幼儿园至高中） 公立大学（特定县）

续表

	外交、防卫、安全	国土、土地利用	交通、社会资本	经济活动、劳动	福利、保健、环境	教育、文化、体育
市町村	消防 防灾	城市规划 准用河川	市町村道 公营住宅 下水道 城市公园 港湾管理 渔港管理	职业介绍（特定情况）	生活保障（市的范围） 保育所 对残疾人的救助 国民健康保险 护理保险 上水道 垃圾、粪便处理 保健所（特定市）	小学、中学 幼儿园 公立大学（特定市町村）

资料来源：日本：《地方制度调查会资料》。

从日本的经验来看，在财政的资源配置、收入分配和稳定经济这三大功能中，在各级政府之间职能分担的原则主要有三个：

一是资源配置功能，应以基层政府为主；二是收入分配功能，应以上级政府为主；三是稳定经济功能，应以中央政府为主。

这主要是因为，首先，地方政府尤其是基层的地方政府，与人民群众的日常生活关系最为直接、最为密切，最了解当地人民群众的各种不同需求，从消费者主权的角度来看，基层政府在提供和保证公共产品和公共服务方面的效率会更高。

其次，收入分配的调整，尤其是在缩小收入差距方面，上级政府处于更加有利的地位，能够在更大范围内实现相对公平。

最后，至于稳定经济的功能，则只有中央政府才能够真正做到“总量控制”，即所谓的“宏观调控”，而地方政府是搞不了“宏观调控”的，因为它不拥有相应的调控手段。

二、基本公共服务支出责任的国际比较

（一）政府间公共服务支出责任比较

提供公共服务需要有相应的财政支出。政府做了什么事，做了多少事，必然要在财政支出结构（种类和数量）上体现出来。因此，国内外倾

向于用政府公共服务的支出责任，来分析说明各级政府承担的责任。有关当代各国中央与地方的支出结构可参见表5－3，在核心公共服务方面的支出责任可参见表5－4。

表5－3统计表明，在政府总支出中，国外主要国家地方政府支出的比重平均为30%，中央政府支出的比重平均为70%；中国正好相反，地方政府支出的比重为70%，中央政府支出的比重为30%。

表5－3　主要国家中央与地方政府收支占政府总收支的比重　单位：%

国家	政府支出		政府收入	
	中央政府	地方政府	中央政府	地方政府
美国	56	44	64	36
加拿大	40	60	56	44
英国	72	28	92	8
法国	81	19	87	13
德国	60	40	70	30
西班牙	66	34	88	12
澳大利亚	51	49	73	27
主要国家平均值	70.61	29.39	—	—
中国	30.7	69.3	55	45

资料来源：沈荣华："各级政府公共服务职责划分的指导原则和改革方向"，《中国行政管理》2007年第1期，p11。

表5－4统计表明，社会保障和福利、公共教育和医疗保障在各主要国家都属于政府提供的核心公共服务，中央和地方政府都有支出责任，但支出比重存在很大差异。在政府总支出中，国外主要国家中央政府的支出比重，分别占社会保障和福利的85.87%、医疗保障的62.25%、教育的43.85%，占有较大的比重；我国中央政府在同类支出上的比重分别是6.29%、1.72%和5.55%，占有的比重不大。

表5－4　主要国家各级次政府在基本公共服务上的支出比重　单位：%

国家	教育			医疗保障			社会保障与福利		
	中央	省（州）	地方	中央	省（州）	地方	中央	省（州）	地方
美国	4.85	43.93	51.22	55.25	33.95	10.80	71.54	20.33	8.12
德国	6.77	71.64	21.58	71.68	13.63	14.69	77.46	11.38	11.17

续表

国家	教育			医疗保障			社会保障与福利		
	中央	省（州）	地方	中央	省（州）	地方	中央	省（州）	地方
澳大利亚	31.11	68.76	0.13	53.90	45.42	0.69	91	7.68	1.32
俄罗斯	15.31	0	84.69	15.55	0	84.45	86.48	0	13.52
法国	62.82	0	37.18	97.81	0	2.19	91.28	0	8.72
英国	36.54	0	63.46	100	0	0	88.92	0	11.08
主要国家平均值	43.85	13.10	43.05	62.25	9.09	28.32	85.87	3.79	10.34
中国	5.55	94.45	1.72		98.28		6.29	93.71	

资料来源：沈荣华："各级政府公共服务职责划分的指导原则和改革方向"，《中国行政管理》2007年第1期，第12页；中国统计的是2007年的数据。

三、结论

在明确界定政府与市场、政府事务与民间事务的基础上，各国均用国家宪法或相关法律明确划分公共服务范围和支出责任，即使政府间的共有事权往往也通过法律形式明确分工，各级政府责任明晰，互不推诿。无论是集权型的国家，还是分权型的国家，在划分政府间职责权限上，都认识到过分集中和过度分散的弊端，都在寻找使适度集中与适度分散相互协调、相互配合的途径和方式，都在向集中与分散相结合的方向发展。

按照公共服务的受益范围大小确定各级政府职责和财政支出范围。中央政府主要承担国防、外交和国际事务、保证经济的稳定增长等职责，财政支出范围主要是国防支出，外交支出等；州和地方政府主要承担着提供与本地区发展相关的公共服务，其中州政府主要提供受益于本州内的公共服务，如道路、机场、初等教育、公共福利等；而地方政府主要提供受益于本地方政府的公共服务，如垃圾处理、消防、本地公路等。而各级政府共同承担责任也是各级政府支出职责的一个重要内容，如社会保障主要是由联邦政府和州政府共同承担，而教育主要由州政府和地方政府承担。

为促进基本公共服务均等化，在诸如公共教育、社会保障、医疗与健康、公共福利等具有收入再分配性质或需要全国统一标准的基本公共服务，主要由中央政府（或联邦政府）或层级较高的地方政府（或州政府）来提供。在美国，社会福利项目支出完全由联邦财政承担，公共福利支出的80%以上由联邦财政与州财政承担。在加拿大，对老年人的财政转移支付、健康与社会发展支出、失业保险支出占联邦财政支出总额的30%以上，保健支出则是州财政最大的支出项目。美国的教育补助金与高中教育支出在州级财政经常性支出中的比例超过30%，其中相当大的比例来自于联邦财政的有条件拨款。

西方国家关于公共服务职责分工的有益做法和经验，可为中国合理划分各级政府的公共服务职责，加快建立均等化公共服务体系起到重要借鉴作用。主要思路有：

一是逐步实现政府间公共服务职责划分的法制化。根据法制原则和各国经验，依法规范政府间公共服务关系，可以为各级政府履行各自的职责提供明确无误的法律依据。中国目前正处于转型时期，政府间公共服务职责的合理划分不仅需要在实践中不断探索，而且还应当随着政府间职责分工的逐步明晰，通过立法作出正式的界定，使各级政府公共服务关系走上法制化轨道。

二是确立各级政府公共服务职责分工的体制框架。中央政府专有公共服务职责包括：国防、外交；社会保障（可逐步实现）；重大科研、国家级文化设施保护、国家级公路、航空、铁路、能源电力；邮政、全国公共广播和电视等。理由是这些服务的受益范围是全国性的，应由中央政府提供、承担全部或大部分的支出责任（有些全国性服务可由地方政府负责实施）。

地方政府的专有职责：包括初级医疗保健、地方性的道路、公共交通和公共设施；供水、供电、供气、排污、垃圾处理等公用事业；消防、地方治安等。理由是这些服务的受益范围基本上是地方性的，溢出效应不大，应由地方政府提供，承担全部的支出责任。①

中央和地方政府共有的职责包括：

——公共教育和医疗。理由是这些服务的受益范围是地方性或私人性的，但考虑到具有明显的外溢效应和区域均等化的要求，应由中央和地方共同提供，按比例分担支出责任。

——区域公路和公共交通、土地使用管理、自然资源管理、区域安全、灾害救助、环境保护。理由是这些服务的受益范围是地方性或区域性的，具有外溢效应，同时对国家整体和宏观经济有较大影响，应由中央和地方政府共同提供，并按照受益范围确定支出责任的分担比例。

---

① 沈荣华："各级政府公共服务职责划分的指导原则和改革方向"，《中国行政管理》2007年第1期，第13页。

——公共卫生、基础科研、社会福利、扶贫救济。理由是这些服务的受益范围主要是地方性的，由于具有外溢效应和区域均等化的要求，应由中央和地方政府共同提供，按受益范围分担支出责任。

对中央地方共同提供的公共服务，在提供方式上中央政府应侧重于制定政策规划、立法、按比例分担支出责任和完善中央控制等职责；地方政府应侧重于具体提供、管理和分担支出责任等职责。

三是明确各级政府对基本公共服务的支出责任。建立基本公共服务体系需要明确各级政府承担的支出责任，因为政府间的支出划分是收入划分和转移支付的基础。如果不能明晰而正式地划分支出责任，势必会产生政府之间的矛盾冲突和公共服务供给的无效率。针对中国政府间支出存在的问题，应通过结构调整，分别明确中央政府、省级政府和省以下地方政府对基本公共服务的支出责任。

——增加中央政府对核心公共服务的支出比重。公共教育、医疗卫生和社会保障，属于由政府提供的核心公共服务，也是与公众利益最直接相关、公众最关心的三大基本公共服务。根据政府间职责划分的理论原则和国际经验，中央政府在核心公共服务方面应承担较大的支出责任，应通过政府间支出结构调整，大幅度增加中央政府对社会保障的支出比重，适当增加中央政府对公共教育、医疗卫生的支出比重。

——强化中央和省级政府对实现基本公共服务均等化的支出责任。根据政府间的职责划分，中央和省级政府在协调平衡地区间公共服务供给、促进公共服务区域均等化方面应承担主要责任。考虑到中国地区间发展水平存在的差异，实现公共服务均等化可从确保基本公共服务的最低标准入手。中央和省级政府应明确提供最低社会保障、义务教育、初级医疗保障和环境保护等基本服务的要求，通过转移支付、提供配套补助等工具，尤其是通过向欠发达省份、欠发达地区的支出倾斜，使不同地区都能达到全国最低标准，逐步实现基本公共服务均等化。

——使省以下地方政府公共服务的职责与财力相匹配。目前，省以下地方政府公共服务收支不对称问题已引起广泛关注。一种观点认为，各级政府的支出与收入不一定需要保持一致，发达国家各级政府也存在支出与收入不一致的现象，地方收支差额可通过财政转移支付解决；另一种观点认为，应当提高地方财政收入的比例，使地方政府支出与收入相对称，因为上级政府转移支付的数量与地方的需求相差甚远。本书认为，解决上述问题，首先应根据职责与财力相匹配的原则，明确界定各级政府公共服务的职责，而后才能合理解决收支对称问题，不能脱离职责划分抽象地讨论收入划分。其次，对不同地区的财力配置方式应有所区别，如对发达地区可考虑给予一定的税收权、税率自主权和融资权，对欠发达地区应加大转移支付的力度。再次，应采取有效措施提高转移支付的效率、透明度以及向县乡公共服务倾斜的力度。

第三节
公共服务均等化与政府间财力分配比较

在政府间公共服务责任明确以后，各级政府必须有相应的收入财权，获取必要的财力，以保证提供必要的公共服务。公共服务均等化的责任主体集中于地方政府，其相应的财力保障尤其重要。地方政府收入主要有地方政府本身组织的收入，中央政府或上级政府的转移支付。地方政府本身组织的收入是主体，而地方政府本身组织的收入主要包括地方税收入和非税收入，地方税收入点据主导地位。因而探寻世界各国地方政府收入体系建设的规律，借鉴国际经验，有利于完善财政体制，提高公共服务均等化水平。

一、税权与收入划分的国际比较

从许多国家来看，在税权与收入划分上，无论是单一制国家还是联邦制国家，划分中央税与地方税的经济学原理均基本相同，但在具体实施中都有所差异。

对于实行分税财政体制的许多国家而言，在税权划分上，既没有绝对的集权，也没有绝对的分权，普遍如日本向地方采取适度分权的做法，地方权力机构在地方税的许多重大问题上拥有立法权。即使是在法国、德国这些集权型的国家，地方也有一定的机动权。至于美国，地方的立法权限就更大了。一般而言，联邦税和共享税的立法权在联邦，各级政府对属于本级政府的税收有相对独立的立法权与征收权。

在税收收入分配上，联邦、州、地方政府各有属于本级政府的主要税种，属于中央税的主要有关税、个人所得税、公司所得税等，属于州政府的税种主要有销售税或增值税等，而属于地方税收的主要是财产税。许多国家均实行了同源课税，针对同一税源或纳税人按照中央和地方两种税率进行征税，如美国、加拿大，而少数国家设定了共享税种，所得税作为共享在联邦政府与州政府之间进行分享，如德国，如表5－5所示。

表5－5 部分国家税权与税收收入划分

<table>
<tr><th>国别</th><th>联邦税收</th><th>州税收</th><th>地方税收</th></tr>
<tr><td rowspan="2">美国</td><td>除一般销售税和财产税外的几乎所有税种，包括个人所得税、公司所得税、社会保险税、关税、消费税、遗产税、赠与税、货物税等</td><td>除关税和财产税之外的几乎所有税种，包括一般销售税、个人所得税、公司所得税、社会保险税、国内消费税、遗产税、赠与税</td><td>除遗产税、赠与税、社会保险税以外的几乎所有税种</td></tr>
<tr><td colspan="3">美国通过同税源、分率计征的方式将许多主要税种在各级政府之间进行划分，联邦、州和地方政府共同对同一税源或同一纳税人拥有征税的权利。</td></tr>
<tr><td rowspan="2">加拿大</td><td>个人所得税、销售税、社会保险税、消费税</td><td>省/地区所得税、省零售营业税、采矿税、天然资源专利税、资产税</td><td>物业税、商业税、所得税</td></tr>
<tr><td colspan="3">对很多税种实行同源分率征收，联邦、省和地方政府拥有各自的税收管辖权</td></tr>
<tr><td rowspan="2">澳大利亚</td><td>所得税、销售税、消费服务税（包括烟草、石油等）、公司税、附加福利税和资产收益税</td><td>印花税、工资税、土地税、借贷税、车位税、酒执照税、博彩税、额外财产税</td><td>土地税、市政税等</td></tr>
<tr><td colspan="3">税收立法权和征收权主要集中在联邦，联邦税收收入是全国税收收入的最主要部分，税制是以直接税为主。联邦、州和地方政府根据宪法和法律规定的职权，征收各自的税费</td></tr>
<tr><td rowspan="2">俄罗斯</td><td>增值税、特殊商品消费税、原材料消费税、企业所得税、资本盈余税、个人所得税、关税、底层土使用税、生态税、矿产保护税、森林税、水税等</td><td>工资税（社会保险税性质）、交易税、印花税、金融机构税、汽车税、营业税、酒税、赌博税</td><td>土地税、个人财产税、广告税、继承税、地方执照费</td></tr>
<tr><td colspan="3">税收立法权与征收权主要集中在联邦，税款也主要由联邦征收</td></tr>
</table>

续表

国别	联邦税收	州税收	地方税收
德国	关税、消费税、公路税、资本流转税、交易所营业税、保险税等	财产税、遗产税、消防税、机动车税、啤酒税、赛马税及彩票税等	土地税、资本和收益的所得税、娱乐税、饮料税等
	共享税与专享税共存、以共享税为主体，共享税收入在各级政府财政收入中占有很大比重，共享税的立法权在联邦		

二、地方税系构成的国际比较

各国地方税制的建立基本遵循了以下的原则标准，即选择税基移动性不强，在全国的分布比较均衡的税种；税基、税源只涉及地区范围的税种；基于受益原则，特别适合地方政府管理的税种；以及与地方经济发展密切相关的税种等作为地方税系的主要税种，这样有利于实现地方政府收入的效率、充裕和适应目标，如表5-6所示。符合这些标准，适合于作为地方税的税种主要包括财产税、所得税、销售税、资源税等。

表5-6　　主要国家的地方税体系

国家	地方税主要税种	国家	地方税主要税种
美国	州税：销售税、个人所得税、公司所得税、国内消费税、遗产与赠与税、财产税、资源税、社会保障税等； 地方税：财产税、个人所得税、公司所得税、销售税等	印度	邦税：销售税、消费税、交通工具税、土地价值税、农业所得税、职业税、娱乐税等；地方税：土地捐（土地价值税附加）、土地与建筑物税（对租金征收）、土地增值税、广告税、财产转让税（印花税的补充）等
日本	都道府县税：居民税、事业税、汽车税、餐馆饮食消费税等； 市町村税：居民税、固定资产税、卷烟消费税、电税、煤气税等	韩国	省税：财产取得税、注册税、闲暇税、许可证税、公共设施税、地区开发税、地方教育税等；市、县税：居民税、财产税、机动车税、农场税、屠宰税、烟草消费税、综合土地税等
澳大利亚	州税：工薪税、印花税、土地税、金融保险机构税、车船税、矿产税、注册税等；地方税：财产税、房产税、土地税附加等	巴西	州税：商品流通税、转让税；地方税：劳务税、不动产税、不动产转让税等

续表

国家	地方税主要税种	国家	地方税主要税种
英国	财产税等	俄罗斯	自治共和国税收：企业财产税、木材使用税等；地方级税：个人财产税、土地税、运输税、广告税等
法国	财产税等	泰国	房屋建筑税、地方开发税、广告招牌税、屠宰税等

资料来源：国家税务总局税收科学研究所编译：《外国税制概览》，中国税务出版社2004年版；陈永良：《外国税制》，暨南大学出版社2004年版。

（一）财产税

历史上财产税就是地方政府最重要的税收，现在财产税收入仍然是许多国家重要的地方收入。实践中，财产税在地方税系中的地位，随着地方级次的降低而不断提高。财产税在低级别地方政府税收体系中的绝对主体地位，以美国、英国、法国、加拿大、澳大利亚等国家最为典型。以美国为例，美国的州和地方政府都征收财产税，当然美国地方政府的税收对财产税的信赖程度大大高于州一级政府，财产税占地方级政府税收的比例已高达80%左右。美国地方财产税的课税对象包括纳税人拥有的不动产和动产。其中，房地产类不动产是主要的税基；在动产中，汽车、船舶等需要在政府登记注册才能使用的动产和企业的经营性财产是主要的应税对象①。美国地方财产税的征管制度较为完备，征管效率较高，其在地方政府收入和地方经济中的作用已非其他税种可比及。

财产税适合于作为地方性税种，尤其适宜作为地方税的主体税种，其主要根据是：一是财产中的不动产属于非流动性生产要素，对不动产征税的经济影响范围较小，而且地区间税率差异不会改变该生产要素资源的地区配置。二是财产税可以鲜明地体现受益征税的原则。三是财产税对征管水平的要求较高，划归地方可以调动地方政府的积极性，有助于监控税源，提高征管效率。四是财产税税源相对比较稳定，其税基将随着经济的发展有一定程度的增长。五是财产税按评估价征税，其税基和税率可由地方政府根据其财政支出的需要酌情确定，从而可以成为地方政府平衡财政

---

① 财政部税收制度国际比较课题组：《美国税制》，中国财政经济出版社2000年版，第269、274页。

收支的重要工具。

（二）所得税

在税收体系中，所得税主要履行着收入再分配和稳定经济的职能，而这些职能主要由中央政府承担，故所得税一般构成了中央政府的主要收入来源。但在一些国家中，政府间实行税源的同源共享，以及为提高税收征管效率等原因，所得税也成为地方政府的一个重要税种。如在美国、加拿大、日本、德国等国家的地方税体系中，所得税就占据了比较重要的地位，如表5－7所示。

表5－7　　一些国家的地方所得税收入占地方税收的比重

国家	年度	货币单位	地方所得税收入	地方税收收入	地方所得税/地方税收收入比重（%）
美国	2000	十亿美元	226.8	546.6	41.49
加拿大	2001	百万加元	51593	113481	45.46
德国	1998	亿德国马克	4400.2	6171.1	71.30
日本	2001	亿日元	168298	355810	47.30
阿根廷	2001	亿比索	65.27	225.89	28.89
俄罗斯	2001	亿卢布	5735.58	8829.46	65
波兰	2001	百万兹罗提	10230	46214	22.14

注：地方所得税收入包括以所得或利润等纯所得为课税对象的各税种收入总和。

美国、加拿大的地方所得税收入和地方税收入仅为州（省）一级的收入；德国、日本、阿根廷、俄罗斯、波兰的地方所得税收入和地方税收入指所有地方级收入的总和。

资料来源：国家税务总局税收科学研究所编译：《外国税制概览》（修订版），中国税务出版社2004年版。

美国的联邦、州、地方三级政府都拥有独立的税收立法权和征税权，实行税源的三级政府共享，三级政府都可以立法征收。美国现行的州和地方税体系中，都包括个人所得税和公司所得税，个人所得税是州政府的第二大税收收入来源。当然所得税在州和地方税体系中的地位不如在联邦税收体系中重要。

同是联邦制的国家，加拿大实行联邦、省（或属地）和地方三级征税制度。联邦和省各自拥有相对独立的税收立法权。

日本的中央、都道府县、市町村三级政府都实行以所得税为主体的税收体系。都道府县和市町村的第一大税种就是居民税，即以个人居民和法人居民的所得为课税对象所征收的税种。都道府县的第二大税种事业税是以营业利润为课税基础，与日本中央个人所得税中的事业所得和法人税中的法人所得基本相同，也属于对所得的课税①。

所得税可以作为地方税收的一个重要来源，原因在于所得税有利于实现收入充裕的目标，可以有效增强地方的财政能力，并可以改善地方税收的累退性，贯彻量能负税原则。而且，地方所得税的征收可以依附于中央所得税的征收，其税基的确定以中央所得税的税基为基础，也相对有利于征管。当然，作为地方税种的所得税与作为中央税种的所得税在制度设计上有所不同，除了地方所得税制相对简单一些外，主要是所得税累进程度的差别。以美国所得税制度为例，联邦个人所得税一般具有两个突出的特点：一是累进制；二是随着收入的增长而比其他税收的增长速度更快②。但是作为州政府征收的个人所得税，为避免收入较高的人们在地区间的迁移，一般都使用低税率，而且采取了平缓变化的税率，即仅随着收入的增长而提高平均税率。州政府征收的公司所得税大多使用比例税率，即使有使用超额累进税率的，累进程度通常也不高。

（三）销售税

销售税作为对商品劳务销售额的课税，在世界多数国家的地方税系中都占据着十分重要的地位。无论在所得税为中央一级政府主体税种的发达国家，还是在以商品税为主体税种的发展中国家都是如此。在美国、巴西、印度等国家的地方税体系中，销售税都是主体税种之一，如表5－8所示。

表5－8　一些国家的地方商品税收入占地方税收的比重

国家	年度	货币单位	地方商品税收入	地方税收收入	地方商品税/地方税收收入比重（%）
美国	2000	十亿美元	289.6	546.6	52.98
加拿大	2001	百万加元	55232	113481	48.67
德国	1998	亿德国马克	1436.4	6171.1	23.28
日本	2001	亿日元	73653	355810	20.70

① 财政部税收制度国际比较课题组（2000b）：《日本税制》，中国财政经济出版社2000年版，第100－131页。

② V·奥斯特罗姆：《美国联邦主义》（中译本），上海三联书店2004年版，第194页。

续表

国家	年度	货币单位	地方商品税收入	地方税收收入	地方商品税/地方税收收入比重（%）
澳大利亚	1998	亿澳元	146.5	325.8	44.97
巴　西	1998	百万雷亚尔	59939.1	71551.5	46.75
俄罗斯	2001	亿卢布	1776.12	8829.46	20.16
泰　国	2001	亿泰铢	697.3	823.3	84.70
印度尼西亚	1993	十亿印尼盾	635	1390	45.68

注：地方商品税收入是指地方国内货物与劳务税的总和。

美国、澳大利亚、加拿大、巴西、印度尼西亚的地方商品税收入和地方税收入仅指州（省）一级的收入；德国、俄罗斯、泰国的地方商品税收入和地方税收入指所有地方级收入的总和。

资料来源：国家税务总局税收科学研究所编译：《外国税制概览》（修订版），中国税务出版社2004年版。

美国州一级政府的第一大税种就是销售税，或称零售税。销售税收入平均占州一级税收总收入的近50%。州销售税一般选择在零售环节，对货物或劳务征收。销售税的应税商品和劳务范围，以及税率由各州自行决定。州销售税实行比例税率，各州的税率水平在3%～7%之间。此外，美国全部50个州和哥伦比亚特区都开征了消费税，主要对汽油、对健康有害的消费品（烟、酒）和部分特殊经营项目（如保险业、公用事业）征收，一般采用定额税率，各州的税率差异较大①。

巴西州政府征收的商品流通税，以及市政府征收的劳务税都属于销售税类。商品流通税是州政府对商品流通、州际运输、通讯服务所征收的一种增值税，实行生产型税额抵扣法，税率在联邦议会限定的范围内由各州确定，在4%～25%之间。市政府征收的劳务税是对除了某些属于州税征收范围的劳务以外的其他任何劳务进行的征税。劳务税按照取得的劳务收入征收，税率在0.5%～10%之间②。

销售税之所以成为地方税的主要税种，是因为销售税具有税基广泛、税源稳定、征管简便，有利于保证财政收入的重要功能作用，可以构成地方政府一个稳定的收入来源。

---

① 财政部税收制度国际比较课题组：《美国税制》，中国财政经济出版社2000年版，第263—269页。

② 国家税务总局税收科学研究所：《外国税制概览》（修订版），中国税务出版社2004年版，第38—39页。

（四）资源税

资源税也是各国地方政府征收的一个重要税种。资源税是美国州政府征收的一个重要税种。美国有一半以上的州开征了资源税，但各州开征的资源税的具体对象和具体名称五花八门，阿拉斯加州征收石油和天然气产品税；得克萨斯州征收原油和天然气税；田纳西州征收天然气税；怀俄明州征收矿产税等。加拿大的各省征收自然资源税，即对开采石油、天然气征收矿区使用费或矿产税，大多数省对林木经营征税[①]。此外，各国地方政府还把应社会经济发展需要而征收的各种行为税、目的税划归为地方税税种。

纵观世界各国的地方税体系，不同发展程度的国家，地方税主体税种的选择不同；在同一国家中，不同级次地方税系中的主体税种也不同。在发达国家的地方税系中，占据主导地位的是财产税、所得税、商品税类的税种。一般在低级次地方税收中，财产税占据主体地位；在省或州级税收中，商品税或所得税占据主导地位。在发展中国家，往往是商品税和财产税占据地方税系的主体地位，资源税、行为税及其他税种则成为重要补充。

第四节 公共服务均等化与政府间转移支付比较

西方发达国家已基本上建立起比较规范的财政转移支付制度，各国财政转移支付制度各不相同。本书将在列举若干主要发达国家转移支付实践的基础之上，探寻现代财政转移支付制度的特征及其启示意义。各国财政转移支付形式都可以简单分为无条件转移支付和有条件转移支付。各国因不同的国情，选择适当的财政转移支付制度，并在外部环境或内部因素发生变化的时候进行相应的改革。

① 国家税务总局税收科学研究所：《外国税制概览》（修订版），中国税务出版社2004年版，第76页。

一、美国的财政转移支付制度①

美国是联邦制国家，其财政体制由联邦、州和地方三级财政构成。联邦政府转移支付的主要目标是保证各地达到一定质量和水准的服务，而不是仅仅保证各地要达到一定的财政收入，因为达到了一定财政收入的地方政府未必会将这些收入花在联邦政府所希望的项目上。2003 财政年度，联邦补助占州和地方政府收入的 26.3%，地方政府也严重依赖州政府的拨款。

美国的政府间转移支付包括有条件转移支付和无条件转移支付。分类拨款和专项拨款都是有条件转移支付形式。分类拨款是按照一定的公式对全部符合条件的补助对象分配拨款额，公式和补助对象的条件都由法律或法规明确规定；分类拨款一般不要求州与地方政府拿出配套资金。分类拨款受到的限制条件比有条件的专项拨款要少得多。专项拨款包括公式拨款和项目拨款。

在美国，一些主要的公共服务有设定的全国最低水平，各地提供这些最低公共服务水平所需要的"财政能力"应均等。因此，拨款公式中的条件既反映各地的实际需要，也体现财政能力因素。同样项目的配套拨款，联邦政府提供的资金比例在各地是不一样的，与需要成正比，与人均收入成反比。专项拨款的重点随经济发展阶段不同而不断地变化。有条件拨款占联邦政府转移支付的 90% 以上，其中约 2/3 拨给州政府，其余的拨给地方政府。联邦政府的拨款主要用于卫生、社会保障、教育培训和交通；联邦政府直接向地方政府的转移支付主要用于教育、住房、社区发展、垃圾处理设施和机场建设等，主要形式有封顶配套补助、无封顶配套补助和非配套补助，但常用的是封顶配套补助；联邦政府通过有条件拨款介入州和地方事务。自 20 世纪 80 年代开始，"整块拨款"（Block Grants）开始流行，许多较小的专项拨款被组合成一些较大的"整块拨款"，其主要形式仍然是配套拨款；得到"整块拨款"的州和地方政府在资金使用上更加灵活。教育拨款是联邦政府向州和地方政府提供专项拨款的一个典型例子。

美国联邦政府拨款绝大部分为有条件拨款，原因之一是美国需要解决

---

① 马骏：《论转移支付：政府间财政转移支付的国际经验及对中国的借鉴意义》，中国财政经济出版社 1998 年版。

马海涛主编：《财政转移支付制度》，中国财政经济出版社 2004 年版。

Hyman，David N.，Public Finance：A Contemporary Application of Theory to Policy，8th ed.，Thomson/South－Western，2005.

的首要问题不是地区之间差异问题，而是其特有的地区内部的城市问题。在美国，几乎所有的大城市低收入的人口聚集在衰败的城市中心，而中产阶级纷纷迁到郊外，其结果是城市内失业率、贫困率、犯罪率和单亲家庭的比例居高不下。要解决这类问题，专项拨款要比无条件拨款更有效。

美国不把联邦政府对州或地方的无条件拨款作为解决州级财政地位均等化的主要政策工具。美国地区间的差距，更主要的是通过鼓励人口的自由流动来实现各地人均收入的均等。因此，美国的无条件拨款占拨款总额的比重非常之小，只有2%左右。

美国分配收入分享拨款的公式有两个：一是参议院公式，考虑的因素有人口、人均收入和税收努力，州的人均拨款额和人均收入成反比关系，与税收努力成正比关系，需求方面的因素在公式中没有给予考虑；另一是众议院公式，所考虑的除了参议院公式所考虑的三个因素外，还包括城市化人口和州个人所得税。一般来说，参议院的公式有利于农业和贫困州，众议院公式对人口较多与富裕的州有利。有31个州采用参议院公式，其余的19个州和哥伦比亚特区采用众议院公式。

美国转移支付制度体现了下述特点：（1）没有固定的模式，主要缘于各项目的补助拨款考虑的因素和要达到的目标有所不同；（2）转移支付项目按法律程序立案、规定用途、专款专用；（3）转移支付以有条件拨款为主，在有条件拨款中，又以分类拨款为主；（4）转移支付资金拨付渠道多；（5）大部分拨款项目按照法定的标准化公式进行，这种制度有利于增强联邦政府的宏观调控能力，使州和地方政府按照联邦政府的意图提供社会服务。

二、德国的财政转移支付制度①

德国在联邦、州和地方之间通过分税对财政收入初次分配之后，为了保证各地公共服务水平的均等化，实现区域间社会经济协调发展和加强宏观调控，逐步形成较完善的纵向转移支付和横向财政转移支付相结合的制度。

横向财政转移支付是在各州之间进行转移支付，即财力较强的州将部分财政收入“捐给”财力较弱的州。横向转移支付的财力均等化效果更为

① 本部分主要参考朱秋霞（2005）；白欧（2003）；贾康、阎坤、傅志华、宋立根（2004）。

明显，为以公共服务均等化为重点的中央—地方关系打下了坚实的基础。横向转移支付通过三个步骤加以实施：先测定各年度各州居民 6 月 30 日人数；然后由联邦和州财政部门分别测算出“全国居民平均税收额”和“本州居民平均税收”，如果后者占前者比例为 95% ~102% 的州，则不需要进行转移支付。而贫困州（该比例 <95%）则能够得到来自富裕州（该比例 >102%）的转移支付；最后实行横向平衡的资金划拨。划拨的具体数额和原则是，穷州至多补贴到占全国人均税收额的 95%；而富州在横向财政转移后的财力不高于全国人均税收额 104.4%，两者相差不超过 10 个百分点，从中可以看出，以人均税收额为基础的横向转移支付的均等化作用更加明显。[①]

纵向转移支付制度下，联邦对州的拨款方式有一般拨款、补充拨款和专项拨款。一般拨款与项目无关，只是为了让下级政府能够完成它的任务。在联邦经常性账户中，对州和市镇地方的一般拨款和补助拨款，占联邦经常性支出的比例不高。补充拨款是在州之间进行横向转移支付之后，联邦对穷州的补助拨款。专项拨款是与一定的项目有关的拨款。州对市镇的拨款包括一般拨款和专项拨款。一般拨款，是由州根据法律所规定的标准向市镇分配的财政收入，其计算方法相当复杂，且各州有所区别。一般拨款的基本依据是市镇的财政需要和税收水平，用来满足基本的财政需要，没有资金使用项目的约束。专项拨款是联邦和州对市镇投资项目的补助，其中联邦对市政拨款的比例很小，主要是州对市镇的拨款，它与市镇特定的投资项目有关，是对市镇财产账户的拨款。通过专项拨款，州对市镇投资项目的决策产生影响。州对市镇财政拨款以一般拨款为主，占 60% 左右，专项拨款比例较低。在一般拨款中，按照财政分配指数拨款（基数拨款）的比重为 81.8%，即财政拨款多数是根据转移支付制度规定的拨款，与具体项目无关。

一般而言，政府间转移支付的基本原则由法律形式确定，不能轻易改动或先斩后奏，但对具体的计算公式或补助标准，财政部或专门的工作委员会有权根据实际情况做出修改，体现了法律刚性和灵活性的结合，有助于更好地推进公共服务的均等化。如 1995—2004 年，为了减少德国财政分工特别负担和补偿低于平均水平的地方财政，联邦政府给予东部地区特殊

---

① 海南改革发展研究院：“公共服务均等化与政府责任”，载于《中国公共服务体制：中央与地方》，中国经济出版社 2006 年版，第 415—416 页。

附加补助，总额达140亿德国马克；在此期间，联邦政府每年向东部地区投资66亿德国马克，用于改善东部的基础设施及经济结构。

三、加拿大的财政转移支付制度①

加拿大地区间财政能力差异相对较大，其大量收入来自于地域分布很不均衡的自然资源。转移支付是为了解决各级政府事权、财权不对称及各地经济发展不均衡所带来的财政收入差距问题，是为了让各地居民都能享受到合理的、可比的公共服务。加拿大财政转移支付方式当前主要有健康和社会转移支付（加拿大健康转移支付和加拿大社会转移支付，简称“CHT”和“CST”）、地区性财政补贴和均等化转移支付。

CHT是联邦政府对各省和各地健康服务的最大一项转移支付。CHT支出还在增加当中，以保证联邦政府对健康的支持和未来的稳定性、可预见性以及增长。CHT和CST一样，以人均为基础配置给各省和各地，以保证不管居住在何处的所有公民，都能够得到同样的支持。CHT包括现金转移支付和税收转移支付。CHT的现金拨款与税收转移支付在2005—2006年度约为320亿加元，其中现金拨款203亿加元，税收转移支付为115亿加元，以保证《加拿大健康法案》（the Canada Health Act）所规定的全国标准和条件的达到和实现。

加拿大社会转移支付（CST）是联邦对各省和各地的整块拨款，其目的主要是为了支持中学以后的教育、社会补助、社会服务等。2005—2006年度的CST现金拨款和税收转移支付约为155亿加元，其中现金拨款84亿加元，税收转移支付70亿加元。

均等化转移支付是加拿大政府最重要的缩小各省之间财政差距的项目，它使得不够发达的省政府能够给居民提供与其他省份合理可比的公共服务。均等化转移支付是无条件的，接受的各省可以根据各自需要在公共服务上花费资金。在1999—2000年度和2003—2004年度之间，接受该转移支付的省份每年得到大约100亿加元收入；2005—2006年度为109亿加元；符合均衡化条件的有8个省。

2004年10月加拿大政府宣布对均等化项目进行根本性的变革，变革的意图是带来稳定、可预见性和增长。创新包括三个要素：均等化的新框

---

① 本部分参考：Http：//www.fin.gc.ca/access/fedprove.html；马海涛主编：《财政转移支付制度》，中国财政经济出版社2004年版。

架，资金水平2005—2006年度在109亿元，自此每年以3.5%的速度增长；一组专家对一个独立的项目评论；2004—2005年度完全做到防止各省支付的整体下滑。

均等化转移支付的测算包括以下步骤：（1）测算财政收入能力。用标准税收系统，即“有代表性的税收系统”来计算，该系统通过对超过30种不同税基的测算计算出各省的财政收入能力。（2）确定均等化标准。采用5个收入处于中游水平的样板省份的平均人均财政收入能力，而把收入最高的阿尔伯塔省和其他4个收入水平偏低的省份排除在外。（3）均等化转移支付补助。联邦政府对财政收入能力低于5个样板省标准的省份实施均等化转移支付，其低于部分即为均等化转移支付补助额。为了应对特殊情况，还有均等化转移支付的特殊规定，用于部分地抵消某些特殊省份的财政政策取向对均等化补助的影响的“一般性解决方案”、限制年度之间某个省均等化转移支付补助额下降的“下限”以及设定每年均等化转移支付总额的最大增长，确保政府实施均等化转移支付的可负担性和可持续性的“上限”。

地区性财政补贴（Territorial Formula Financing，简称TFF）是加拿大政府对三个地方政府的年度无条件转移支付。这三个地方主要收入是通过TFF从联邦政府那里得到的。2004—2005年度，约肯（Yukon）的财政来源有72%，西北地区（Northwest Territories）有74%，纽拿瓦（Nunavut）有86%来自于此。地区性财政补贴是这样计算的：对地区政府的支出需求和收入能力之间的差额通过现金拨款给予补助。地区的支出需求在公式中用支出基数总额表示，并用国内其他省份的支出增长指数和地区的人口增长情况对其进行调整。地区的财政收入能力是根据某一税种在加拿大国内的其他地方的征收情况进行估算的，并考虑到北方地区公认的特殊因素。

四、日本的财政转移支付制度①

日本虽然是单一制国家，但20世纪50年代所建立的财政转移支付制度的目的之一是要限制中央对地方的控制能力，在财政体制上，日本扩大地方税范围，将中央政府实施财政转移支付视为义务，限制中央政府对转移资金附加条件，或通过资金转移来控制地方政府。日本的财政转移支付制度在平衡各地财力、保证地方各级政府职能的履行、公共服务的提供上

① 马海涛主编：《财政转移支付制度》，中国财政经济出版社2004年版。

发挥了重要作用。

日本的财政转移支付方式有地方交付税、国库支出金和地方让与税。地方交付税是中央用于平衡地方财力的转移支付资金，其资金来源是中央税收。三个主要的国税（个人所得税、法人税和酒税）的一定比例的收入额是地方交付税的来源，其目的是保证转移支付资金的合理规模和稳定，以利于中央与地方财政健全运营。这些百分比由法律规定，同时也可以由国会立法改变。

地方交付税是不指定用途的转移支付资金，地方财政可视为自有财力。其规模较大，在地方财政收入中占较大比重，各地在编制本级预算时，需知道地方交付税分配额的多少及交付时期，这要求中央政府每年必须按预计的三税收入来确定地方交付税的总额，并以此为基础先期分配资金。地方交付税分为普通交付税和特别交付税。前者是分配给那些标准财政支出大于标准财政收入的地方政府的转移支付资金，其目的在于平衡地区之间、各级政府之间的财力，占地方交付税总额的94%左右；后者是作为普通交付税所不能反映的地方财政特殊支出给予资金支持的转移支付资金。

国库支出金是中央政府为实施特定的经济社会政策，对地方政府的特定项目进行的补助，又称专案拨款补助金。

地方让与税是指这样的一些税种，它们由国家统一征收比较方便，但其税收的一部分要直接用于地方支出，所以由国税局征收后按规定比例分解，让与一部分给地方，可以认为是分成税种。

五、启示

（一）健全均等化转移支付制度的法制体系

规范均等化转移支付制度必须依靠较完善的财政法制体系。各国都以法律形式明确规定各级政府的事权、财权以及财政平衡制度。中国在发展市场经济公共财政过程中，应借鉴这方面的做法，通过法律法规的形式确保均等化转移支付制度规则的严肃性，缩小人为操纵的空间，保障均等化转移支付制度的政策效果。

（二）在明确划分各级政府的事权范围基础上合理划分各级政府的财政支出

各国的均等化转移支付制度都建立在各级政府明确划分事权与财权的基础上，正确确立各级地方政府的事权范围是地方转移支付范围确定的重要依据。公共财政理论表明，公共产品受益范围与标准需要首先明确。政府之间财权的划分，应在坚持中央财政主导地位的同时，使地方各级政府拥有一个与其事权相适应的税源体系，并赋予地方一定的调节经济和平衡财政的权力。在实行地方转移支付制度的过程中，省级政府与县市级政府要根据这一原则，合理划分财权。

（三）规范转移支付形式

从实践中来看，各国的均等化转移支付均不采用单一形式，而是建立一个以公式化为基础，一般性转移支付为主，专项转移支付为辅的转移支付体系，有利于区域均等化目标的实现。一般性转移支付资金主要用于满足地方政府行使社会公共服务职能所必须的基本财力需要，它的作用主要用于平衡地区间的差别。地区间贫富差别越大的国家，一般性转移支付的比重和数额也越大。我国应逐年扩大一般性转移支付的总量，以使地方能有足够的财力来履行应承担的支出责任，从而使不同省区的居民均可享受到水平大体相当的社会福利或公共服务。专项转移支付规定了资金的使用用途，有的甚至附带一些条件，下级政府只能在规定项目中使用转移支付资金。从我国的实际情况看，近期内缩小地区之间提供公共服务的差距更具有紧迫性，所以在转移支付资金的结构安排上应以一般性转移支付为主，专项转移支付为辅。中央对地方的专项补助应主要用于一些特殊情况，如救灾、扶贫、国土整治、环境保护、跨地区的基础设施建设等项目上。

（四）建立纵向转移支付为主、横向转移支付为辅，纵横交错的转移支付模式

从转移支付方向角度分析，各国转移支付制度的设计要与国情相适应，要有明确的政策意图和针对性。如加拿大、澳大利亚以“父子型”纵向转移支付为主，德国则以其横向转移支付的成功经验形成独特的纵横交错的“兄弟型”转移支付制度。以纵向转移支付为主，横向转移支付为辅，纵横交错，相互配套的转移支付模式综合了两种单向转移支付方式的优点，能够发挥中央、地方的积极性、主动性，既体现了中央权威，又能发挥地区优势。从我国的现实情况来看，既有必要性也有可能性实行这种方式。

（五）采用“因素法”代替“基数法”

各国均采用“因素法”确定转移支付额，即转移支付的计算有统一的公式和客观的标准。政府通过事先确定的公式计算和确定转移支付额，所有接受转移支付的辖区都在同样的公式下得到拨款，所有测算公式都是公开运作的，公式设计比较科学合理，保证了实施过程中有章可循，大大减少了转移支付的盲目性、随意性，避免了中央政府与地方政府之间经常性的博弈，具有很高的透明度、公正性和可预见性，各地方政府不仅知道本地区将得到多少转移支付资金，而且了解其他地区得到的转移支付资金额。我国要规范均等化财政转移支付制度，就首先要消除转移支付资金分配中的主观因素，设计出一套科学的计算公式，作为转移支付制度的拨付依据，以提高透明度。一般性转移支付要测算标准收入和标准支出，因素的选择直接关系到标准收支的确立。因此，在选择影响收支的因素时，要注意考虑各个地区之间的差异，根据客观、公正、效率三原则进行选择。

第五节 促进基本公共服务均等化的财政体制安排方向

纵观世界各国政府间财政体制的设置上，虽然不存在一种完全相同的制度模式，但从其明晰职责，对等事权、均等财权、均衡拨款等均衡制度的安排看，无一不呈现出追求公共服务均等化的特征。吸取各国有关实践经验，可为我国促进基本公共服务均等化的财政体制安排提供一些改革思路。

一、科学把握基本公共服务均等化模式演变

世界各个国家根据自身情况，设计了不同的均等化模式。从国际经验看，最重要的是全社会要对均等化的标准形成共识，包括：均等化体系必须是简洁的，考虑全部均等化含义的确复杂多样，但各个国家多选择其中之一予以实施；均等化必需集中在单一目标上；均等化的产出必须基于有条件的转移支付和公众评价；均等化标准必须基于财政能力均等化；均等化的标准必须建立在政治共识基础上；合理的制度化安排[①]。实施基本公

① 丁元竹："基本公共服务均等化的国际视角"，《浙江经济》，2008 年第 8 期，第 59—61 页。

共服务均等化战略须从消除地区间的基本公共服务不均等入手，包括：国家根据各省人均财政收入水平，对财政收入低的省份实行财政转移支付；建立基本公共服务的国家标准，确定各地区公共服务可比较性和平均水平；通过立法确定基本公共服务是公民的基本权利，必须得到保障。这样可以使居民在国内自由流动，包括跨省流动，甚至跨省分享财富，以消除基本公共服务领域的城乡差别。

我国现阶段基本公共服务均等化基本上属于强调目标和结果均等的均等化模式。从其提出的背景和论述来看，基本公共服务均等化战略是从基本公共服务均等化着手，引导中国公共财政体制建立与完善，主要围绕六个问题展开：

一是我国将建设一个什么样的财政能力均等化体制来确保基本公共服务均等化？因为根据国际经验，基本公共服务均等化的基础和基本实现手段是财政能力均等化，而且各个国家在实现基本公共服务均等化过程中采取的财政体制也是不一样的，如财政能力均等化、税收均等化、财政需求均等化等等。二是当前我国的教育、卫生、文化、就业再就业服务、社会保障、生态环境、公共基础设施、社会治安等公共服务中最基本的公共服务是什么？哪些是当前必须实现均等化？三是在这些公共服务中，应当选择哪些作为全国性基本公共服务？中央政府实施财政转移支付的依据和模式是什么？四是在基本公共服务提供中，中央政府和地方政府的分工是什么？是否可以理解地方政府更具有公共服务的提供能力，因为它们更直接、更理解居民需求，中央政府主要负担转移支付，或建立均等化的项目基金（Equalization Pool）来帮助实现公共服务均等化。五是实现基本公共服务均等化和建设主体功能区在财政体制改革建设中的地位与关系如何确定？从深层次看，它们都包含明确各级政府的事权和财权的含义。不同的是，主体功能区建设更侧重政府的事权，还包含经济建设的布局之意。基本公共服务均等化是主体功能区建设的制度基础。六是我国基本公共服务均等化和主体功能区建设是阶段性目标还是非阶段性目标？

上述六个问题基本可以归为两大类：第一，以财政均等化为核心的均等化，在市场经济体制下，政府间财政关系和转移支付主要应该解决公共服务的均等化问题[①]。第二，以“全体公众对基本公共服务的可及性”

① 倪红日：“对中国政府间财政关系现状的基本判断和发展趋势分析”，《经济社会体制比较》2007 年第 1 期，第 43—49 页。

（基本公共服务均等化）为目标的均等化，后者包含三层意思，一是国家或地方政府应当对所辖区域的基本公共服务及其标准做出明确规定；二是所有的居民都应当具有接近基本公共服务的财政能力，中央政府（或省级政府）必须确保他们具有这种能力；三是凡我国居民应当不分城乡和地区享有接近基本服务的权利和机会。前者主要是针对居民财政能力均等化而言的，后者主要是针对平等权利而言。

需要强调的是，我国的基本公共服务均等化有自己的特点。一般来说，在发达国家，与基本公共服务均等化目标相关的不均等问题有四个：区域差别，中央（联邦）与地方政府的财政收入和支出差别①，地区间的财政收入和支出不均等②，居民收入差距。在我国，还要加上一个城乡差距。大部分国家的均等化政策和战略也主要是为了提高政府间的财政能力均等化，目标主要是地方政府财政能力均等化。我国的基本公共服务均等化还稍微有所不同，从某种意义上，其目标是针对政府间财政能力均等化，来实现个体对基本公共服务的人人可及。

根据国际经验和中国的现实，现阶段的全国性基本公共服务均等化界定为：中央政府通过制定相关基本公共服务国家标准（设施标准、设备标准、人员配备标准、日常运行费用标准），在财政上确保负责提供服务的地方政府具有均等支付这些基本公共服务的能力，确保社会、政府、服务机构不存在偏见、歧视、特殊门槛的前提下使每个公民不分城乡、不分地区地能够有机会接近法定基本公共服务项目的过程，做到基本公共服务的最低公平。

二、合理划分政府间的公共服务职责

按照公共服务受益范围的程度，确定各级政府的职责和各级财政的支出范围。现代西方财政理论的基础是公共产品学说，它不仅引申出政府财政活动的必要性，同时为进一步划分各级政府职责和协调政府间财政关系提供了理论依据。发达国家基本上都把公共财政支出范围限定在“市场失灵”领域，并普遍将关于国家整体利益的支出、需要统一规划的支出，一般划归中央；而与地方利益有直接关系的支出、需要因地制宜安排的支

① 它表现为纵向不均等，即中央或联邦政府财政收入快于、大于地方政府，地方政府的财政收入慢于、小于中央或联邦政府，但其财政支出却快于、大于中央或联邦政府。

② 它指横向不均等。

出、外溢性较小的支出，一般划归地方政府；并经过长期的磨合与调整，形成了各级政府间财政支出与其职责范围密切的对应关系，使各级政府有能力提供大致均等的基本公共服务。而中国目前基础教育、基本医疗保障、基本社会保障等事关国家整体利益的支出，其支出责任大头落到了地方政府身上，甚至是基层政府身上，形成了权利与责任的倒挂[①]。因此，要尽快明确与合理界定各级政府的事权范围，从中央与地方政府的职能划分和公共产品的受益范围这两个层面，合理划分各级政府的事权，并把各级政府的事权用法律形式固定下来，然后根据事权与财权相统一的原则，确定各级政府的支出责任。需要指出的是，事权与财权相匹配并不是要每一级政府都拥有相应的自有财力。从国际上看，中央财政一般占财政收入比较高，但大部分转移到地方，以平衡地区之间财力。我国应进一步提高中央财政集中度，并通过加大转移支付来实现各级地方政府财政支出水平与事权的匹配。

三、增强事权与财力的均等化匹配性

从各国情况来看，无论是实行联邦制的美国、澳大利亚，还是实行单一制的日本，都是在中央政府掌握财力的基础上，再根据政府间财力纵向差异和各地方政府间横向差距确定对地方政府的转移支付数额，均衡各地方政府的财政能力，进而实现基本公共服务的均等化。近几年来，美国、日本和澳大利亚的中央财政收入占全国财政收入的比重均保持在60%以上。美国联邦政府补贴占州和地区政府财政支出的比例在20%左右，日本中央政府的补助额占地方政府收入的比例在36%左右，澳大利亚州政府40%左右的支出靠联邦政府补贴。可见，各国的转移支付规模都比较大，成为地方政府支出的主要来源之一。

各级政府的事权与财力相适应，是指在实行财政转移支付后形成的各级政府事权、责任与其总财力的基本匹配。当中央政府与地方政府，或者上下级政府之间事权与财力不对称时，就会产生纵向财政不均等。无论是中央政府的事权大于财力，还是地方政府所承担的支出责任大于财政收入，都有可能影响公共服务水平均等化的实现。按照这一原则，落后地区的基本公共服务应主要由中央、省、市级财政来提供。中央财政应加大对

---

① 甘肃省财科所课题组："推进基本公共服务均等化的财政政策研究"，《财政研究》2008年第9期，第28页。

落后地区的补助力度，使它们有必要的财力进行地方性重点和先行项目的建设；而对于已具备了较强的财政实力和自我发展能力的发达地区，一般的地方性项目应由地方财力解决。

财政体制设计的核心是处理好财力配置上的“两极”关系，即保证中央政府有足够财力，同时保证作为基层政府的市县政府也有相应的财力。因此，从分税制财政体制的设计来看，中央和省级财政的集中程度的确定，必须根据我国经济发展尤其是县乡经济发展情况，合理安排中央、省、市、县、乡五级财政的分配比例，如果中央和省级财政集中程度过高，势必增强省以下财政对中央和省财政转移支付的依赖度，如果转移支付不能及时到位，必然出现较大范围的基层财政困难问题。

目前应根据“一级政权，一级事权，一级财权，一级税基，一级预算”的制度安排，适当调整和规范中央与地方的收入划分办法，扩大政府间收入划分的覆盖面，保证各级政府有行使职权和提供公共服务的财力。中央的事权，要求掌握与全局宏观调控和国家主权紧密相连的一些税种，比如说关税、个人所得税；省级财政可考虑以营业税为主，营业税是与第三产业的发展最密切关联的大宗税源，比较适合省政府来掌握；市和县层面，按照国际经验来看，应逐渐建立不动产税为主体税种的地方税体系。

四、均等化转移支付——公共服务均等化实现的重要保证

在世界各国普遍采用分税制的背景下，由于政府之间既定的职责、支出责任和税收划分，在上下级政府、同级政府之间普遍存在着财政收入能力与支出责任不对称的情况。在这种情况下，为平衡各级政府之间的财政能力差异，实现各地基本公共服务水平的均等化，就必须实行均等化的转移支付制度。均等化转移支付是指以客观、科学地评估收入能力和支出需求为基础，以各地政府能够提供基本均等的公共服务为目标而实现的转移支付。这种转移支付实际上是财政资金在各级政府间、特别是中央政府与地方政府间的一种收入再分配形式，体现为各级政府在财政资金再分配中所形成的一种内在的财政分配关系。①

均等化转移支付包括纵向转移支付和横向转移支付。纵向转移支付是指中央政府对地方政府，以及上级地方政府对下级地方政府的转移支付；

① 中国财政学会课题组：“公共服务均等化问题研究”，《经济研究参考》2007年第40期，第2—36页。

横向转移支付是指同一级地方政府间的转移支付。从各国转移支付的实践来看，实行均等化转移支付制度的国家大都以纵向转移支付为主。加拿大是实行纵向转移支付的典型国家，加拿大是联邦制国家，其政府是由联邦、省和地方三级构成。通过转移支付形式来增加欠发达省份的财政收入，在该国已有较长的历史。加拿大联邦政府转移支付的目标是为了解决各级政府事权、财权不对称，各地经济发展不均衡所带来的财政收入差距问题，让各地居民都能享受到合理的、可比的公共服务。均等化转移支付的资金来源于联邦政府的经常性财政收入，其资金由联邦政府直接补助到省级政府，并用公式决定均等化转移支付的水平和分配。均等化转移支付是无条件的，接受的各省可以根据自己的需要在公共服务上花费资金。德国则是采用纵向均衡和横向均衡相结合的复合模式的典型国家。德国的横向均衡是通过各州之间的横向财政平衡机制来实现的，它由联邦政府按照统一的公式计算出各州的平均财力后，再确定各州财力的强弱和转移支付水平，由财力强的州转移部分财政收入到财力弱的州，以保证在全国范围内提供大体平衡的公共产品和服务。

从支付形式看，各国的均等化转移支付均不采用单一形式，而是建立一个以公式化为基础，一般性转移支付为主，专项转移支付为辅的转移支付体系，而且均建有规范的均等化转移支付管理机构，这些都有利于区域均等化目标的实现。一般性转移支付资金主要用于满足地方政府行使社会公共服务职能所必须的基本财力需要，其作用主要用于平衡地区间的差别。地区间贫富差别越大的国家，一般性转移支付的比重和数额也越大。专项转移支付则规定了资金的用途，有的甚至附带一些条件，下级政府只能在规定项目中使用转移支付资金。如地区间财力分布很不均衡的澳大利亚，其联邦政府财政转移支付分为无条件转移支付（即联邦政府的一般性拨款）和有条件转移支付（即特殊目的拨款）。负责管理转移支付的主要有两个重要机构：一是联邦国库部，负责确定每年转移支付的总规模，两类转移支付的比例，以及附加条件转移支付的分配方案；另一个是联邦拨款委员会（联邦拨款委员会并不是政府机构的一部分，而是一个受政府委托的民间组织），负责研究转移支付的方法，提供一般性拨款的分配方案。联邦政府财政部和有关主管部门则负责预算的执行。

总之，各国的理论和实践表明，建立一个完善的均等化转移支付制度是实现基本公共服务均等化的必然选择。我国自 1994 年分税制改革以来，中央政府设计了比较完整的转移支付方案[1]，中央对地方的转移支付也一直是地方财政支出的主要来源，但随着经济的发展，我国现行转移支付的弊端也逐渐显露出来：上下级政府之间事权与财权的范围界定不明确，造成部分财政支出的责任不清，制约了拨款制度的规范化；转移支付的形式过多，相互之间缺乏统一的协调机制等。这些弊端已明显不适应社会主义市场经济运作和公共服务均等化的需要。因此，进一步转变政府职能，规范政府间财政关系，完善财政转移制度，建立中国特色的均等化转移支付制度刻不容缓。

① 按照2009年最新的转移支付项目划分，中国中央政府对地方政府的转移支付包括一般性转移支付、专项转移支付、税收返还三种方式。其中，一般性转移支付包括：均衡性转移支付、民族地区转移支付、县乡财政奖补资金、调整工资转移支付、农村税费改革转移支付、体制补助和年终结算财力补助等。

第六章 diliuzhang

基本公共服务均等化与地方财政体制变迁路径

基本公共服务均等化与地方财政体制内在关联性决定了地方财政体制变迁路径是以能否实现基本公共服务均等化为标准。本章在提出基本公共服务均等化的原则、目标、服务标准的基础上，定位地方财政中的省级财政、市级财政、县级财政的职责，并就近期侧重于财政体制边际微调，中长期进行财政体制重新设计制定改革方向。随后重点提出实现基本公共服务均等化的地方财政体制变迁的具体路径，即简化财政级次；明确政府间公共服务责任合理分工；建立政府间财力与公共服务事权相匹配的机制；提升地方转移支付均等化水平。

第一节 基本公共服务均等化的服务标准与地方财政体制改革框架

一、基本公共服务均等化的原则

（一）循序渐进原则

政府提供基本公共服务的过程，实际上也是社会财富再分配的过程，其提供多少基本公共服务总体来说，受制于可用于分配的社会财富，即政府能否承担起提供基本公共服务的成本，而且公共服务提供具有较强的刚性，一旦设立了某项制度，就要持续地提供，政府要有足够的财政实力来保障长期的供给。因此，政府所提供的基本公共服务必须与经济社会发展水平相适应，是一个由少到多的渐进过程。从中国的现实情况来看，政府财政能力有限，因而基本公共服务制度的建立应遵循客观规律，采取“总体设计，分步实施”的战略，设计出近期、中期和长期发展目标，明确主次和先后，逐步完善。

（二）辖区责任明确原则

基本公共服务种类较多，不同的基本公共服务所具有的“外溢性”大小也不一样，如基础设施的利益大部分集中在当地，而义务教育的“外溢性”就大，随着受教育人口的流动而发散到全国。因此，各级政府在提供基本公共服务中所负有的责任不同。应该根据基本公共服务“外溢性”的大小和自身特点，在各级政府之间划分责任，并以法规形式予以确定，使各级政府对辖区内基本公共服务责任明确，在此基础上保障其提供基本公共服务的能力，实现基本公共服务的均等化。

（三）结果导向原则

基本公共服务均等化的目标就是促进居民消费的平等化，减少因财富、收入的不确定性而导致的消费差距过大，使居民在低层次消费（人的基本需求）上得到保障。因此，在推动各项改革时，都应围绕基本消费平等化这个公共服务的目标来考虑，以基本消费的结果平等来衡量，防止为提供公共服务而提供公共服务，把公共服务这个手段变成了目的本身。

（四）公平公正原则

政府的职责之一是维护整个社会的公平正义，实现基本公共服务均等化就是要尽可能缩小由于财富、收入造成的差距，使这种差距控制在社会正义和公平要求的范围之内。因此，基本公共服务必须是对所有公民平等开放，每一个符合法定条件的公民都有权享受同等的基本公共服务，没有歧视行为。例如在义务教育方面，就体现为必须保证无论儿童所在地区的情况如何，每个儿童都应该接受同样的（或至少达到最低限度）教育，尽管每个地区的富裕程度有很大差异，但不同地区的义务教育投资差距不应超过一定范围，以保证学生获得均等的教育机会。

（五）公众参与原则

在提供基本公共服务过程中，要将国家主导、社会互助、个人责任有机地结合起来，既要发挥国家在基本公共服务中的主导作用和主要责任，又要发挥社会互助的作用和提高个人、第三方参与的积极性，建立政府、社会、个人责任与义务相平衡的公共服务机制。另外，要赋予公众对基本公共服务的选择权，建立需求表达机制，使供给与需求有机结合起来，提高公共服务的效率。

（六）统一性与灵活性相结合原则

基本公共服务的种类、层次较多，不同地域、不同群体之间由于经济社会基础不同，对基本公共服务的需求存在一定差别，这就需要在整体基本水平均等与部分地区、部分项目率先发展之间达到动态平衡。一方面要制定全国性的基本指标与标准，使不同地区、不同群体之间的服务水平与能力能够进行比较和测度，在最大范围内实现均等化；另一方面，具体措施、政策要因地制宜，不能脱离当地情况，允许部分地区依靠自身力量率先发展，或集中财力对辖区内最急需的部分项目优先发展。

二、基本公共服务均等化的目标

由于基本公共服务的地域性特征，各地的物价水平、收入水平、居住环境等方面的差异，完全实现基本公共服务水平均等化是不切实际的；特别是对于我国这样的发展中大国，人均收入水平还比较低，二元经济在未来一段较长时期内仍将存在。均等化是一个复杂的问题，它是政策设计的理念，是一个长期目标，短时间内要缩小先进地区与落后地区的发展差距是非常困难的，发达地区与落后地区在市场化程度、城市化水平、科技能力、劳动力素质等方面的差距，决定了它们之间在经济发展速度和经济增长质量方面的差距还会扩大。但是，可以缩小各个地区所享受的基本公共服务的水平差距，因为它在很大程度上不受市场规律的影响。这应是“十二五”期间，甚至更长的一段时期内国家区域经济政策追求的主要目标。

成熟的基本公共服务均等化状态，表现为不同区域之间、城乡之间、居民个人之间享受的基本公共服务水平一致。然而，从启始到成熟，基本公共服务均等化要经历不同的分层次、分阶段的动态过程，在每个阶段上，其具体特点、目标及表现是不同的。初级阶段的目标可能更侧重于区域公共服务均等化，主要表现为区域内、区域间的基本公共服务水平的差距明显缩小①；中级阶段的目标会更多地侧重于城乡公共服务均等化，主要表现为不仅在区域内，而且与各区域城乡之间的公共服务水平接近；高级阶段的目标则为实现全民公共服务均等化，主要表现在区域之间、城乡之间、居民个人之间的公共服务基本形成均等状态。② 可见，基本公共服务均等化的终极目标是应当使人与人之间所享受到的基本公共服务的均等化。由于个人问题处于某个地区或城市和乡村之间，为了实现这一终极目标，可以阶段性地通过实现地区之间和城乡之间基本公共服务的均等化，进而实现人与人之间的基本公共服务均等化。这就需要合理的动态掌握政府责任的具体边界，按照一个正确的大方向，循序渐进，既尽力而为，又量力而行，才能取得意愿方向上的较好效果。当前中国基本公共服务均等化程度还很低，因此，应首先将工作重点定位于区域基本公共服务均等化，同时加快城乡基本公共服务均等化、兼及居民基本公共服务均等化，从而实现结果上的大致平等。

需要强调的是，基本公共服务均等化不等于完全平均化，“平均主义”必然导致效率损失，也从另一方面影响公平的实现。均等化应以不同个体对公共服务的不同需求为基础，只有当经济高度发展、个体对公共产品的需求趋同时，均等化才接近平均化。基本公共服务的种类、层次较多，不

---

① 比如基本社会保障实现省级统筹并积极缩小各地标准的差距。

② 比如基本社会保障不分区域、城乡、身份而实现全社会统筹。

同地域、不同群体之间由于经济社会基础不同，对基本公共服务的需求存在一定差别。比如农村和城市对于基础设施需求的不同，东部、中部、西部、东北地区生态环境差异所产生的公共卫生需求差异等，这就需要在整体基本水平均等与部分地区、部分项目率先发展之间达到动态平衡，既要保障最基本的公共服务在最大范围内实现均等化，又要允许部分地区依靠自身力量率先发展，或集中财力对辖区内最急需的部分项目优先发展。

三、"十二五"时期基本公共服务均等化的服务标准设计

（一）基本公共教育服务标准

国家建立基本公共教育制度，保障所有适龄儿童、少年享有平等受教育的权利，提高国民基本文化素质。

"十二五"时期，政府提供如下基本公共教育服务：

◆为适龄儿童、少年提供免费九年义务教育，为农村义务教育阶段寄宿生提供免费住宿，并为家庭经济困难寄宿生提供生活补助；

◆为贫困地区农村义务教育学生实施营养改善计划；

◆为农村学生、城镇家庭经济困难学生和涉农专业学生提供免费中等职业教育；

◆为家庭经济困难学生接受普通高中教育提供资助；

◆为家庭经济困难儿童、孤儿和残疾儿童接受学前教育提供资助。

农村义务教育阶段中小学公用经费实行全国统一的基准定额。校舍建设、设备配置、师资配备、教学管理规范等具体标准，由教育部依法会同有关部门及国家标准化行政管理部门制定实施。

各省（区、市）应遵循实施国家基本标准，并可结合本地区实际情况，适当拓展基本公共教育服务范围和提高服务标准（见表6-1）。

表6-1 "十二五"时期基本公共教育服务的国家基本标准

服务项目	服务对象	保障标准	支出责任	覆盖水平
九年义务教育				
义务教育免费	适龄儿童、少年	免学费、杂费以及农村寄宿生住宿费，免费向农村学生提供教科书；农村中小学年生均公用经费标准：普通小学不低于500元，普通初中不低于700元	中央与地方财政按比例分担	目标人群覆盖率100%，九年义务教育巩固率达到93%

续表

服务项目	服务对象	保障标准	支出责任	覆盖水平
寄宿生生活补助	农村家庭经济困难寄宿学生	年生均补助小学1000元，初中1250元	地方政府负责，中央财政适当补助	目标人群覆盖率100%
农村义务教育学生营养改善	贫困地区农村义务教育学生	在寄宿生生活补助基础上，集中连片特殊困难地区每生每天营养膳食补助3元（每年在校时间按200天计）	地方政府负责，国家试点地区中央财政承担，其他地区中央财政适当补助	目标人群覆盖率100%
高中阶段教育				
中等职业教育免费	农村学生、城镇家庭经济困难学生和涉农专业学生	免学费	中央与地方财政按比例分担	目标人群覆盖率100%，使高中阶段教育毛入学率达到87%
中等职业教育国家助学金	全日制在校农村学生及城市家庭经济困难学生	资助每生每年不低于1500元，资助两年	中央与地方财政按比例分担	目标人群覆盖率100%
普通高中国家助学金	家庭经济困难学生	平均资助每生每年1500元，地方结合实际在1000～3000元范围内确定	中央与地方财政按比例分担	目标人群覆盖率100%
学前教育				
学前教育资助	家庭经济困难儿童、孤儿和残疾儿童	具体资助方式和标准由地方确定	地方政府负责，中央财政适当补助	目标人群覆盖率100%，学前一年毛入园率达到85%

（二）社会保障服务标准

国家建立基本养老保险、基本医疗保险、工伤保险、失业保险、生育保险等社会保障制度，保障公民在年老、疾病、工伤、失业、生育等情况下依法从国家和社会获得物质帮助的权利。

"十二五"时期，政府提供如下社会保险服务：

◆职工享有职工基本养老保险，农村居民享有新型农村社会养老保险，城镇居民享有城镇居民社会养老保险；

◆职工享有职工基本医疗保险，农村居民享有新型农村合作医疗，城镇居民享有城镇居民基本医疗保险；

◆职工享有失业保险、工伤保险、生育保险。

各省（区、市）应遵循实施国家基本标准，并可结合本地区实际情况适当提高标准（见表6－2）。

表6－2　"十二五"时期社会保障服务的国家基本标准

服务项目	服务对象	保障标准	支出责任	覆盖水平
基本养老保险				
职工基本养老保险	职工、无雇工的个体工商户、灵活就业人员	根据个人累计缴费年限、缴费工资、当地职工平均工资、个人账户金额、城镇人口平均预期寿命等因素确定基本养老金	用人单位缴纳一般不超过工资总额的20%，职工缴纳本人工资的8%，基金出现支付不足时由县级以上政府给予补贴	参保人数3亿人左右
新型农村社会养老保险	16周岁以上，未参加职工基本养老保险的农村居民	基础养老金不低于每人每月55元，并逐步提高标准	基础养老金由政府全额负担，个人缴费部分政府适当补贴	参保人数4.5亿人左右
城镇居民社会养老保险	年满16周岁（不含在校学生），不符合职工基本养老保险参保条件的城镇非从业居民	基础养老金不低于每人每月55元，并逐步提高标准	基础养老金由政府全额负担，个人缴费部分政府适当补贴	参保人数5000万人左右
基本医疗保险				
职工基本医疗保险	职工、无雇工的个体工商户、灵活就业人员	政策范围内住院费用支付比例达到75%左右，最高支付限额达到当地职工年平均工资的8倍左右	用人单位缴纳工资总额的6%左右，职工缴纳本人工资的2%，基金出现支付不足时由县级以上政府给予补贴	参保人数2.6亿人左右

续表

服务项目	服务对象	保障标准	支出责任	覆盖水平
新型农村合作医疗	农村居民	政策范围内住院费用支付比例达到75%左右，最高支付限额达到当地农村居民年人均纯收入的8倍左右	个人和政府共同负担，各级财政的补助标准提高到年人均不低于360元，基金出现支付不足时由县级以上政府给予补贴	参合率稳定在90%以上
城镇居民基本医疗保险	城镇非从业居民	政策范围内住院费用支付比例达到75%左右，最高支付限额达到当地城镇居民人均可支配收入的8倍左右	个人和政府共同负担，各级财政的补助标准提高到年人均不低于360元，基金出现支付不足时由县级以上政府给予补贴	参保率稳定在90%以上
失业、工伤和生育保险				
失业保险	职工	支付失业保险金、基本医疗保险费、丧葬补助金、抚恤金以及职业培训和职业介绍补贴等，失业保险金标准不低于城市居民最低生活保障标准	用人单位和职工按规定缴费，基金出现支付不足时由县级以上政府给予补贴	参保人数1.6亿人左右
工伤保险	职工	基金支付工伤医疗和康复、伤残、护理及工亡等待遇；用人单位支付停工留薪期的工资福利及护理待遇、5—6级伤残津贴待遇及一次性伤残就业补助金等	个人不缴费，用人单位根据行业差别费率和行业内费率档次缴费，基金出现支付不足时由县级以上政府给予补贴	参保人数2.1亿人左右
生育保险	职工	基金支付生育医疗费用和生育津贴，生育津贴按职工所在用人单位上年度职工月平均工资计发	用人单位缴费，基金出现支付不足时由县级以上政府给予补贴	参保人数1.5亿人左右

（三）医疗卫生服务标准

国家建立基本医疗卫生制度，为城乡居民提供安全、有效、方便、价廉的基本医疗卫生服务，切实保障人民群众身体健康。

"十二五"时期，政府提供如下基本医疗卫生服务：

◆为城乡居民免费提供居民健康档案、健康教育、预防接种、传染病防治、儿童保健、孕产妇保健、老年人保健、高血压等慢性病管理、重性精神疾病管理、卫生监督协管等国家基本公共卫生服务；

◆实施国家免疫规划，艾滋病和结核病、血吸虫病等重大传染病防治，农村妇女住院分娩补助、适龄妇女宫颈癌乳腺癌检查等重大公共卫生项目；

◆实施国家基本药物制度，基本药物全部纳入基本医疗保障药物报销目录，并实行零差率销售；

◆为公众安全用药提供保障，确保药品质量和安全。

各省（区、市）应遵循实施国家基本标准，并可结合本地区实际情况适当提高标准（见表6－3）。

表6－3　"十二五"时期基本医疗卫生服务的国家基本标准

服务项目	服务对象	保障标准	支出责任	覆盖水平
基本公共卫生服务				
居民健康档案	城乡居民	为辖区常住人口免费建立统一、规范的居民电子健康档案	地方政府负责，中央财政适当补助	规范化电子建档率达到75%以上
健康教育	城乡居民	免费享有健康教育宣传信息和健康教育咨询服务等	地方政府负责，中央财政适当补助	城乡居民具备健康素养的人数达到总人数10%
预防接种	0～6岁儿童和其他重点人群	免费接种国家免疫规划疫苗，在重点地区，对重点人群进行针对性接种	地方政府负责，中央财政适当补助	以街道（乡镇）为单位适龄儿童免疫规划疫苗接种率达到90%以上
传染病防治	法定传染病病人、疑似病人、密切接触者及相关人群	就诊的传染病病例和疑似病例及时得到发现登记、报告、处理，免费享有传染病防治知识宣传和咨询服务	地方政府负责，中央财政适当补助	传染病报告率和报告及时率达到100%；突发公共卫生事件相关信息报告率达到100%

续表

服务项目	服务对象	保障标准	支出责任	覆盖水平
儿童保健	0～6岁儿童	免费建立保健手册，享有新生儿访视、儿童保健系统管理、体格检查、生长发育监测及评价和健康指导	地方政府负责，中央财政适当补助	儿童系统管理率达85%以上
孕产妇保健	孕产妇	免费建立保健手册，享有孕期保健、产后访视及健康指导	地方政府负责，中央财政适当补助	孕产妇系统管理率达到85%以上
老年人保健	65岁及以上老年人	免费享有登记管理，健康危险因素调查、一般体格检查、中医体质辨识，疾病预防、自我保健及伤害预防、自救等健康指导	地方政府负责，中央财政适当补助	老年居民健康管理率达到60%
慢性病管理	高血压、糖尿病等慢性病高危人群	免费享有登记管理、健康指导、定期随访和体格检查	地方政府负责，中央财政适当补助	高血压和糖尿病患者规范化管理率达到40%以上
重性精神疾病管理	重性精神疾病患者	免费享有登记管理、随访和康复指导	地方政府负责，中央财政适当补助	重性精神疾病患者管理率达到70%
卫生监督协管	城乡居民	免费享有食品安全信息、学校卫生、职业卫生咨询、饮用水卫生安全巡查等服务与指导	地方政府负责，中央财政适当补助	目标人群覆盖率达到70%以上
药品供应和安全保障				
基本药物制度	城乡居民	享有零差率销售的基本药物，并全部纳入基本医疗保障药物报销目录，逐步提高实际报销水平	地方政府负责，中央财政适当补助	覆盖所有政府办基层医疗卫生机构和村卫生室
药品安全保障	城乡居民	享有符合国家药品标准的药物	中央和地方政府共同负责	药品出厂检验合格率达到100%

（四）基本住房保障服务标准

国家建立基本住房保障制度，维护公民居住权利，逐步满足城乡居民基本住房需求，实现住有所居。

> “十二五”时期，政府提供如下基本住房保障服务：
>
> ◆为城镇低收入住房困难家庭提供廉租住房或租赁补贴；
>
> ◆为城镇中等偏下收入住房困难家庭、新就业无房职工和城镇稳定就业的外来务工人员提供公共租赁住房；
>
> ◆为符合条件的棚户区居民实施住房改造；
>
> ◆为农村困难家庭危房改造提供补助。

基本住房保障管理服务机构的设施建设、设备配置、人员配备、服务规范等具体标准，由住房和城乡建设部依法会同有关部门及国家标准化行政管理部门制定实施（见表6-4）。

表6-4　“十二五”时期基本住房保障服务国家基本标准

服务项目	服务对象	保障标准	支出责任	覆盖水平
廉租住房	城镇低收入住房困难家庭	享有实物配租的，人均住房建筑面积13m^2左右，套型建筑面积50m^2以内，租金标准由市、县政府确定；享有租赁补贴的，租赁补贴标准由市、县政府根据当地经济发展水平、市场平均租金、家庭经济承受能力等因素确定	市、县政府负责，省级政府给予资金支持，中央给予资金补助	增加廉租住房不低于400万套，新增发放租赁补贴不低于150万户
公共租赁住房	城镇中等偏下收入住房困难家庭、新就业无房职工、城镇稳定就业的外来务工人员	单套建筑面积以40m^2左右的小户型为主，租金水平由市、县政府根据市场租金水平和供应对象的支付能力等因素确定	市、县政府负责，引导社会资金投入，省级政府给予资金支持，中央给予资金补助	增加公共租赁住房不低于1000万套
棚户区改造	符合条件的棚户区居民	实物安置和货币补偿相结合，具体标准由市、县政府确定	政府给予适当补助，企业安排一定的资金，住户承担一部分住房改善费用	改造棚户区居民住房不低于1000万户

续表

服务项目	服务对象	保障标准	支出责任	覆盖水平
农村危房改造	居住在危房中的农村分散供养五保户、低保户、贫困残疾人家庭和其他贫困户	每户建筑面积一般控制在 40 ~ 60m^2，户均中央补助不低于 6000 元，地方补助标准自行确定	省级政府负总责，中央财政安排补助资金、省级财政给予资金支持、个人自筹等相结合	改造农村危房 800 万户以上
游牧民定居	未定居的游牧民	每户建筑面积不低于 60m^2（考虑家庭平均人口差异，内蒙古自治区户均 50m^2），户均中央补助 3 万元，户均地方配套 1.6 万元	省级政府负总责，中央财政安排补助资金、地方财政给予资金支持、个人自筹相结合	基本完成 24.6 万户游牧民的定居任务

（五）劳动就业公共服务标准

国家建立劳动就业公共服务制度，为全体劳动者就业创造必要条件，加强劳动保护，改善劳动环境，保障合法权益，促进充分就业和构建和谐劳动关系。

“十二五”时期，政府提供如下劳动就业公共服务：

◆为全体劳动者免费提供就业信息、就业政策咨询、职业指导和职业介绍、就业失业登记等服务；

◆为就业困难人员和零就业家庭提供就业援助；

◆为失业人员、农民工、残疾人、新成长劳动力等提供职业技能培训和技能鉴定补贴；

◆为全体劳动者免费提供劳动关系协调、劳动人事争议调解仲裁和劳动保障监察执法维权等服务。

各省（区、市）应遵循实施国家基本标准，并可结合本地区实际情况适当提高标准（见表 6 - 5）。

表6-5　“十二五”时期劳动就业公共服务的国家基本标准

服务项目	服务对象	保障标准	支出责任	覆盖水平
就业服务和管理	有就业需求的劳动年龄人口	免费享有就业政策法规咨询、职业供求信息、市场工资指导价位信息和职业培训信息、职业指导和职业介绍、就业和失业登记等服务	地方政府负责，中央财政适当补助	目标人群覆盖率达到100%
创业服务	有创业需求的劳动年龄人口	免费享有创业咨询指导、创业培训、创业项目推介，获得创业小额担保贷款贴息	地方政府负责，中央财政适当补助	为500万人次提供创业培训
就业援助	零就业家庭和符合条件的就业困难人员	免费享有公益性岗位配置和政策指导、就业困难人员和零就业家庭认定、就业岗位即时服务、就业培训等，城镇有就业需求的家庭至少有一人就业	地方政府负责，中央财政适当补助	帮助500万就业困难人员就业和再就业，动态消除零就业家庭
职业技能培训和技能鉴定	失业人员、农村转移就业劳动力、残疾人、新成长劳动力	失业人员、农村转移就业劳动力、残疾人等享有职业技能培训补贴，符合条件的新成长劳动力享有6~12个月的补贴性劳动预备制培训；符合条件的人员享有职业技能鉴定补贴	地方政府负责，中央财政适当补助	为1亿人次提供各类职业技能培训，培训后就业率不低于60%；为7500万人次提供技能鉴定
劳动关系协调	存在劳动人事关系的就业人员	免费享有劳动用工备案信息查询、劳动关系政策咨询、集体协商促进等服务	地方政府负责	企业劳动合同签订率达到90%，集体合同签订率达到80%
劳动保障监察	存在劳动人事关系的就业人员	免费享有法律咨询和执法维权服务	地方政府负责	监察案件结案率达到95%以上
劳动人事争议调解仲裁	存在劳动人事关系的就业人员	免费享有劳动人事争议调解和仲裁服务	地方政府负责	劳动人事争议仲裁结案率达到90%；50%以上案件由基层调解组织解决

四、地方财政体制改革框架

基本公共服务均等化是公共财政"公共性"的重要体现，是公共财政改革与发展的基本目标之一，应按照逐步实现基本公共服务均等化的要求，深化财政体制改革，健全公共财政体制，形成可持续的基本公共服务财政支持机制。地方财政体制改革是一个复杂的系统工程，既与政府级次设置、基层政府职能界定、政府权力为基础的制度框架有着密切联系，其本身又包括了地方税体系、转移支付制度、预算管理制度等众多方面，核心内容主要包括整体改革框架的设计和各级财政的职能定位与体制特点。

地方财政体制改革框架的建立，应遵循以下几个原则：一是坚持渐进式的改革路径，分化改革阻力，在"除旧"的同时，注意发现和及时化解"立新"中产生的新的摩擦和矛盾所造成的新的内耗。二是突出中观的特点，改革应有利于省内的中观调控，强调省级财政对省内地区间财政横向均衡的调控职责，体现财力的公平配置。三是体制的变革应以地方经济发展水平为依据和根本出发点，建立现代化的省以下财政体制模式，在努力实现基本公共产品与服务供给均等化的同时，保护地方经济效率。

省以下财政体制改革的具体形式，如"省管县"还是"市管县"，以及"乡财县管"的问题，实际上更多的是操作层面上的考虑，而旧体制的惯性及对改革造成的阻力，关键还是政府间公共服务事权与财权的划分，以及事权与财力的匹配。表6－6描述省以下财政体制改革中省、市、县三级政府之间的事权与财权划分，以及财力配置的相互关系。①

表6－6　　省、市、县三级政府事权、财权、财力划分

项目		省	市	县
公共服务事权	经济调控	F	f	—
	基础设施建设	f	F	F
	环境保护	F	F	F
	教育	f	F	F
	医疗卫生	f	F	F
	文体	f	F	F
	公共安全、司法	f	F	F
	社会保障	F	F	F

① 吕炜："省以下财政体制改革框架分析"，《地方财政研究》2008年第4期，第16页。

续表

项目		省	市	县
财权	税收立法权	F	f	—
	税收征管权	f	F	F
	收费权	f	F	F
	举债权	f	F	—
财力	税收收入	F	F	F
	转移支付	F	f	F
	非税收入	f	F	F

注："F"代表主要责权，"f"代表次要责权，"—"代表无责权。

省级财政作为省以下财政体制改革的最高级次，负有掌控整个改革设计和进程的中观职责，其财政职能定位应以协调好省以下财政体制改革同中央与省级财政关系的对接，并将主要工作定位于促进社会公平与财政公共化、均等化目标的实现，以及对市、县财政的监督、检查。首先，省级财政作为中央与省以下基层财政之间的衔接级次，一方面需要以较为完善的中央与省级之间的分税制为改革方向，指导省以下财政体制改革。另一方面，又要根据省内自身情况，制定好近期改革目标与远期规划。体制改革要努力保持从中央到地方基层财政政策的有效传递，以及体制完善的方向预期。其次，省级财政应做好省内中观调控工作，配合并发挥好环境检查、税务、工商等垂直管理部门对地方经济社会发展的管理与监督作用。积极推进金财工程在省以下的实施，加快财政信息化建设。协调省内各级之间的财政关系，防止恶性税收竞争和税负输出，制定合理、科学的省内发展战略，避免重复投资和地区间不正当竞争。最后，客观的衡量省级财政对基层财政的管理能力和执行效率，制定现实可行的省县搭配财政体制，重点考虑省内各地区横向财政均衡问题，促进社会公平与均等化目标的实现，将省内相对落后的县纳入"省管县"财政管理体制，在这些县与省之间划分事权，适当将落后县的一些事权上划到省，这也是对1994年以来财政体制改革事权下放、财权上移的一种矫正。这种体制安排一方面直接减轻了落后县的财政困难，促进了省内落后县的经济发展和社会进步，缩小了省内各地区之间经济社会发展和公共产品与服务供给水平的差距；另一方面，根据市级经济发展水平和财政承受能力，合理剥离原先"市管县"体制中与财政实力不足的市存在尖锐财政体制矛盾的县，既减轻了能力不足的市对所辖县的财政支持负担，支持和保障了相对落后市的发展，同时也改变了以往经济实力偏弱的市对其所辖县的财力过度集中和“市压县”、“市挤县”等现象，防止了这种情况下“市管县”体制的弊端，遏制了由于不合理的市县财政体制造成基层财政困难，而这种困难又倒逼回省级财政，甚至是中央的恶性循环。

市级财政的职责应更倾向于经济效率的促进。城市经济是当前中国经济发展和社会进步的中坚力量和增长极，是各种资源最为集中，发展最快，最充满活力的经济体。我国市级的管辖范围，既有城市地区（原中心城市的管辖区域），又有农村地区（下属的各县）。从市级政府的主要功能上看，同县级政府一样，也是同社会公众直接打交道的一级政府，主要行使的是中心城市的政府功能，直接为城市居民提供一些公共服务，如城市基础设施、城市社会保障等。实行“市管县”是为缩小城乡差距，促进城乡经济一体化的一大创造，但是否具有这一理想的效果则值得怀疑。很多专家在实地考察基础上认为，“市管县”制度不仅没有解决长期以来存在的城乡分割的问题，反而加剧了城乡之间的矛盾与隔阂，所辖县同市的离心倾向与日俱增。市管县是城市中心化的实现，城市可以利用等级制的权力关系去支配辖区内的经济资源，是用城市统制农村的方法来解决城乡分割问题。从本质上讲，它和城乡协调发展、减少工农业之间、城乡之间区域差异的初衷相悖。从我国实际情况上看，市区经济基本上处于经济发展的集聚阶段，市级政府的主要职责集中在城市居民公共服务提供上，具有显著的城市政府特征。而要求市级政府既要履行城市财政的基本职能，又要负责本辖区内的收入分配，还必须制定对其下辖农村地区的财政体制，这显然是人为扩大了城市政府的财政职能。由城市政府决定对农村地区的财政体制，实际上为城市政府通过财政体制政策扩张其政府规模，提供了政策上的方便条件。

县级财政在我国具有特殊意义：一是服务于农村地区的农村居民。公共事务繁杂，农村人口占总人口50%以上，县级管理的人口数量最多，同时农村社会事务千差万别，县级财政事务也最繁杂。二是直接为农村居民提供社会公共服务。县级政府同农村群众天然有很多联系，不少与群众生产生活直接相关的地方性事务，如农村道路修建、农业开发、扶贫、救济等，都是由县级财政来完成。三是在政府序列中具有举足轻重的地位。县级政府是国家设立在农村地区的一级政府。农村地区稳不稳，关键看县级政权稳不稳。自2001年农村税费改革以来，乡镇最大支出责任——教育支出已上升到县级负责，乡镇许多公共服务机构也由县里垂直化管理，加上“乡财县管”体制的推行，乡镇财政职责已基本被掏空，县级财政在县城内更加灵活的调配资源，集中县级财力。理顺省、市、县之间财政关系，强化县级财政的作用是加强农村服务的关键，由县级政府负担农村发展和减贫的重任，有利于建设社会主义新农村。

搭建地方财政体制改革中观框架的意义在于，从总体上明确省、市、县级政府间的事权、财权及财力的划分和匹配，承接中央与省级政府间的财政体制改革轨迹。本书将省财政职能定位于调控省域内财政均衡，“省管县”改革以省支持落后县城经济发展为中心内容，解决省内跨区域的公共产品与服务的提供问题。充分重视市级财政的核心价值，将地方财政体制改革完全置于地方经济发展进程中，强调城市化背景下市级财政专注于城市经济发展的重要意义。通过提升县级财政的独立性与公共服务能力，专注于农村地区的，促进社会主义新农村建设。对于地方财政体制这样一个综合制度，整体的一揽子改革是最佳选择，但一揽子改革涉及到方方面面的利益调整，许多改革措施所需要的条件在当前并不具备。因而现阶段的改革只能在诸多约束条件下寻求次优的渐进过程，可分为近期目标和中长期目标两个改革阶段（见图6－1）。

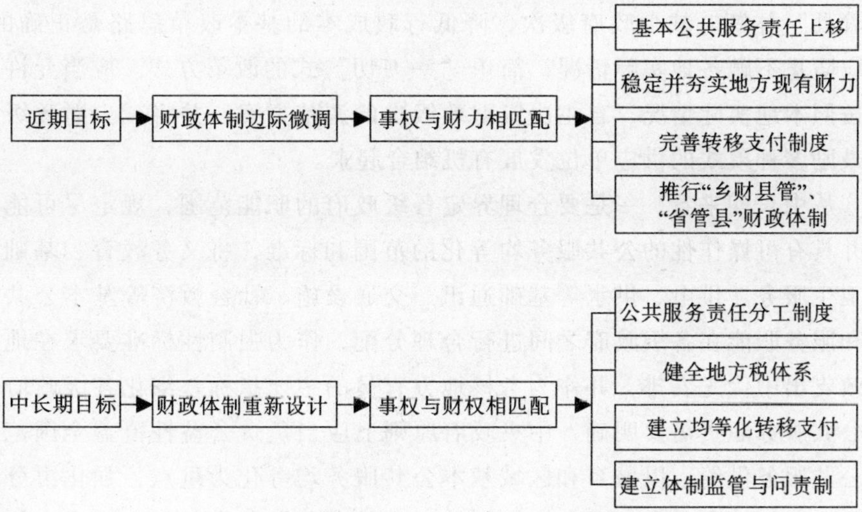

图6－1　财政体制改革的近期与中长期目标设计

近期改革的重点：一是地方各级政府的公共服务责任安排重点适当上移，建立各级政府共享与分担机制。针对目前公共服务责任重心偏低、财权重心偏高、收支权责不对等的问题，要适当减少县级及基层政府的支出责任。将公共服务的支出重心适当向中央和省上移，让中央和省级政府在提供公共服务中发挥更大的作用，建立与财力状况和权力分配基本适应的公共服务事权安排格局。与此同时，要建立分工协作、科学合理的各级政府基本公共服务共享与分担机制，如公共教育。二是在保证地方各级政府财力正常运转的情况下，创新转移支付模式，以宽覆盖、均等化为导向，调整转移支付政策。规范各级财政理财行为，将财政借款逐步以转移支付的形式予以取代，改变这种临时性，但在基层财政普遍存在且已固化的财政资金投放形式，提高地方管理水平。三是将土地出让金、彩票公益金、社会捐赠、税收返还、上级直接转移支付等非税性地方财政资金逐步纳入和稳定为规范的地方财政预算收入，并加强预算管理。同时，注意培养地方财源，不断提高地方财政的抗风险能力，缓解基层财政困难。四是推行“乡财县管”和“省管县”财政体制。五级政府架构是中国宪法规定的基本政府组织形式，取消乡、地市两级政府的改革涉及到修宪程序。在现有宪法约束下，弱化乡、地市级政府的财政职能，减少财政级次，为最终政府架构的改革创造条件是可行的。弱化乡、地市两级政府的财政职能，其主要措施是在安徽等省推行的“乡财县管”改革和以浙江省为代表的“省直管县”体制。减少政府级次，降低行政成本的基本改革思路是正确的，但应防止不顾各地实际情况，简单“一刀切”式的改革方式。应当允许各地按照本地实际情况，自主决定财政级次的调整方案，并将减少财政级次与鼓励多种模式的供应单位发展有机结合起来。

从中长期来看，一是要合理界定各级政府的职能范围，规定尽可能详细并具有可操作性的公共服务均等化的范围和标准，将义务教育、基础医疗卫生服务、供电、供水等基础通讯、交通设施、社会救济等基本公共物品和服务职能在各级政府之间进行合理分配，作为强制性标准要求在地方财政支出中优先安排，并作为考核地方官员的主要指标。细化各级政府间的公共服务职责需要明确，中央政府原则上应当负责公益性覆盖全国范围的公共服务供给，以城乡和区域基本公共服务均等化为重点，强化再分配职能；各级地方政府主要负责各自辖区内的公共服务供给，应当重点关注辖区内居民的实际需求，强化服务的供给效率；对于跨地区、具有“外溢效应”的公共服务，应由中央政府和地方政府共同承担，并要尽量细化以便明确划分，尽量减少交叉重叠以便明确责任。建议国家按照宪法赋予职权，对各级政府事权划分进行明确细化，并探索以法律或法规形式对事权和支出责任加以明确和规范。二是完善地方税体系，构建各级地方主体税种，赋予地方适当限度的税收立法权，确立规范、稳定和相对充足的地方收入体制，为基层政府根据居民偏好提供差异性的公共物品和服务组合提供基本的财力保障。同时，化解基层政府债务，规范地方政府融资制度。地方政府依靠各种非正规手段融资负债对于发展当地经济和维护社会稳定起到一定的作用，但应看到，许多地方债务问题，如地方政府担保形成的或有负债，以及县、乡财政困境是体制改革过程中积累的深层次矛盾的反映，其中隐性负债实际上比显性负债更加危险，也更难以监管和控制。一旦出现地方政府债务危机，不仅严重制约了地方政府提供基本公共物品和服务的能力，影响政府的信誉，而且地方政府担保形成的或有负债还会增加金融风险，会落到上级政府直至中央政府头上，最终构成中央政府的财政风险。因而在摸清堵住地方政府各种隐形、违规的借款融资渠道下，应当相应建立规范、合法的举债渠道。有必要修改《预算法》及相关法律法规，从法律上允许地方政府在具备一定条件的情况下以规范的形式发债借贷。建议先选择一些经济比较发达、偿债能力较强的大型城市和沿海城市进行“市政建设债”的试点，通过试点总结经验，逐步建立规范的地方政府融资制度。三是健全均等化的转移支付制度。从财政体制的角度看，转移支付制度是解决基层政府财政困难和地区不均衡能够采取的最直接、最有效的手段。转移支付制度改革的基本目标是实现公共服务均等化，由此应逐渐降低转移支付在地方财政收入中的比重，将转移支付从以财力保障为主要任务转变为真正意义上的均衡地方财力的政策手段，实现公共服务均等化，体现社会公平。四是完善地方政府财政监督的体制，既要加强上级政府和财政部门对基层政府自上而下的监督，更要通过民主政治建设加强地方人大和辖区内居民对财政支出决策和运行的控制和监督。因此，政府部门要在财政绩效评价的基础上制定相应的问责制度，将基本公共服务评价指标列入干部的政绩考核体系，将提供基本公共服务的责任具体落实到人。

第二节 地方财政体制变迁路径一：简化财政级次

针对地方财政体制改革和地方财政解困问题，主流观点认为，中国政府层级和财政级次过多，“五级政府架构与分税分级财政逐渐到位，存在不相容性质，近年来地方财政困难的加剧，在一定程度上正是由于这种不相容性日渐明朗和突出所致”，“如果能把政府缩到实三级加两个半级（地市和乡作为派出机构层级），就非常接近市场经济国家的通常情况了，这种情况下的分税分级体制和现有省以下理不清的体制难题，就有望得到一个相对好的处理方案”。[①] 由此引申出财政级次的设置与优化问题，而理顺地方财政体制的重要前提和基础是要使财政级次顺应“减少行政层级”的大方向而合理化、扁平化。

一、财政级次改革观点比较

关于财政级次改革的相关学术观点有三种。第一种属于维持论：主张在维持现行政府层级结构的基础上，试图通过转变政府职能，合理界定各级政府事权的前提下，明确收支、转移支付等（孙开，1994；许建国，1995；寇铁军，1996；卢洪友，1999；李齐云，2003）。维持论的基本观点是坚持“一级政府、一级财政”，不改变现行的政府层级结构。

第二种属于建构论：主张对现行政府层级重新进行建构，并在此基础上完善财政管理体制，包括财政级次制度。基于建构理论，自上而下的政府改革先行，希望建构一个自上而下、相对整齐划一、“最优”的政府间财政管理体制模式（贾康、白景明，2002；黄佩华，2003；滕霞光，2003；宋友春，2004）。其基本观点是坚持“一级政府、一级财政”，但要

① 贾康、白景明：“县乡财政解困与财政体制创新”，《经济研究》2002 年第 2 期，第 3—9 页。

改变政府层次结构，并采取自上而下的建构方式。

第三种属于演进论：主张基于演进理论，自下而上，通过基层改革推进财政管理体制与政府层级结构的优化。高培勇、杨之刚（2005）[①] 认为，对于中国这样一个经济社会发展水平千差万别的大国而言，尊重地方首创精神，允许多种不同的财政体制模式存在是更合理的。指导中国财政体制改革的应当是演进理性，而不是建构理性。减少政府财政级次的总体改革方向值得肯定，但不应该是自上而下，统一的建构性改革方案，应该鼓励和允许多种模式的地方财政体制和模式并存发展，在提倡公共服务均等化的同时，赋予地方根据自身情况选择财政分权模式的权力。从长期来看，地方的分权和自治应当成为政府财政级次改革的主要推动力量。其基本观点是坚持“一级政府、一级财政”，但要改变政府层级结构，并采取自下而上的渐进方式。

上述三种观点是次优的渐进改革思路，但侧重点不同：“维持论”没有涉及政府层级结构的优化问题，只是在维持现行政府层级的基础上，合理界定各级政府职能，并优化财政体制，但不改变现行的财政级次安排；“建构论”和“演进论”已涉及政府层级结构的优化问题，但就如何优化方面，“建构论”主张自上而下推进财政级次改革，政府层级结构优化先行；“演进论”主张自下而上推进财政级次改革，让政府层级与财政级次自然演进。“建构论”从改革政府层级结构入手，较之“维持论”单纯在现行政府层级结构下“划分政府职能”，有了很大的进步；但是，这种改革思路并没有从理论上证明所倡导的政府层级结构是最优的，况且改革的阻力和成本难以估量，效果如何有待实践检验。“演进化”充分尊重地方的创造精神和选择权，为多样化的地方公共品供应单位，及多种省以下政府间财政关系模式创建了一个能够生存和尝试的空间，并且能够避免自上而下、“一刀切”的集权式改革模式，无疑比较切合我国国情，已被许多地方的实践证明是可行的；但是这种改革思路有“无为而治”之嫌[②]。

在我国现行政治和行政管理体制下，财政级次的改革应贯彻建构与演进的结合，形成财政级次与政府层级结构的互动变迁机制。这就需要厘清现有五级财政体制的弊端，并指出我国财政级次互动式改革方向，以此作

---

① 中国基层政府财政改革课题组：“推进中国基层财政体制改革”，《财贸经济》2006 年第 8 期，第 30—35 页。

② 周仕雅：《财政层级制度研究》，经济科学出版社 2007 年版，第 20 页。

为重构地方财政体制的财政级次基石。

二、五级政府财政体制的弊端

在当今世界绝大多数国家中，政府的职能及经济社会活动通常是由组成政府有机体的多级政府来共同行使和完成的。与此相适应，政府的财政也是由中央财政和地方财政等多级财政组成。政府层级越多，政府间财政关系越复杂，协调政府间财政关系越困难，则职责和资源划分就越复杂。

1994 年开始推行的分税分级财政体制，按照五级政府架构，相应从中央到地方设立了五级预算，一级政府一级预算，地方各级构成相互独立的一级预算主体，从而形成五级政府财政体制。从实践来看，分税分级的财政体制的确调动了地方组织收入的积极性，实现了分税制改革所设计的提高“两个比重”的目标。但由于我国政府级次过多，五级政府架构与分级财政体制之间出现了严重的冲突，使得地方各级政府间事权与财权划分不清，并导致近年来严重的基层财政困难。①

（一）五级财政体制的委托——代理效率损失

我国现行政府财政层级有五级：中央、省（自治区、直辖市）、市（地区、自治州）、县（自治县、县级市）、乡（民族乡、镇），相应的形成中央对省、省对市、市对县、县对乡四对财政关系。虽然《预算法》规定“一级政府、一级预算”，各级政府是独立的利益主体，但现实中这四对财政关系是由行政隶属关系决定的。上级政府对下级政府的行政权力体现为它具备决定下级的收入分配和支出责任的经济权力，于是下级就不可避免的扮演着上级的“代理人”角色，形成一种委托—代理关系。从最一般的关系来看，中央决定对省的财政体制，形成第一重委托—代理关系。接下来形成省对市、市对县、县对乡的二、三、四重委托—代理关系。委托—代理层次越多，代理成本越高。从信息传递机制来看，层级越多，自上而下的信息传递就可能延滞和失真，从而加剧信息的不对称。更为关键的是，四重委托代理关系的前三层代理者都具有双重身份。相对于前一层次的委托人来说，它是代理者；相对于后一层次的代理者来说，它又是委托者。这样，上级政府就缺乏足够的积极性去监督下级政府，后者就可能

---

① 刘亮：“中国行政体制与财政体制的协调与冲突”，《甘肃社会科学》2004 年第 6 期，第 129—132 页。

出现道德风险。[①] 这是以委托——代理效率解释简化过多的政府财政层级的原因。

（二）政府财政层级过多使各级政府间难以划清事权

事权划分问题是分税制的基础和前提，只有科学准确地划清了政府间的事权，才能真正谈及财政收支在体制上的划分。我国分税制财政体制改革运行至今，尽管财政收支在各层级政府间的划分已有初步的框架，但由于政府财政层级过多，往往导致各级政府职责权限交叉和错位，每一级政府都很难按照规范化的要求来承担事权。可以发现，省级以下政府（市、县、乡/镇）负责提供重要的社会支持或大部分的公共服务。地级市和县级市是提供社会安全网的主体，它们负责向国有企业的下岗工人提供收入支持和再培训，失业保险以及城市最低生活保障，它们还要承担地区性养老金计划所需的资金。县乡两级政府负责提供基础教育和公共卫生。由地方政府承担这些开支庞大、责任重要的项目不仅不合理，也有违国际惯例。除转轨经济国家以外，社会保障通常由中央政府提供。社会安全网机制所需资金主要由中央政府和省级政府共同提供。鉴于基础教育和公共卫生这两类公共产品具有重要的正外部效应，也应由中央政府和省级政府负责提供。[②]

目前各级政府间职责划分模糊，随意性大，上级政府越位行事，职责转嫁，侵蚀了下级政府财政的权限，从而导致省以下分税制财政体制难以规范和科学化，地方公共产品难以得到有效供应。笼统来讲“发挥中央与地方两个积极性”是容易的，但问题在于，地方并不是一个，而是四五个层级，造成中央下放的权力难以到达基层，也无法在各级地方政府间划清职责和权限，建立起清晰完整的政府间财政关系框架。

（三）政府财政层级过多使各级政府间财权难以划分

政府层次构造决定于政府职责和行政管理方式，我国政府层次构造几经变化，总的趋势是随着经济的发展而由少变多。现在的五级政府与计划经济体制下政府由上至下统管所有领域各项具体事务的要求相符合。在旧体制下，首先，政治和行政管理要求上下一致，文化教育、科学技术、体

---

① 田发、周琛影：“重构中国地方政府间财政关系”，《改革》2004 年第 2 期，第 38—42 页。

② 黄佩华：《中国：国家发展与地方财政》，中信出版社 2003 年版，第 72 页。

育卫生等要求统一协调；其次，经济管理如经济计划、统计、物价、劳动等要求上下连贯；再次，经济行业管理更要求上下衔接，旧的经济体制的特点决定了旧行政机构设置必须上下对口，便于贯彻由上而下的各项政策、指令、计划指标和层层分配任务、计划和资金。由于指令、计划和任务必须下到基层，所以，为了便于接力传递，政府层次设置比较密集。与其相适应，财政管理体制建立了由中央控制资金和款项下拨的制度。这种经济体制、政权设置、财政体制的构造均为一站通式，彼此协调没有障碍。经济体制转轨后，经济体制、行政体制、财政体制三位一体的和谐被打破。市场经济体制要求政府转变职能，将经济统管转化为经济协调和宏观调控；将行政控制转化为行政服务；将政府工作重心由政治统治转到社会管理；将具体的经济经营转化为提供公共产品，从而淡化了政府自上而下的管理需求，增强了地方政府因地制宜、独立管理区域问题的必要性。随着"块块"意识的增强，密集的政府层次结构不再适应经济体制的要求。1994 年的分税制财政体制改革顺应了经济体制变化的要求，但无法与旧行政体制协调。

分税制的本质要求是财权分割，也就是说，有几级政府就应按税种划分方法来分配财政资金，并各自具有一定程度的独立运转能力。我国目前有五级政府，是世界上主要国家中政府层级最多的国家。从国际经验看，政府层级越多则要求有更多的税种与之相匹配，这样有利于收入分配。但是，一个国家的税种数量是受多种因素决定的，其中最主要的是公众对税收负担的承受能力，国家不可能不考虑增加税种数量对整个社会公平与效率的影响，通过任意设置税种来适应政府级次的需求显然是不明智的选择。我国现有 27 个税种①，与世界上其他国家相比，这个数量不算少，可相对于我国过多的政府级次来说，如何将 27 个税种在五级政府之间分配的确是个不小的难题。

从税收的属性和各税种的不同特点看，将税源在三级政府间划分相对容易，而在五级政府间划分则难上加难。依美国的经验，三级政府财源支柱的概况是：个人所得税和工薪税归联邦政府（中央）；销售税和公司所得税归州政府（相当于我国的省级）；财产税归地方政府（基层政府）。②

---

① 本来中国有 28 个税种，在 2000 年农村税费改革方案中，取消了屠宰税。

② 贾康、白景明："关于中国分税分级财政体制安排的基本思路"，《经济学动态》2005 年第 2 期，第 9—15 页。

这样的划分符合各税种的具体特点，也符合分税分级财政的内在要求。如以联邦为主掌握个人所得税，符合使劳动力在全国统一市场内自由流动、不出现地区阻碍的要求，也符合使该税成为经济“稳定器”的宏观调控要求；地方掌握财产税，既具有信息和管理优势，又符合使地方政府以关注和改善本地投资环境为重点的职能定位。

我国分税制将税种划分为中央税、地方税和共享税，明确了中央财政收入来源，但没有规定地方税如何在省以下四级地方政府间划分。由于各个税种收入的高度不均衡，如果硬要完整地按税种划分收入，势必造成各级政府间收入分配高度不均衡。为了在复杂的政府级次之间分配财政资源，在税种数量有限的情况下，只能走共享收入的道路。1994 年分税制改革将增值税、资源税和证券交易税作为共享税，从 2002 年起，又将企业所得税和个人所得税作为共享税。那么，数得着的大税种已全都共享，这在过渡状态下是一种权宜性选择，但一味扩大共享部分又反过来影响分税分级财政基本框架的稳定。[①] 从长期来看，应逐步将若干共享税分解、融合到国税和地方税之中，以稳定分税制的基本框架。

即便如此，还是难以将“分税种形成不同层级政府收入”的分税制基本规定性，贯彻到一个五级政府的架构中去。换言之，这一架构使分税制在收入划分方面得不到最低限度的可行性。我国省以下的分税制财政体制更是五花八门，各地不一，有的安排了复杂易变的分享，有的则干脆实行包干制，总体而言，“讨价还价”色彩浓重，与分税制有较大的差距。可见，五级政府架构与分税分级财政的逐渐到位之间，存在不相容的问题，近年来地方财政日益困难，在一定程度上正是由于政府层次过多，大大降低了分税制收入划分的可行性所导致的。

（四）财政体制级次多，财力分配不利于基层财政

从财力分配上看，越是简单的政府体制，财力分配越是容易趋近公平。财政级次本身具有累积财力的功效，具有财力分配权的一级政府，在财力分配上总是尽可能地向本级政府倾斜。尽管从收入再分配角度出发，这种财力倾斜使得上一级政府具备了更多的财力，以调控本地区内经济运行，但从财政体制整体上来看，财力分配过度向上倾斜，向上累积，直接造成基层财政获取

① 贾康、白景明：“县乡财政解困与地方财政体制创新”，《经济研究》2002 年第 1 期，第 3—9 页。

财力不足，基层政府行使职能所需财力明显匮乏。

世界上大多数国家只有三级政府，形成的是中央与地区政府（如州政府、省政府），地区政府与地方政府两对财政体制关系。国家整体财力在三级政府、两对财政体制关系间进行分配，财力过度累积在上，而造成基层财力匮乏的可能性却较小。因为，地区政府本身承担着再分配任务，如果财力过度集中在上，必然要通过地区政府自身的转移支付制度，将财力再分配给地方政府（即基层政府）。

我国大多数省份形成的是中央对省、省对地市、地市对县、县对乡镇四对财政体制关系。从政府职能上看，中央和省级政府具有收入再分配职能，而中央与省级政府的收入再分配，又无法明确针对基层财政（如县乡财政）进行。财力分配权与转移支付调控权都高高在上，这就使得基层财政既无法从财政体制本身的财力分配上获取足够多的收入，也无法通过转移支付制度获取足够多的收入。在多级次政府条件下，即使中央或省级政府有足够多的转移支付规模，在各级政府“财政自利”的影响下，也会造成更多的“收入渗漏”，最终到达基层政府的财力也甚少。因此，我国多级次的政府财政体制，造成了财力分配上极不利于基层县乡财政的状况。

鉴于我国政府财政级次太多，直接增加了分税制改革难度的实际情况，本书认为，应对我国财政体制级次进行适当简化。中央、省、县（市）三级财政体制，是财政体制的基本级次。中央财政全权负责一些具有宏观性的政府职责；省级财政（中观层次）负责本省内一些相对具有宏观性的政府职责；地市财政承担城市地区居民公共事务管理，以及县级财政负责农村地区公共事务管理。当然，三级财政体制的构建必须依赖于二项重大改革。

三、简化财政级次改革战略构想

简化政府财政级次的改革，主要是吸取安徽等省推选的“乡财县管”和以浙江省为代表的“省直管县”体制。“乡财县管”弱化了乡级财政，而“省直管县”则使省级财政同时管理地市财政与县级财政，县级财政直接与省级财政划分职权与财权，不再通过地级市。这两项改革将为构建中央、省（直辖市）、市、县三级政府体制奠定基础。

（一）推行省直管县体制

近年来，大部分省纷纷仿效浙江省，试行由市管县改为省管县财政体制。体制创新主要体现在减少了市级财政这一中间环节，实现了省对市（地）、县（市）财政级次管理方式的“扁平化”。与市管县财政体制相比，有明显的优点：①

省管县财政体制的优势。一是有利于发挥省级财政的调控作用，帮助困难县解决实际困难。在我国的一些省份，由于财政积累能力较弱，经济发展水平相对落后，而且县域之间的经济发展水平很不平衡，县级的财政收支矛盾非常突出，部分县自有财力全部保工资都难以做到。从地级市来看，除少数地级市财力状况相对较好外，多数地级市都比较困难。实行省管县财政体制，有利于省从全局的角度，合理分配财力，统筹考虑解决县的实际困难和问题，发挥省财政调节市县财力差异的职能作用，确保财政困难县继续维持其基本需要。二是有利于减少财政层级，降低行政成本。省管县体制由于在管理层次上省直接对县没有中间环节，有利于提高工作效率和政策措施的及时贯彻落实。此外，省管县体制能使省补助县的资金直接落实到位，避免了中间环节的截留、挤占和挪用。三是有利于促进县域经济的发展。制约县域经济发展的主要障碍是管理层次多、办事效率低，权力下放不够。要加快县域经济发展，必须为县域经济发展创造良好的外部环境。实行省管县实质上是对公共行政权力和社会资源的重新分配，其根本目的是为了促进县域经济的发展。

就全国范围而言，“省直管县”财政体制应该根据各省自身不同经济发展情况以及地理状况，有步骤的推行，2012 年年底前，力争全国除民族自治地区外全面推进省直接管理县财政改革。目标就是通过省管县财政体制级次调整，最终演变为省管县行政层级设立，可分为三个阶段进行，以达到简化行政层级与财政级次相对称。

第一个阶段是推行“省管县”财政体制，调整财政级次。基于现行的政府层级结构，采取相应的财政级次制度，逐步、有选择性的推行省管县财政级次制度。一是对于区域范围适中、交通方便、县的数量不是很多的省份，如果大部分县域经济也比较发达，可以考虑在全省范围内直接推行省管县的财政级次制度。二是对于区域范围非常广阔，交通不便，再加上大多数县域经济不发达，县在经济上还需要接受上级市资助，并且所辖县数目又较多的省份，不宜全面推选省管县财政体制，否则行政成本非常

① 虞小迪：《省管县财政体制》，浙江大学硕士学位论文，2006 年。

高。但可选择部分县域经济发展较好的县实行省管县财政级次制度，其他地区仍维持市管县的财政体制。此阶段在2012年全国范围内基本完成。

第二阶段是推进地方适当分权，提升公共治理水平。

财政层级制度调整后，为进一步促进地方经济社会的发展，还需要放宽体制和制度性瓶颈的约束，在维持政府层级结构不变的前提下，推进地方适当分权，并提升公共治理水平，进而调整财政层级地位格局，推进财政层级制度的变迁。具体可采取的措施有两种①：强县扩权或撤县设区，推进县域或中心城市发展。

一方面通过强县扩权推进县域发展。在实现省管县财政层级制度的地区，对一些实力较强的县进行强县扩权改革，赋予其市一级的资源支配权和经济社会发展的决策权，提升其政府层级地位，尽量做到与财政层级地位相匹配。以期在行政区划不变的情况下，把部分权限下放给县，减少管理层次，提高工作效率，降低行政成本，推动扩权县加快发展，尽快形成一批经济活力强、发展速度快、综合素质高、带动作用大的县，促进城乡经济和区域经济协调发展。

另一方面通过撤县设区推进中心城市发展。对于市一级的中心城市，如果经济社会发展的辐射作用比较强，随着公共治理水平的提升，在城市化推进过程中又面临土地等要素制约，可将周边县通过“撤县设区”的方式，划入其管辖范围，达到扩大城市辖区和带动周边县发展的目的。“撤县设区”以后，政府层级地位基本保持不变；在财政层级地位方面，如果该县财政本由省管，则从“一级财政”变为“半级财政”；如果该财政原就由市管，则基本保持不变。

作为配套措施，可通过完善立法，以法律的形式推进权力下放，切实改变各地以行政性文件方式下放权力的做法，以提升权力下放的法律层次和权威性。在这方面，国外的经验值得借鉴。如法国1981年9月颁布《权力下放法》，并从1982年3月正式启动权力下放改革，加速了适当分权的进程。另如日本政府于1995年成立了分权推进委员会，分权推进委员会负责向内阁和国会提供分权改革建议方案，1998年5月日本内阁颁布了“分权推进计划”，这一计划对内阁各部都产生了实质性影响，1999年他们相应修改了至少500部法律。

---

① 这里只以县（市、区）为例，阐述推进地方适当分权和提升公共治理水平，其原理适用于乡镇级分权程度和治理水平的提升，如通过“强镇扩权”等方式推进中心镇的发展，不再赘述。

第三阶段是调整政府层级结构，完善财政级次。

经济社会发展到一定程度，市一级的权力也基本下放到县（市）以后，可以水到渠成地调整政府层级结构，同时完善财政层级制度，构建符合经济社会发展要求的行政体制和财政体制。具体可采取如下两种措施配套改革政府层级管理方式，缩减政府层级。

一方面实行市县分治。等到条件比较成熟时，参照国外通行做法，将“地级市”由现在的“广域型管理”改为比较纯粹的“适域型管理”，恢复其城市管理的职能，只管辖区。对强县扩权改革到一定程度的县，如果行政区划上还是市管县，可完全脱离市的管辖，在政府层级上也实现省管理；还可视该县经济社会发展程度，通过与周边县合并或撤并周边县的方式，提升扩权县的政府层级，并达到政府层级与财政层级相一致。市县分治后，市县之间在行政管理上不再是上下级关系，各自均由省直管。

另一方面调整省区范围。与实行市县分治相适应，为了减轻省级政府由此带来的管理压力，可考虑根据地域、历史、文化、经济、人口等相关因素，适当增加省级政区或者直辖市的数量，使省级政府或者直辖市管理幅度和能力尽量与所辖人口规模、地域空间、县级政府数量等相匹配。①

（二）“乡财县管”及乡镇体制改革取向

随着农业税的取消和乡镇政府职能和财政供养人员的上划，以及税务、工商、技术监督管理机构已经按照经济区域而非行政区划设置，维持原有的乡级财政体制的配套环境已经发生了重大变化②。“乡财县管”正是在这种背景下采取的针对乡镇，尤其是以农业为主的乡镇财政管理体制的改革措施。该项改革首先在农村税费改革的试点省份安徽省试行，农业税取消后开始在全国许多省份陆续推开。从本质上看，“乡财县管”并非减少财政级次，或实行越级管理，而是强化了县对乡镇财政的制约。“乡财县管”改革将乡镇政府的“一级财政”弱化为“半级财政”，尽管名义上保留了乡政府对本级资金的所有权和使用权，但通过一系列财务统一管理措施，实际上大部分财权已上划到县，真正留给乡政府的“活钱”并不多。这种财政管理权限的上划，从短期来看，与农业税的取消及乡级财政

---

① 马庆钰：“政府管理方式与管理体制改革”，《学习时报》2007年4月2日。

② 贾康、白景明：“中国地方财政体制安排的基本思考”，《财政研究》2003年第8期，第15—19页。

支出责任的减少相适应，同时也能在一定程度上实现对乡级政府行为的制约，堵住了乡级政府乱收费、乱支出、乱借债的口子。在这个意义上，“乡财县管”改革可以看作是通过弱化乡级财政，加强对乡级政府的监督，切实减轻农民负担的有效举措①。

但应当看到，“乡财县管”改革仅仅是县乡两级财政管理权限的改革，县乡两级的总财力并没有增加，通过加强对乡级财政支出的管理，能够相对减少行政成本和资金浪费，但如果没有转移支付等配套措施，“乡财县管”并不能从根本上缓解县乡财政的困难。而乡级政府财权的削弱和上划，尽管有利于加强乡级政府行为的监督，但同时也使乡级政府基本丧失了为辖区居民自主提供公共服务的能力。“乡财县管”后出现的主要问题：一是乡镇政权运转更加困难；二是加剧了乡镇公共服务供给缺位；三是对乡镇资金管理成本加大，资金使用费时费力。

目前成为主流的“乡财县管”改革，作为一种财政级次制衡机制，名义上维护“乡财”所有权、使用权、审批权“三不变原则”，实际上剥夺了乡镇相对独立的财政级次地位。就乡镇而言，需要根据乡镇的改革方向，确定其相应的财政级次。目前关于乡镇体制改革，主要有五种思路②：

一是坚持“乡（镇）政”，即在维持国家政权组织的基本前提下，加强和完善乡镇政府的控制，将县级政府设在乡镇的机构下放给乡镇政府管理，并扩展乡村社区内民众参与乡镇政治的渠道，增强乡镇政府的自主性，彻底改变它依附于县政的状况，将它建设为一级完备（或完全）的农村基层政府组织，真正成为乡镇社区有效治理的主体单位。该思路要求在撤并乡镇的基础上，精简机构、精简人员、转变职能，科学配置乡镇的权力运行机制和监督机制。

二是主张虚化乡镇政府，将之改为县级政府的派出机构，实行“县政、乡派”，即取消乡镇政府，改设乡（镇）公所或办事处，将乡镇政府变为县级政府的派出机构，接受县政府的委派，专事县政府委托的任务。乡镇财政支出由县政府编制预算，由县财政开支。

三是主张撤销乡镇政府，实行社区内“乡镇自治”。即在将农村社区事务与国家事务适当区分后，国家通过强制性法律预期方式，将基本

---

① 杨之刚：《财政分权理论与基层公共财政改革》，经济科学出版社 2006 年版，第 175 页。

② 李华：《中国农村：公共品供给与财政制度创新》，经济科学出版社 2005 年版，第 200—204 页。

的社会规范和目标确定下来，社区在法律的框架内实行广泛的自治。

四是主张“县（镇）政”和“乡派”，即在乡设立县级政府的派出机构，在镇设立一级政府。

五是主张划小县级行政区划，实行小县制，县以下取消乡镇一级行政建制，用小县制履行目前县乡两级政权的职能。①

鉴于我国的国情，区域差异性非常大，“一刀切”和统一模式的建构思维方式不能有效地解决相关问题。可行的方式是根据各地的经济社会发展水平、人口集中程度、尊重基层的创新精神，结合我国单一制体制的客观实际，对乡镇体制改革及其财政级次地位确立采取差别性的对策，具体操作思路如下：

一是撤并乡镇，提升中心镇的地位，原有的乡镇或成建制撤销，或作为中心镇的派出机构存在。这种方式既提升了中心镇独立财政级次的地位，也削弱了原有乡镇的地位，只能作为中心镇的“部门预算”单位。县与镇之间形成相对独立的财政级次，可实行比较规范的分税制体制，合理划分县与镇收入级次及共享收入分成比例，科学界定镇级支出范围，形成镇财政的自我约束机制。县对镇的监督制约主要通过法律法规等间接方式实现。这一模式主要限于经济比较发达、财力增长能够满足自身支出需要、治理程度高的中心镇实行。如果实行“强镇扩权”，还可赋予中心镇部分县的经济社会管理权限，相应的提升其财政级次地位，以“镇财自治”为主。

二是对于偏远非中心乡镇，即使在现行的条件下尚不能改造成县（市、区）的派出机构，或提升为中心镇，但可采取财政层级与政府层级互动优化的方式：先削弱其财政级次地位，推行“乡财县管”，合理确定收支包干基数，短收不补，超收全留或分成。待时机成熟时，再将政府层级降为派出机构，其财政级次消失，成为县（市、区）的一个核算单位。

三是县（市）城区所在的镇级机构都改为街道办事处。县（市、区）政府所辖各部门本身负有为全县（市）区域提供公共品的职责，理应为城区所在地提供相应的公共品，没必要再设乡镇政府，也没有必要再由镇政府相应的内设机构提供公共品。街道办事处不作为一个独立的财政级次，作为县（市、区）政府财政部门的部门预算单位存在，从而减少一个财政

---

① 詹成付：“关于深化乡镇体制改革的研究报告”，载于《税费改革背景下的乡镇体制研究》，湖北人民出版社2004年版，第11—15页。

级次。可实行县级直管乡镇街道的统收统支财政体制，财政收入直接上缴县里，财政支出由县级财政统筹安排，保证乡镇街道政府正常运转资金需要。县级财政根据乡镇街道经济社会发展实际，核定乡镇街道收入计划，对于年度内组织收入超过核定计划的乡镇街道，按超收额的一定比例给予奖励，用于增加公用经费或事业发展支出。对乡镇街道核定支出后，乡镇街道通过压缩人员，厉行节约节省下来的支出留给乡镇街道自主支配使用①。

第三节 地方财政体制变迁路径二：公共服务责任合理分工

一、中国财政支出结构的目标模式

本节对中国财政在2020年时的支出结构进行一定的勾画，主要是通过对几大财政支出理想比重的分析来完成的。

（一）经济建设支出

改革开放后中国财政支出结构变化的一个重要内容是经济建设支出的占比大幅度下降，即从1980年的58.22%下降到2006年的26.55%。随着政府在教育、医疗、社会保障等领域投入力度的不断加大，未来财政经济建设支出的占比还会有所下降。但也应当看到，政府用于经济建设的支出并不是越少越好。特别是中国还是一个发展中国家，实行的是社会主义市场经济，这些都要求政府在基础设施建设、农业发展、重点产业的技术改造等领域保持相当规模的资金投入。从一些发达国家的经验来看，处于经济起飞阶段政府用于经济建设的开支一般要占财政支出的20%以上。例如，美国1901—1984年，政府经济建设支出平均占财政支出的21.5%；而日本从1947—1984年，政府经济建设支出的平均占比为

① 杨玉华等："'乡财县管'看变革"，《半月谈》2006年第21期，第14页。

23.8%。考虑中国的国情并借鉴发达国家的经验，到2020年中国财政支出经济建设支出所占的比重应维持在20%—25%之间。

（二）教育支出

中国目前正处于经济起飞阶段，要赶上发达国家，政府必须不断加大对教育的投入力度。另外，中国人口基数大，义务教育阶段的学生人数占总人口的比重2006年达到14.5%。根据发达国家和发展中国家的经验，政府在经济发展过程中不仅要包揽小学和初中教育，甚至还要负责高中阶段的教育和高等教育。“教育支出的增长能够在一定程度上解释以往政府支出的增长，它反映了入学率，尤其是高层次教育入学率的提高”；“随着中等教育的普及以及主要由政府资助的大学生学生注册数量的增加，教育将不断吸收大量的公共资源”。[①] 根据上述分析，我们认为目前教育支出占财政支出的比重过低，从近期看这个比重至少要达到15%，到2020年应逐步提高到18%—20%。[②] 如果届时财政支出占GDP的比重提高到30%，则预算内的教育支出占GDP的比重将提高到5%—6%。

（三）社会保障支出

中国目前预算科目上列明的社会保障支出大约占财政总支出的11%，属于社会保障支出性质的医疗卫生支出约占财政支出的4%，二者相加大约占财政支出的15%。那么，到2020年中国财政支出中社会保障支出（含医疗卫生支出和低收入者的住房保障支出）占多大比例比较合适？这里需要考虑几个因素：一是中国未来人口老化的速度很快，据世界银行的预测，到2020年中国65岁以上的老人占总人口的比例将达到11.7%；二是中国属于“未富先老”的国家，政府对老年人的社会保障待遇不应像发达国家那样慷慨，必须强调“广覆盖、低水平”的社保发展模式；三是目前中国社会保障性质的支出分散在许多预算科目中，而且五大社会保险支出目前属于预算外“线下列支”，没有含在预算内社会保障支出中。综合以上因素，我们认为到2020年，中国社会保障支出占财政支出的比重应提高到20%—25%。

---

① ［美］维托·坦齐等：《20世纪的公共支出》，商务印书馆2005年版，第43、45页。

② 根据巴西1988年修订的联邦宪法，教育支出占联邦税收收入的比重不得少于18%，州和地方政府用于教育的支出不得少于税收收入的25%。资料来源于《国家统计年鉴（2007）》。

（四）一般公共服务支出

从历史数据的分析来看，中国一般公共服务占财政支出的比重从1980年的5.4%提高到2006年的14%，这个比重的增长主要发生在20世纪80年代（年均递增6.1%），而在90年代和21世纪前6年这个比重提高得并不是很快（年均递增率分别为1.4%和3.7%）。这可能是由于在20世纪80年代经济改革之初政府的职能和社会管理的任务一下子扩大了很多，从而造成一般公共服务费用的大幅度增长。但随着经济改革的深入和政府社会管理工作的日趋成熟，一般公共服务费用增长的势头应当大幅度放缓。① 另外，中国目前一般公共服务费中"公款吃喝"、"公款旅游"、"公款出国"、"公车私用"等不正之风造成的费用开支也占一定的比重。但随着党风廉政建设的深入开展，相信今后这部分开支会逐年减少。不过，由于中国公务员的工资很低，提高公务员的工资势在必行，所以今后政府机关的"权力性"消费可能会让位于个人工资待遇的提高。也就是说，中国一般公共服务费用从绝对额上看今后不可能减少。另外，本书采用的中口径一般公共服务费中包括了公检法司支出，这部分支出大约要占40%，而从中国社会经济发展的客观需要来看，公检法司还有待于进一步加强。通盘考虑以上因素，我们认为，到2020年，中国一般公共服务费用占财政支出的比重在15%—18%是比较合适的。②

二、基本公共服务均等化下财政支出结构优化途径

（一）以增量扩存量盘活为措施，把更多财政资金投向基本公共服务领域

一是在增量上要做到将增量大部分投入基本公共服务领域，如浙江省财政提出要将各地新增财力的三分之一以上用于民生方面的支出，财政支出的重点放在公众最关心、最直接、最现实的就业就学就医、社会保障和环境保护、社会治安和安全生产、文化建设（三就两保两安全一文化）等方面。二是在存量上要做到有保有压、有保有控，一方面，逐步减少直至

① 对英、美、加、日四国行政管理费增长的回归分析，人口增长与行政管理费之间呈负相关关系。

② 从IMF的《政府财政统计年鉴》提供的数据来看，2005年大多数国家各级政府的"一般公共服务"和"公共秩序及安全"支出占总支出的比重都在15%—20%之间。

退出一般竞争性领域的直接投入，严格控制并努力节约一般性开支；另一方面，区分基本公共服务的轻重缓急，分阶段、有步骤地不断加大对各项基本公共服务的投入力度，当前首先要加大涉及人民群众最迫切需要的民生性基本公共服务，加大财政在社会保障、就业服务、基础教育、公共卫生、基层文化、生态环境、社会治安等方面的投入。三是通过增量的投入带动，进一步盘活存量结构，比如财政部门拟打算给卫生部门增加一笔农村公共卫生的经费，但要求卫生部门必须在现有的经费盘子中调出一定比例的经费作为新增农村公共卫生经费的配套。通过这种增量调存量的方式可以进一步优化财政支出结构，加大对基本公共服务领域的投入。

（二）以缩小城乡差距为重点，逐步加大对农村基本公共服务的投入力度

城乡居民获取基本均等的公共服务水平是公共财政的重要要求。在国家财力有限的前提下，分阶段、分区域地逐步解决农村公共服务落后问题。排序的基本原则应该是先保障农村社会稳定和农民基本生活需要，后创造条件促进农村发展。一是按照建立公共财政体制的要求，加大对农村义务教育的投入力度，进一步强化中央和省级政府对发展义务教育的责任。比如，中央、省级和县级财政各承担1/3的支出，这样做既可以缓解农村教育落后的状况，还可以缓和县乡财政困难。二是进一步改善农村医疗卫生服务，除了进一步扩大农村合作医疗的覆盖面，还要考虑提高中央和省级财政负担的比重，尽可能减少农民的负担。三是增加对农村道路、饮用水、电力、通讯等基础设施的投入，特别是要重点解决民族地区、西部落后地区农村的饮用水及交通问题。

（三）以社会保障和社会救助为突破口，着力解决弱势群体的基本民生问题

社会保障制度搞好了，既可以增加低收入群体的基本收入，为他们提供基本的生活保障，又可以降低居民的消费风险，从制度上、政策上保障弱势群体的基本生存权利。从当前来看，由于中国财力有限、地区差异较大，不宜搞“一刀切”，比较可行的思路是，在经济相对发达的地区着手设立相对规范的保障体系，在经济相对落后的地区以扶贫和救济为主，建立低标准、广覆盖的社会安全网。重点是搞好最低生活保障、医疗救助、特困户救助和就业再就业问题，解决好老百姓的基本温饱和看病问题。一

是根据各地的财政状况和实际消费水平，建立城乡一体化的最低生活保障制度，帮助解决困难群众基本生活问题。二是加强医疗救助制度建设，为最贫困的人群提供一定的福利性医疗保障，这是实现“人人享有卫生保健”的需要，也是摆脱因病致贫、因病返贫的需要。三是继续推进社会救助体系建设，着力推进农村五保供养、特困户救助等生活救助制度建设。四是逐步统一城乡劳动力市场，设立公共就业服务机构，提供就业信息咨询。各级财政要拨专款支持下岗人员提供免费再就业培训和指导，并积极稳妥地推进国有企业下岗职工基本生活保障向失业保险并轨。有条件的地区可实施农村劳动力素质培训工程，帮助农村富余劳动力转产转业。

三、优化地方政府间公共服务划分的纵向配置

构建中央、省、市（县）三级政府是中国政府行政体制的改革方向，政府间事权划分应在此三级政府中进行。只有先界定好中央政府与地方政府的公共服务范围后，才能在省、市（县）二级地方政府间优化公共服务划分的纵向配置。

（一）中央政府与地方政府间公共服务划分

在坚持立宪性一致同意的“授权制”模式下，我国中央政府与地方政府公共服务划分的基本框架是：

1. 中央政府的公共服务范围。（1）以国家整体利益考虑的对全国居民提供的对外援助、基础教育、涉及全国的资源开发与保护，跨省际特大基础建设项目，特大自然灾害救济，中央政府行政管理费等。（2）具有规模经济或经济外部性等特点，或在一定程度上涉及国家整体利益的一些公共事务，应由中央政府负担其经费的全部或部分开支，如部分高等教育、空间开发、环境保护、海洋开发、尖端科学、卫生保健、社会保险、公共防疫以及全国性交通干线、通讯和能源发展等。（3）跨地区政府管辖范围的不同行政区之间的收入再分配。（4）货币的发行、基准利率的确定、汇率的调整、重要税种税率的调整等宏观经济调控权以及关税权、国债权等，必须集中在中央。（5）物价指数控制，产业布局和大的产业结构调整，全国统一、开放、有序、竞争市场体系的培育以及涉及总量平衡和经济稳定的事项。（6）按照国有资产实行政府分级所有、分级监管、企业自主经营的体制要求，有效承担中央级国有资产监管职责。

2. 地方政府的公共服务范围。(1) 按照国家法律、法规和宏观政策的要求，结合本地实际，制定地区性的法规、政策和规划。(2) 通过地方税收和预算，调节本地区的经济活动。(3) 充分利用地方资源，促进本地区的经济和社会发展。(4) 有效履行地方财政的资源配置职能。通过地方财政收支，提供区域内社会福利设施、卫生保健、治安、教育、就业培训等社会公共服务，并根据本地区企业和居民提供各种基础设施，优化投资环境，促进资源有效配置。(5) 负责协调区域内基层地方政府之间的行政、经济管理和社会关系，调节区域内各基层地方政府之间的收入分配。(6) 按国有资产监管体制要求，有效承担地方国有资产监管职责。

3. 中央与地方政府共有的公共服务范围。(1) 中央与地方共有职能。如收入再分配，对在地方管辖范围内的收入调整由地方负责，而对于超出地方管辖范围的不同行政区或经济区之间的收入再分配，应由中央政府负责。(2) 某项公共产品属于中央政府职能范围，但出于效率或其他方面的考虑，由地方分别去做，成为事实上的政府职能共有或政府财政共负，需以中央政府为主，在财权财力上也应作相应的划分。(3) 某项公共产品属于地方政府职能范围，但由于其经济社会效益的外部性，使其成本与受益范围涉及其他地方政府辖区的，由中央政府帮助协调，有关地方政府协作承担。(4) 一些大的社会福利或公共服务项目，如教育、医疗保健、基础设施等，需要建立费用分担机制，其费用往往需要由两级或多级政府共同负担。

(二) 省以下地方政府间的公共服务责任划分

1. 地方政府间公共服务划分的原则。地方政府在公共服务划分时，应遵循以下几条原则：[1]

(1) 按受益范围确定公共服务归属。在市场经济条件下，提供社会公共产品是各级政府共同的基本职能，但提供的公共产品的性质和覆盖范围不同。越是高一级政府提供的公共产品越具有全局性，受益范围越大。因此，凡是受益范围较大的公共产品，其相应的事权应归属上一级地方政府的职能范围；相反，则应归属下一级地方政府的职能范围。

(2) 按提供公共产品行为的性质确定公共服务归属。这种行为的性质

---

① 刘汉屏：《地方政府财政能力问题研究》，中国财政经济出版社 2002 年版，第 214—215 页。

主要体现在三个方面：一是公共产品的提供是否需要更高层次的统一决策和规划；二是是否需要动员全区域的财政资源才能完成这种行为；三是公共产品的提供是否会对全区域社会经济生活产生全面而深刻的影响。如果上述问题的判断是肯定的，那么提供这些公共产品对应的事权应归属较高一级地方政府的职能范围；相反，则应归属较低一级地方政府的职能范围。

(3) 按公共产品的技术经济要求确定公共服务归属。在政府提供的公共产品清单中，一部分要求的技术经济条件较高（如建设全区域性的交通、通讯网等)，另一部分要求的技术经济条件并不高（如对日常经济秩序的管理)。属于前者的，此事权应归属较高一级地方政府的职能范围；属于后者的，此事权归属较低一级地方政府的职能范围。

(4) 按效率最优确定公共服务归属。在提供的公共产品方面，上级政府并不总是比下级政府更有效率。只有当每一级政府提供它应该提供且能够提供的公共产品时，才能实现“帕累托最优”。这一“最优”起码得符合三个标准：一是以最低成本提供公共产品；二是最大限度地发挥公共产品的社会功效，浪费最小；三是最大限度地缩小由市场法则形成的社会分配不公和资源的不合理配置。越是基层政府，离它们的服务对象越近，也就越了解其需求，就更容易最优地提供那些层次较低、受益范围较小的公共产品；相反，较高层次的政府在按宏观目标的要求提供公共产品方面，拥有信息资源和管理资源的优势。因此，每一级政府提供的公共产品清单应按效率优先的原则开列，谁能最优地提供，相应的事权就列入谁的职能范围。

(5) 通行的做法是，各级政府的事权一旦确定，都要写入法律。借鉴国外经验，联邦制国家一般主要由州法律规定，单一制国家主要由中央政府的法律规定，并保持相对稳定。所以，中国各级地方政府的公共服务划分也应明确化、法律化。另外，属于哪一级政府的公共服务，与此有关的政策应由哪一级政府规定，尽量避免越权行为。属于上级政府事权而委托下级政府执行的事务，上级政府应负责提供资金。

2. 明确划分省以下地方政府间公共服务范围。省级政府的公共服务包括：一是贯彻执行中央制定的政策法规，并按照国家统一的法律与政策，制定地区性政策与法规，促进本地区社会经济发展。二是负责本地区教育、科学、文化、卫生、体育、社会保障等事业的发展，维护地方社会治安，承担地区性救灾工作。三是负责具有全省意义的基础设施与公益性项目的建设。四是促进和规划本省内市场体系的建设，维护市场秩序，防止和纠正不正当竞争。五是协调处理本省内的行政事务，完成中央委托事务。

市（县）政府的公共服务包括：一是贯彻执行中央、省制定的政策法规，促进本地区社会经济发展。二是负责城市地区（地市政府）或农村地区（县级政府）教育、科学、文化、卫生、体育、社会保障等事业的发展，维护本地方社会治安，具体组织本地方的救灾工作。三是负责本地方基础设施或公益性项目的建设。四是协调处理本地方的行政事务，完成中央、省委托的其他事务。

四、健全基本公共服务的政府间责任分工体系

（一）义务教育均等化的分工安排

所有普通教育都可以作为基本公共服务的内容，但社会教育质量水平提高是渐进的，也要与经济发展水平相适应，作为基本公共服务范围可以逐步扩大，而目前最重要的是义务教育的均等化。现阶段，政府可锁定对义务教育的保障责任，即普及和巩固城乡义务教育，只要是适龄儿童，不管是在城乡，还是在东西部，都应该有权利享受到九年义务教育，重点是普及和巩固农村九年义务教育，难点在中西部地区的农村。

一般来说，义务教育是地方政府（市、县政府）的主要职责，教育经费也主要由地方政府承担，但现阶段中国的义务教育与发达国家相比存在三个不同点，需要更高层的政府予以统筹协调。一是中国的城市化水平较低，农民进城“打工”并逐步城市化是主要路径，而且这种劳动力和人口流动主要是跨地区的（从落后的中西部向发达的东部流动）。由于这一特征，对发达地区来讲，落后地区义务教育具有较强的正外部性，即落后地区承担了教育的支出，而发达地区享受收益，这需要中央政府对地区间的义务教育费用分担进行协调。二是尽管中央对各地方的义务教育有强制性要求，但教育支出水平是严格与经济发展水平相关的，由于地区间的经济发展差距在短期内难以消除，而且继续呈扩大的趋势，因此，如果中央与省级政府不对区域内的差距进行协调，义务教育的均等化目标将不可能实现。三是以地方政府（县、市政府）为主要职责的义务教育缺乏稳定性的财源支持，需要在省级及中央层次对地区间及城乡间义务教育进行协调。

增加地方政府义务教育职能必须有相应的支持性财源，否则，上级政府出政策，给责任，地方政府难以具备保障公共服务的能力。

义务教育应遵循纠正收益外溢的成本补偿原则，将义务教育支出由中央、省、市（县）三级财政共同承担。要按照公共服务水平均等化原则，以中央政府为主增加对中西部农村的义务教育支出，通过中央财政预算平衡地区间的财政经费的差距，即人均财政性经费低于全国的平均值80%的省份，每年中央予以专项补贴，补足到80%的水平。省级政府通过全省预算增加教育事业费，教育事业费支出占GDP比重提高到4%，新增经费主要由中央政府向地方转移支付解决，用新增的中央及省级财政支出转换出过多的教育收费项目，减少居民的教育负担。市（县）地方政府可相应地较大幅度地减轻其在财政上的支出，主要承担教育质量管理。具体的职责分工方案可考虑：

中西部贫困地区义务教育教师的工资应全部由中央财政负担，沿海发达地区主要由省、市（县）各级政府共同承担，其中省级财政所占的比重要大幅度提高。农村中小学老师的工资改由中央、地方各级政府共同承担，由县统管①。通过建立专款、专账、专用制度，以避免出现县级政府挪用和拖欠中小学教师工资。为确保农村中小学正常运转所需的公用经费，需要国家重新核定全国义务教育阶段小学、初中生平均公用经费的合理标准，制定中小学运转所必需的公用经费的最低支出水平。农村中小学运转所需的公用费用，应主要由省、市（县）政府来安排。同时，应强化对农村中小学危房改造工程的投入，设立学校基本建设专款，这项投入建议以中央和省两级投入为主。

（二）社会保障均等化的分工安排

建立健全基本社会保障体系是保障人们基本生存权的重要制度安排。目前，我国基本社会保障既面临总量不足，需要大幅度增加社会保障支出的问题；同时在制度设计上也力求一开始就实现相对均等化的目标。现阶段的任务是“低标准、广覆盖”，就是对全民基本生活最低保障，以后随着经济的发展，再逐步提高标准。

从职责分工上讲，社会保障体系规划、制度安排应由中央统一。目前，基

① 陶勇：“农村义务教育解困的财政体制思考”，《中国财经信息资料》2004年第6期，第7—12页。

本社会保障的主要职责和财力支持在地方政府，而且，不同性质的单位有不同的政策规定。要加强社会保障制度建设可从以下方面加强中央的支持力度：一是加大中央财政对省级财政的转移支付力度，对中西部的老工业基地（国有企业集中）给予更多的补贴。二是可以考虑发行专项社会保障债券，用于补充基本社会保障资金的不足。三是加大对央企资产的减持，将减持的资金补充全国社会保障基金及对地方社会保障的补贴。中央与地方政府在完善城镇居民社会保障体系的同时，应更多地重视农村社会保障特别是农民工这一特殊群体的社会保障问题，扩大对农民工的社会保障覆盖面。等条件成熟后，再由中央统一社会保障体系。

社会保障类分层次的财政支出责任划分可设计为：一是劳动和社会保障支出。养老保险支出，省级财政应直接负责全省各级养老保险经办机构的经费支出。失业保险支出，省级财政承担省级调剂金的补助责任；市（县）级财政负责统筹范围内失业保险基金缺口补助，同时还负责市级和县级失业保险经办机构的经费支出。国有企业下岗职工基本生活保障支出，省级财政通过转移支付负担一部分；各市（县）财政按属地管理的原则负责再就业资金的其他支出。城市居民最低生活保障支出，省级通过转移支付与市（县）财政共同承担这部分支出。二是民政支出。自然灾害预防、抗御与救济支出应实行分级负担。特大灾害支出应由中央、省、市三级承担；中等灾害支出应由省、市（县）两级承担；一般灾害支出应由市（县）级政府承担。三是公费医疗及医疗保险支出。该类支出按相关规定应由各级政府财政分别承担。

（三）医疗卫生均等化的分工安排

公共卫生和基本医疗服务具有公益性质，可列为基本卫生保障均等化的范围。就整体医疗体制改革而言，可按“政府管基本医疗保障，市场管超值医疗服务，社会管各方广济善助”的思路推进[①]基本医疗保障，即公共医疗卫生部分，具有公益性质，应强化政府责任，建设覆盖城乡居民的基本卫生保健制度。至于“超值的医疗服务”，不可能做到均等化。要把盈利性与非盈利性分开，公益性这部分应均等化，现在的问题是这方面做的不够，因此提出要强化政府责任，但也不宜走到另一个极端去，该均的

---

① 常修泽：“‘共建型’的医疗卫生体制改革思路”，《领导决策信息》2005年第42期。

均，不该均的不均。

中央与地方政府在基本卫生保障均等化上的分工：公共卫生职责在中央，财力由中央与省级分担，中央为主。基本医疗服务依照义务教育，增加中央与省级政府的协调职能，减轻地方政府的财政负担和居民的分担比重（部分通过基本医疗保险解决）。可考虑为尽快完善农村医疗服务体系，中央政府将长期给中西部农村提供高比例补贴，并逐步提高人均补贴金额。就城市而言，坚持基本医疗服务的非盈利性，主要是增加中央与省级政府的财力支持，将政府预算卫生支出占 GDP 的比重提高到3%，增加的部分由中央与地方财政分担。中央政府通过转移支付对地区间财政性经费支出的不均等化进行调控，即对低于全国平均值80%的省份予以补贴。

（四）就业服务均等化的分工安排

就业是民生之本，老百姓能不能享受公共服务首先看就业服务。较长时间中国城乡就业压力很大，解决就业问题，要把握一个基本的方针：劳动者自主择业、市场调节就业、政府促进就业。虽然不宜笼统提“政府安置就业”，但需要把“促进就业”摆在公共服务体制突出的位置。这里的关键是：要强化政府促进就业的职能，找准政府公共服务的位置，保证就业服务的均等化。

就业服务属于地方政府的职责范围，城市的就业服务主要由城市政府实施，省级政府和中央政府可提供一定的就业培训方面的专项补贴。城市政府应尽快建立就业的公共服务体系，特别是做好就业培训和信息的提供，而且应有免费的、公益性的培训，面向全体劳动者，这是就业服务均等化的应有之义。在就业服务上有一个特殊群体需要特别重视，那就是流出地的农民就业培训（包括农村中学生就业前的职业学校教育和培训），由于发达地区的竞争优势很大程度上是建立在源源不断流入的廉价的农民工之上，使得农民工在流入地的培训具有很强的跨地域外部性，由流入地进行补贴是合理的，但操作难度极大，因此，建议由中央财政进行专项补贴，根据流入地民工数量及培育规模进行补贴。另外，对困难地区、困难行业、困难群体，政府应有就业援助制度，特别是下岗工人的再就业，以及资源枯竭城市工人的再就业，还应逐步建立政府购买就业服务成果的机制。

上述义务教育、社会保障、医疗卫生、就业四类基本公共服务均等化的政府间责任分工可由表6-7来归纳。

表6-7　　基本公共服务均等化上的政府间责任分工

	事权分工		财力匹配		政策重点	
	政策标准制定与监督	公共产品服务提供与行政管理	承担主体	方式	政策重点和目标	特殊政策
教育： 义务教育 高中及职业教育 高等教育	 中央 省 中央	 省、市、县 省、市、县 省、市	省级为主，中央平衡	省级预算为主（80%，市（县）配套20%），中央转移支付到省	免学费、杂费及农村寄宿生住宿费，免费向农村提供教科书	中央承担对中西部农村免学费的全部费用，省级政府为城乡贫困家庭学生提供免费课本及寄宿费
医疗： 公共卫生 基本医疗服务	 中央 中央	中央与省 省、市、县	中央为主，省与中央共担	国家预算	省级预算、中央转移支付	中央与地方各一半，外加均等化的转移支付
就业： 城市就业服务	 省、市	 市、县	市、县为主，中央与省予以补贴	专项补贴	适度补贴学杂费	
流出地农民工培训	省、市、县	县	中央予以补贴	专项补贴	补贴大部分学杂费	
社会保障（小社保）： 失业保险 养老保险 基本医疗保险（大病统筹） 最低收入保障	 中央 中央 中央 省	 省、市、县 省、市、县 省、市、县 省、市、县	 省、市、县 省、市、县 省、市、县 省、市、县			中西部农村基本医疗保险以中央补贴为主

第四节　地方财政体制变迁路径三：财力与事权相匹配

财政体制主要涉及事权、财权、财力三要素，各种不同类型的体制都是这三要素不同的组合而形成的。事权指政府公共服务职责。财权指政府负责筹资和支配收入的财政权力，包括税权、收费权以及发债权。财力指政府可支配的财政收入，包括本级税收、上级转移支付、非税收入及政府债务等。清晰的事权划分是财政间支出体制划分的依据，也是实现财政分配均等化目标的前提。当中央政府与地方政府，或者上下级政府之间事权与财力不对称时，就会产生纵向财政不均等。无论是中央政府的事权大于财力，还是地方政府所承担的支出责任大于财政收入，都有可能影响基本公共服务水平均等化的实现。只有事权、财权、财力三要素达到匹配才能使一级政府运转正常。但不同的情况下，其匹配方式是不同的。相对于事权，财权和财力都是手段，是为履行特定事权服务的，而现行事权重心下移而财权、财力不足的根本原因，除了进一步完善转移支付外，需要继续扩大地方政府的财权，以使得财力水平与公共服务职责相匹配，提升公共服务均等化的水平。

一、赋予地方政府适度的税收立法权

科学划分税收立法权是税收管理体制的核心，也是地方税体系建设和有效运行的前提。发展中大国的现实国情决定了我国中央集权型税收管理体制模式的选择，但基于我国幅员辽阔，人口众多，地区间地理、文化、经济差异相当悬殊的情况，为调动地方政府积极性，应该在明确划分政府事权的基础上，赋予地方政府适度的税收立法权，使地方税收来源与地方政府支出之间，地方政府收支与当地居民生活利益之间的关系更为直观和密切。借鉴国际经验做法，赋予地方政府一定的税收立法权应该只限于省一级地方政府。

现阶段，地方税体系税收立法权的划分应该依循以下思路：对宏观经济影响较大的，全国性的主体地方税种，如营业税、企业所得税、个人所得税，立法权集中在中央；对宏观经济影响不大，但对地方经济影响较大，属于全国性的辅助地方税种，如财产税类的税种，资源税类的税种，由中央统一立法，征管权和部分政策调整权下放给地方，但地方政府只能在规定的幅度范围内选择实施；对宏观经济影响较小，但地方特色浓厚的税种，在全国范围内统一征收的，由中央制定基本法，实施细则可由地方制定，政策解释权和征收管理权完全赋予地方；全国不统一开征的地方税种，税权可完全下放，地方有权根据本地财政经济的实际情况自行决定开征与否。为统一税收，各地制定的地方税收法规须报国务院备案。

二、合理确定地方税收规模

合理确定地方税收入规模，根据国际经验，应处理好三个比重问题：一是地方税收入占全国税收收入的比重；二是地方税收入占地方财政收入的比重；三是地方税收入占地方财政支出的比重。第一个比重反映了地方税收入在一个国家全部税收收入中的地位；第二个比重反映了地方政府收入体系的税收化程度；第三个比重反映了地方政府支出对税收来源的倚重程度。

根据国际经验，按照上述三个比重来衡量中国地方税收入规模，可以作出基本的判断：从图 6－2 中可以看到，除 2008 年各项指标异常增长外，1995 年至 2010 年中国地方税收入占全国税收收入的比重年均维持在 33.06%，地方税收入占地方财政收入的比重年均保持在 64.31%，与国外相比也许并不低，但是如果和中国地方政府的事权范围结合起来，就难以得出上述结论。从地方税收入占地方财政支出的比重看，要稳定地方政府的基本收入来源和规范地方政府筹资行为，地方税收入占地方财政支出的比重应该保持在 70%—80% 的幅度内[①]，不足部分通过中央转移支付和政府规范性收费来解决，但中国这一指标年均仅为 38.36%，显然这一比重低得多。

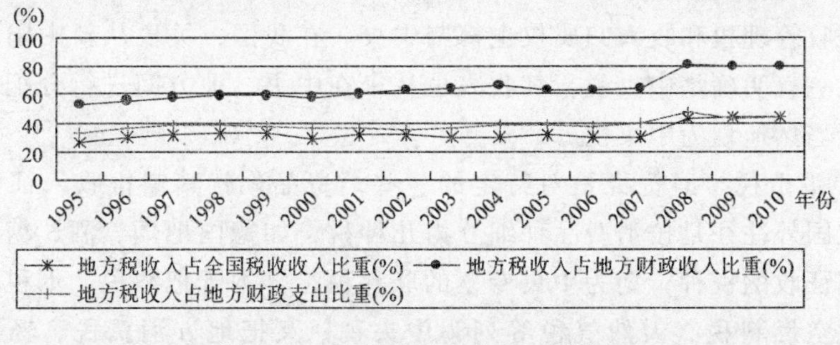

图 6－2　地方税收入占比三项指标

资料来源：根据历年《中国统计年鉴》、国家税务总局网站的数据整理得出。

针对近年来中国地方税收入规模渐趋萎缩的态势，应该也必须采取一些措施来扩大地方税收入规模，提高地方税收在地方政府收支中的地位。要实现这一目标，显然不能采取中央税与地方税规模“此消彼长”的方式，而是要通过加快地方税体系的改革，完善地方税税种体系，包括确立和强化地方税的主体税种；开征社会经济发展所需而现在尚属缺位的税

① 牛丽：“完善现行地方税制的研究”，《税务研究》2005 年第 2 期，第 74—77 页。

种，完善各地方税种的税制规定和积极推进“费改税”来予以实现。

三、构建各级地方的主体税种

在现行划分中央、地方固定收入、分享收入的基础上，结合税制改革和“正税、清费”改革，要新增加和调整税种的情况，现提出划分中央、省（自治区、直辖市）和市县三级税种设想的框架。

（一）中央税种的优化

中央税系应以关税、消费税为主体税种，并辅之以证券交易税、资源税等。

1. 关税。关税是国家贸易税，包括进口税、出口税和邮递物品进口税，以及反倾销税、反补贴税等特别关税。征收关税是国家对国际经济事务的调控，事关调节进口产品结构、数量，保护国内生产，运用国内外两个市场、两种资源，促进发展国家经济，是国家对国际经济事务行使国家主权，维护国家整体利益，政策和执行都必须高度统一，这种权力只能由代表整个国家的中央政府行使，而不能由口岸地区的地方政府分散掌握，导致对外政策的差距，引起国际争端和国家对外贸易的重大扭曲。各国都毫无例外地把关税划为中央税，税基、税率和各种制度的决定权都归中央，征收管理权和收入归属权也都归中央。在我国，关税从新中国成立时起，就一直明确是中央税，其收入也从未在中央、地方间进行分配，现也应理所当然地划为中央税。

2. 消费税。消费税是对特定的一些消费品，就其销售收入征收的税种。在国外往往是按消费品种细分为几种税，如德国把烟、酒、糖、石油等分别征收的税种，划为中央专享的联邦税；日本既把酒税、烟税、汽油税、航空燃料税、天然气税等列为中央税，又把地方消费税、轻油交易税、道府县和市町村的烟税、酒税列为地方税。我国统一列入消费税征收的产品种类较多，主要是“寓禁于征”产品（如烟）、奢侈品、限制消费的资源性产品、环境污染产品，是对商品交换通过增值税普遍调节后，根据国家产业政策和消费政策，对特定商品交换的深层次特别调节，对引导投资方向，调整产业结构，调节和引导消费的作用大，政策性强，财政收入也充裕，应划为中央税，由中央直接掌握。如划为地方税，地方从本位出发，虽采取减税措施，但保护了本地区烟、酒等有关商品生产的加快发展，地方财政仍可多收，这会出现税收的逆向调节。

为更好地发挥消费税所具有的独特的调节功能，有必要对现行的消费税制进行调整。主要内容为：一是调整征税范围，体现国家产业政策。黄酒、啤酒、化妆品等生活的必需品或常用品，对其继续征收消费税已不再具有调节高消费的作用，应将其排除在课税范围之外。而将高档娱乐消费行为及高档消费品纳入征税范围，这些高档消费品价高利大，对其征收一道消费税，既可增加财政收入，又可起到收入再分配的特殊作用。二是实行价外征收。消费税实行价内征收的方法，消费税与增值税同一税基，这样可以避免征收过程中划分税基的麻烦。但对消费税来说，由于其所负担的税额有隐蔽性，消费税所具有的间接税的性质被掩盖起来。国外对消费税普遍实行价外征收的办法。价外税的表现形式是价税分开，消费者知道自己要负担多少税收，没有任何隐蔽性，突出了间接税的性质。采用价外税，可有效抑制消费需求，调节消费结构，正确引导消费方向。三是调整纳税环节。目前消费税的纳税环节基本上选在生产销售环节，诱使某些纳税人通过转让定价的形式压低这一环节的销售价格，缩小计税依据，偷逃消费税。针对消费税纳税人通过转移定价避税的现象，可考虑将部分消费品的纳税环节向后推移至批发零售环节，以减少侵蚀税基的现象发生。

3. 证券交易税。证券交易税税源来自全国各地，但缴纳地点却基本集中在设有证券交易所的上海和深圳两地，因而将证券交易税划作中央与地方共享税的做法有失公平。由于证券交易税的税源具有全国性的特点，税基流动性大，且实际分享该税的地区财力较宽裕，调整后不会对相关地区财政运行产生多大影响，应将其由共享税改为中央税。

4. 资源税。目前，我国资源税除了海洋石油资源税外，其他资源税收入都归属于地方。从资源税分布的地区间非均衡上看，应该将该税由共享税改为中央税。很多支持资源税划归地方的观点认为，资源税主要集中在经济欠发达的中西部地区，将该税种划归地方，有助于增强这些贫困地区的地方财力。但是，这一观点没有考虑到资源税完全划归地方，受资源开采上的经济利益驱动，很容易引发资源开发上的地方无序竞争，地方政府在资源开采上“嫌贫爱富”，富矿争着开发，贫矿无人开采，不利于矿产资源的有序利用。这种违背科学发展观的做法，恰好会反过来制约中西部地区的可持续发展。

（二）共享税种的合理选择

由于共享税种在收入归属、管理权限划分、征收管理工作衔接方面总会出现不少问题，合理选择共享税种成为许多国家在分税制建设中面临的一大难题，因而，按照彻底的分税制要求，共享税应尽可能地少。而我国幅员广阔，地区经济发达程度和产业税源结构差别巨大，如果共享税没有一定的数量和规模，则难以实现地区间财力的合理分配。所以，保留适当数量的共享性，是一种权宜性选择。从长远看，应逐步将这些共享税分解到中央税与地方税系中。

1. 增值税。从理论上讲，增值税作为中央与地方共享税是不妥的，其收入应当完全归属于中央财政。

一方面从地区的角度看，目前作为共享税的增值税实际上是一种产地税，而不是消费地税，它存在着产地和消费地之间税负转移问题。我们知道，增值税等国内商品税属于间接税，它要被加到商品的价格中去由消费者负担。目前在处理国际贸易商品的课税问题上，为了不至于出现甲国居民负担乙国商品税税款这种国际不公平的局面，同时也为了提高世界经济效率，一些国际条约规定，各国对国际贸易商品课征增值税、消费税等国内商品税应遵循消费地原则，即对国际贸易商品只能由消费这些商品的进口国征税，出口国不对其征税①。然而，一国对在国内各地区之间流通的商品却不应而且也无法进行上述增值税的边界税收调整。所以，如果采取我国分税制的做法，把增值税作为中央、地方共享税，其一定比例的收入划给地方，则地区之间商品交易的结果必然会出现甲地居民负担乙地增值税税款这种地区间税负转移的不公平局面。特别是，商品生产和交换较发达的是我国东部沿海地区，在增值税负担可以跨地区转移的情况下，东部地区的产品大量销往西部地区，会造成落后地区的消费者负担发达地区税款的现象，这不利于消除东西部地区之间的贫富差距。

另一方面，增值税作为共享税，与地方的经济利益关系密切，而且增值税的税基流动性很大②，从而极易导致地区间增值税税基和税源的争夺战。我国增值税征管过程中出现的许多新问题实际上都与增值税被划为共享税有关。比如，目前一些地方为了增加本地区分享的增值税收入，不惜用财政返还的办法吸引外地企业来本地设立机构销售或结算，使更多的增

---

① 朱青："中国分税制分税办法中值得探讨的几个问题"，《财政研究》2002 年第 3 期，第 42—45 页。

② 增值税以增值额为课税对象，企业通过转让价格等手段很容易使增值额在某个地区实现，导致增值额在地区间的转移。

值额在本地实现。而一些企业受经济利益的驱使，哪里条件优惠就到哪里去设点开票结算。这种做法的结果必然使一部分增值税税源由其他地区转移到了实行税收返还的地区。又比如，异地总分机构之间销售货物普遍存在总机构（生产企业）按分支机构（销售点）向市场销售产品的价格开具增值税专用发票，使外地的分支机构增值额为零，出现增值税“零申报”或“平销”问题。据了解，这种情况许多是在总机构所在地（产地）税务机关授意下进行的。因为总机构按较高的价格向外地分支机构开具发票，可以人为地把一部分增值税税基以及一部分增值税税源转移到总机构所在地。这种做法的性质实际上与前面提到的方法一样，都是与外地争夺增值税的税源。尽管目前税法对这种“零申报”现象进行了一定的抑制，但还不能真正解决问题。

从我国实际情况来看，增值税是第一大税种，在政府税收收入所占比例超过1/3（见图6-3）。在地方政府的税收收入中，增值税收入所占比例约为1/5。在地方税税源不充足的情况下，如果将增值税完全划给中央政府，会使地方政府的税收收入过少，影响到地方政府组织收入的积极性及提供公共服务的能力。因此，从财政需要角度考虑，目前仍需将增值税作为共享性，但可对分享比例作适当的调整。我们建议实行“六四分成”法，即中央分享60%，地方分享40%，或者对增值税增收部分实行“三七分成”法[1]，即增值税增收额中央分享30%，地方分享70%，从而适当提高地方的可支配财力。

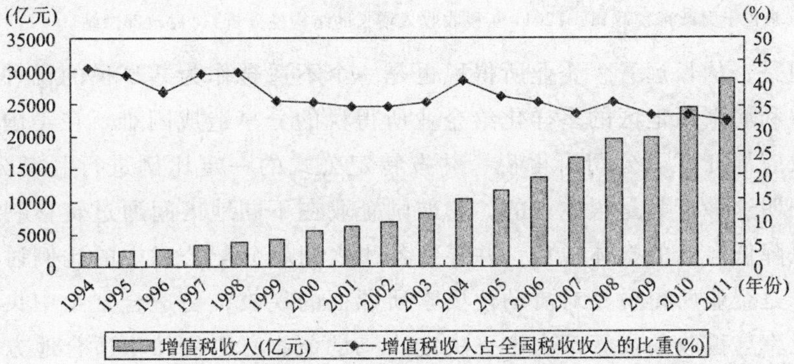

图6-3　增值税收入规模及其占全国税收收入比重

资料来源：根据国家税务总局网站有关数据计算编制，http://www.chinatax.gov.cn；2011年的数据来自于财政部税政司：《2011年税收收入增长的结构性分析》，财政部网站。

① 刘建民：“政府间的税种配置优化问题研究”，《财政研究》2001年第6期，第27—30页。

2. 企业所得税。企业所得税这个税种同经济发展周期密切关联，在经济发展中，有“自动稳定器”作用。其税基有较大流动性，如划为地方税，易通过转计定价等方式，把利润从高税率地区转移到低税率地区，逃避税负，地方征管难度大，税收成本高，地区间税率高低和优惠差别也会对投资和产业的地区布局造成不良影响。目前它是收入仅次于增值税的第二大税种，其税收规模从1994年的687.8亿元上升到2011年16760.35亿元，占全国税收总额的比重从1994年的13.56%波动性上涨到2011年的18.68%（见图6-4）。现阶段也宜于在政策制定和征收管理由中央直接掌握的前提下，划作中央、地方共享税，用于调剂中央、省和市县三级收入分配。

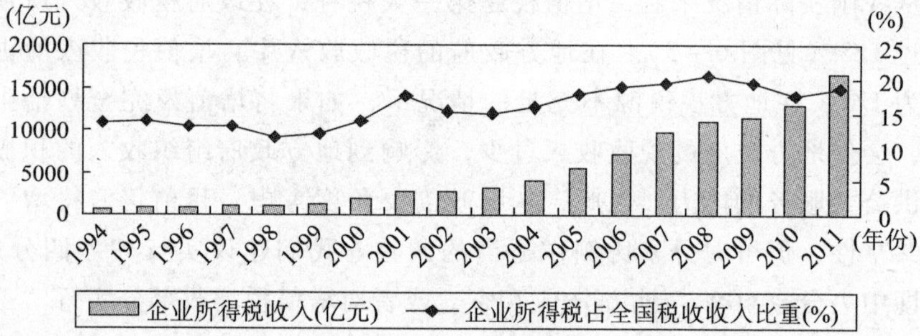

图6-4 企业所得税收入规模及其占全国税收收入比重

资料来源：根据国家税务总局网站有关数据计算编制，http://www.chinatax.gov.cn；2011年的数据来自于财政部税政司：《2011年税收收入增长的结构性分析》，财政部网站。

但是，从长远看，企业所得税也是一个不适合作为共享税的税种。一是企业利润来源地区的多样化给企业所得税的分享造成困难。在美国，46个州政府都开征了公司所得税，并按特定公式的一定比例进行利润分享。事实证明这种行为是很主观的，它鼓励企业在不同地区间通过转移利润的方式以降低自己的整体税负，并导致各州之间就分配公式中的比例讨价还价。二是企业所得税是对流动性要素所课征的税收，更适合划给中央。税基、税率与税收的征管都由中央决定。三是企业所得税并不适合地方政府课征。由地方政府课征所得税不利于实现宏观经济稳定，并且也不符合受益税的标准，不能实现其公认的分配效应，因为它具有周期性和不确定性，并且还易受国家产业政策的影响。

3. 个人所得税。从理论上讲，个人所得税更适合作为共享税。一是个人所得税的税收负担基本上由当地居民承担，符合受益原则，而且地方政府更易于对其进行征管。特别是在发展中国家，个人所得税从根本上看还是一种工薪税，因此，个人所得税相对于增值税更容易计算。二是累进的个人所得税通常被认为具有很强的再分配效应与经济稳定效应，而且是对流动性要素的课征。因此，这种税收比较适合于中央政府来课征，以解决其周期性收入波动问题。税基及税收的征收与管理由中央决定，税率分别由中央与地方决定。三是将个人所得税划归中央政府以实现经济稳定职能，并不意味着地方政府不应该按比例税率征收个人所得税，地方政府并不一定需要单独设置税基，可以在中央税基上进行税收加征和税收附加。就公平与效率而言，税收的缴纳应尽可能反映公共服务的成本与收益，应该将与支出收益相关的税收划分给每一级政府。个人所得税就较好地体现了这一要求，因而其对几个级别的政府都是适用的，由于中央税的税基和税率不变，并且在所有地区都是统一的，中央政府运用累进的个人所得税来实现稳定与再分配的目标不会受到影响，地方政府也能够适当地使用固定税率的税收为公共服务筹集财力。

从各国税制发展的趋势考察，个人所得税地位和作用越来越重要，在许多经济发达国家，个人所得税居各税之首，是税收体系中的主体税种。在这些国家里，个人所得税是在各个政府级次上分别各自征收的，也实行“同一税源、分率计征”，事实上是一种共享税。

实行分税制后，个人所得税成为我国各税种中增长最快、增长潜力最大的税种①。1994 年我国个人所得税收入仅为 72.7 亿元，到 2011 年达到 6054.09 亿元，占税收总额的比重从 1994 年的 1.43% 逐步上升到 2011 年的 6.75%。因而，从税源增长的潜力上看，个人所得税今后也应当作为中央与地方共享税（见图 6－5）。

现行个人所得税在调节收入分配和筹集财政收入方面发挥了重要作用，但随着客观情况的变化，特别是针对当前我国个人收入分配差距不断扩大，收入分配秩序还比较混乱的现状，现行个人所得税制度也暴露出一些亟待解决的问题。主要表现在：一是按所得项目分项、按次征税，与综合各项所得按年征税相比，调节个人收入分配的力度有一定局限，不能充分体现公平税负、合理负担的原则。二是对不同的所得项目采取不同税率和扣除办法，容易造成纳税人分解收入、多次扣除费用，存在较多的逃

---

①　其次分别为证券交易税、企业所得税。

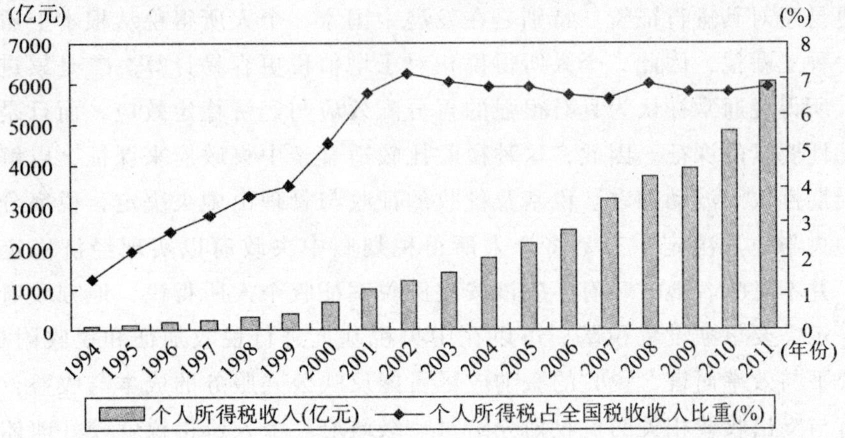

图 6-5 个人所得税收入规模及其占全国税收收入比重

资料来源：根据国家税务总局网站有关数据计算编制，http：//www. chinatax. gov. cn。

税、避税漏洞。三是过高的边际税率，不利于吸引高科技人才和高级管理人才，不利于纳税人自觉纳税。同时，在征管上缺乏监控税源和稽核纳税人的信息技术手段。因此，通过对个人所得税的改革和完善，进一步加大税收对个人收入分配的调节力度十分必要。

个人所得税改革的主要设想是：改革现行分类税制，建立综合与分类相结合的个人所得税制。实行综合税制，是把纳税人一定时期不同来源、不同类别的各种收入归集到一起，统一扣除相应的成本、费用作为计税所得，并采取超额累进税率计算应缴纳的个人所得税。其优点是对收入分配调节力度大，税负公平，但是管理难度大，管理成本高。而实行分类税制，对收入分配调节力度虽不如综合税制，但管理难度小，管理成本低，对管理条件要求也相对要简单一些。我国人口众多、幅员辽阔、社会经济发展极不平衡，创造条件建立综合与分类征税相结合的个人所得税制比较符合实际。我们的具体设想是：将工资薪金所得、生产经营所得、劳务报酬所得、财产租赁所得等有较强连续性或经常性的收入列入综合所得的征收项目，实行统一的累进税率；对财产转让、特许权使用费、利息、红利、股利等其他所得，仍按比例税率实行分项征收；进一步规范和拓宽税基，堵塞税收漏洞；调整税率级距和税负水平，适当降低最高边际税率水平；统一、规范费用扣除标准和减免税优惠政策；建立支付所得的单位与取得所得的个人双向申报纳税制度。

4. 社会保险税。社会保险税是一个非常重要而且比较特殊的税种。西方国家的社会保险税已比较成熟，在一些国家已成为第一大税种。例如，德国的社会保险税已占其税收总额的一半以上；法国的社会保险税已接近其税收总额的50%，相当于增值税与所得税之和。从发展来看，各国社会保险税的覆盖面和征收率还有进一步扩大和调高的趋势。

中国现行的社会保障体系是由政府的社会救济、优抚等社会福利事业和市场运作的养老、医疗、失业等社会保险构成的。它具有明显的过渡性质，其模式本身与规范化的市场经济要求尚有一定距离，其做法随着就业压力增大和老龄人口迅速增长的严峻形势，显露出日益突出的矛盾和问题，资金来源与资金需求之间存在巨大缺口。据测算，中国现有的社会福利服务只能满足20%的社会需求。近几年来，中国社会保障制度改革虽已取得一些进展，但仍存在着管理机构不统一、制度不健全、管理分散、给付标准不规范、保障待遇差别大以及保障覆盖范围小等问题。而将社会保险实行“费改税”，开征社会保险税则有助于解决这些问题。

社会保险税的纳税人应包括全体工薪者和自营人员，具体是指各类行政机关、社会团体、事业单位、国有企业、集体企业、私营企业、外资企业、股份制企业的职工、雇员以及自由职业者。农民进城从事工商盈利性活动一年以上者，也应成为社会保险税纳税人。与中国现行的社会统筹项目相衔接，社会保险税可暂设养老保险、失业保险、医疗保险等几个税目。计税依据对单位和单位雇员而言是工资总额；对自由职业者而言为收益总额。税率分项设定，实行比例税率，由纳税单位与其雇员分摊，自由职业者由其个人承担，税率的设定应使税收收入高于保险支出。

理论上，由其社会性决定了社会保险税应作为中央税或至少作为共享税。将其作为中央收入，有利于在全国范围内实现收缴和管理全面社会化的最终目标。西方许多国家将社会保险税划作中央税种，这样可以使得全国上下能得到大致均等的社会保障。在中国，社会保险税目前以作为共享税为宜。目前应分阶段、分项目逐步实现社会保障制度的全国统一，更为现实些。在实行全国性统一的社会保障制度的条件已经具备的情况下，再将其改为中央税也不迟。

（三）构建各级地方的主体税种

中国税制结构中缺乏必要的地方税种，这是导致地方财力薄弱，特别是基层财力困难的重要原因，也是地方税制建设需要进一步加强、完善的重要方面。地方税体系是各个税种相互搭配、各自发挥不同功能、共同实现税收收入组织目的的税种总和。其中既有位居主导地位的主体税，也有补充主体税收入不足，对主体税调节不到的领域进行课征的辅助税种。二者共同构成了地方税体系。

地方主体税种是地方税收收入的主要来源，为地方政府履行职能提供比较稳定的收入保障。作为地方主体税种，应该具备以下几个特征：[①] 一是税基具有非流动性，将税基具有流动性的税种作为主体税种容易导致各地方政府的税收纠纷和地方政府从本地区利益出发进行的低税竞争；二是基于利益原则进行课征，某些税种的征税对象收益的大小与地方政府提供的公共产品直接相关，纳税人所缴纳的税收与其享受的公共产品和服务是对称的；三是税源要稳定，收入不易发生周期性波动，并且具有一定的税收弹性，可以基本满足地方政府的财政支出；四是要便于地方税务机关征收。

从税制结构上看，中国形成地方收入的税种包括地方税及共享税。鉴于共享税在很长一段时间里将在税制结构中居于绝对优势的地位，中国省、市（县）两级地方政府除了构建各自的主体税种外，还必须依赖共享税作为其重要税种，形成错落有致，各自有所侧重的税种分配格局，增强各级财政的事权承受能力。

1. 省级财政主体税种。从课税对象上看，营业税是对单环节流通额的一种课税[②]。与对多环节进行课税造成税负转嫁，以及区域间税负输出不同，营业税只对单环节课税，税负与课税范围保持一致，是符合地方受益税的一个典型税种，也是造成地区间外部性较小的一个税种。将该税种放在地方，不致引发区域间经济要素大规模流动，不至于损害统一、完整的全国市场。因此，从税种特性上看，营业税适合于作为地方税种，也是1994 年税制改革中明确不采用共享形式，而直接划归地方财政的一个最为重要的税种。[③]

营业税是仅次于增值税、企业所得税的第三大税种，收入规模从 1994 年的 680.2 亿元增长到 2008 年的 7626.33 亿元，占全国税收收入比重从

---

① 卢剑灵："地方税制建设的基本原则及其思路"，《财政研究》2001 年第 5 期，第 28—31 页。

② 相当于对服务的一种零售税。

③ 实际上该税也在共享。如将铁道、各银行总行、保险总公司等部门缴纳的营业税划归中央税。

1994 年的 13.41% 上升到 1998 年的 17.68%，之后又下降到 2008 年的 14.07%，随后又逐年提升到 2011 年的 15.25%（见图 6-6）。从 2008 年营业税在各级财政的分布来看，五级政府的收入里，都有营业税。其中，约 3% 集中在中央财政，约 27% 集中在省级财政，约 37% 集中在地市级财政，约 23% 集中在县级财政，约 10% 集中在乡镇财政。实际上，营业税在各级财政中都担当重任，是省级财政、地市财政、县级财政占比最大的税种。营业税作为地方税，既有助于鼓励地方大力发展第三产业，拓宽税基，也有助于鼓励地方积极推进居民住房制度的货币化改革进程。因此，营业税在中国税制体系中，是作为省级主体税的较为理想的、合适的选择。

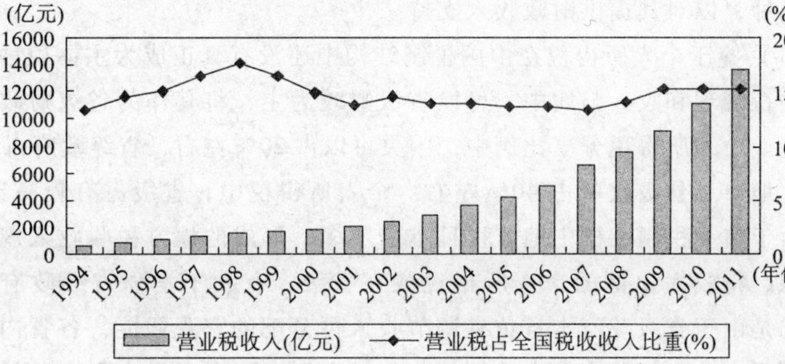

图 6-6　营业税收入规模及其占全国税收收入比重

资料来源：根据国家税务总局网站有关数据计算编制，http://www.chinatax.gov.cn。

随着第三产业的发展，各种新兴的经营形式和经营方式不断出现，营业税税制应当进行相应的调整和改变，以巩固营业税的主体税种地位。具体设想是：首先，稳固营业税税基，充分发挥营业税的收入功能，扩大其在地方税收中的主体地位。如将目前铁路、银行、保险公司集中缴纳的营业税全部划归地方，改变营业税目前这种名为地方税，实为共享税的尴尬地位。其次，简化营业税税率，适当平衡各税目应税行为的税负。市场经济快速发展，行业竞争加剧，行业融合和分化的趋势日益明显，各行业的利润率也随之发生了较大变化，营业税征管问题日渐增多，其税率的调整和完善应当引起高度的重视。如交通运输业[①]与代理业、租赁业、旅游业日渐融合，建筑业、邮电通讯业作为国民经济中提供特殊服务的行业与其

① 2012 年全国已有上海、北京、广州等地进行部分营业税项目改征增值税试点。

他服务并不存在本质的区别，但其税率却存在较大的差别，这给税收征管带来了不必要的困难。因此，应当将其税率统一为5%，以解决税政上存在的漏洞。再次，调整营业税各税目的计税依据，解决重复征税和税负不公的问题。最后，对处于商品生产中间阶段的，进入生产领域的经营性服务，如建筑安装业、交通运输等，可以考虑适当的时候在全国范围内改征增值税。将营业税的课税对象基本定义为对最终劳务消费进行的课税，劳务税负将最大限度地保留在课税地区域内，而不会导致税负输出。这也符合作为地方税的本来含义。

省级财政除了以营业税作为其收入来源外，还应将四个共享税作为其重要税种，以对其提供财政收入支持。

（1）鉴于个人所得税在中国税制结构中还没有真正成为主体税种，这一税种在管理和收入归属中，可以省级财政为主，将其作为省级财政的重要税种。个人所得税分享比例中，中央可以占20%左右，省级政府占40%左右，地市、县级政府占40%左右。个人所得税中，省级占有较高比例，一是由于整个税制结构中地方税种本身不多，形成的地方税收收入规模也很有限，将较大比例的个人所得税放在省级，有利于增强省级政府的财力；二是由于省级政府本身负有调节收入再分配的宏观职能，各省内的财力差距很大，省级分享较大比例的收入，有利于增强对省内财力差异的调节力度。按此比例，省级政府来自个人所得税的收入规模至少比目前要增加一倍。

（2）从税种收入对本级财政的重要性程度看，企业所得税属于中央的第二大税种，省本级、地市级、县级的第三大税种（前两位为营业税、增值税），这使得该税种的征收不同于个人所得税的征收。鉴于该税种对中央财政与地方各级财政同等重要，它的征收以各自征收为宜。具体地，可以采取共享税基、按率计征，依据属地管辖原则进行征收。中央统一规定税前扣除项目，成本开支标准，保证税基全国统一，同时规定全国统一的中央税率，并预留一部分税率空间，作为省级财政收入的来源。

（3）就目前社会保障制度而言，不同项目的保险，所具备的全国性、社会化程度条件也各不相同。比较适合中国国情，管理起来也现实可行的是实行分级负责制，即将工伤保险和生育保险交给市（县）统筹，将失业保险交给省统筹，养老保险交给省级直至中央统筹。随着保险程度的提高，以后的工伤保险和生育保险可逐步实现省级统筹，失业保险逐步实现全国统筹。那时候，该税种将逐步变为中央与省的共享税，或最终变为中央税。该税种的税基和税率适合于由中央在全国范围内统一规定，并适当设置差别税率，或者将归省和市（县）管理的征税项目、税率决定权由各省负责。

这样，省级财政形成的是以营业税为主体税种，增值税、企业所得税、个人所得税、社会保险税为重要税种的收入体系。通过建立这些主体税种，基本上可以保证省级财政获得履行职能所需的必要财力，同时，也有助于减少层层集中财力的内在利益机制，保证基层政府获得必要的财力。

2. 市（县）财政的主体税：财产税。长期以来，许多国家都是以财产税作为地方税体系的主体税种的，在发达国家里尤为普遍，甚至有些国家将财产税作为地方的唯一税收。如英国、爱尔兰等国的地方税收只有财产税一种；美国是世界上利用财产税作为地方主体税种的典型国家。

目前，中国财产税税种主要包括房产税、契税、城镇土地使用税、土地增值税、耕地占用税等税种。财产税在中国地方各级财政的分布上，分布比例较高的是地市级财政和县级财政。从2011年财产税总规模上看[①]，房产税完成1102.36亿元、土地增值税完成2062.51亿元、契税完成2763.61亿元、城镇土地使用税完成1222.26亿元、耕地占用税完成1071.97亿元，合计8222.71亿元，财产税占地方财政收入约15.68%，还没有形成地方主要的、稳定的收入来源。

但近几年财产税收增长很快，占地方财政收入的比重也呈现出跳跃性上升的态势。因而大力发展不动产税，逐步使其成为市（县）级政府的支柱税源，同时开征遗产赠与税，增强财产税在整个地方税系的地位，应该成为地方税主体税种培植、发展的一个重要目标。

从中国的现实情况来看，目前课征的财产税也以个别财产税为主，采用比例税率，尽管也会造成一些累退效应，但总体看来比较符合当前财产税征管的发展现状。在目前开征一般财产税困难较大的情况下，修订、改进已有的个别财产税税法，逐步使财产税成为市（县）财政的主体税种，是完全可行的。

（1）开征房地产税（或物业税）。[②] 中国人口众多，现有居住面积较小，对房产的现实需要量和潜在需要量巨大，随着城市现代化和县乡城镇

---

① 2011年的数据来自于财政部税政司：《2011年税收收入增长的结构性分析》，财政部网站。

② 企业税种的名称如何并不是实质性问题，物业税实际上也是房地产税。

化步伐的加快，为发展房地产带来了机遇。中国经济持续平稳增长又为房地产市场的发展构成了良好的宏观大背景，而房地产业的发展为房地产税提供了充裕的税源，将大大拓宽房地产税的税基，从而提高其收入能力。由于房产和地产是连在一起的，房产价值不可避免地包含着一部分土地的价值，因而将两者分别征收房产税与地产税是不可取的。现实可行的办法是将房产税、城镇土地使用税和对外商及对外籍人士征收的土地使用费，以及国内有关房地产的各种收费，其属税收性质的，均应加以合并，统一开征新的房地产税，其基本框架作如下设计：

一是纳税人。纳税人为内外资企业单位、经济组织和个人。二是课税范围。打破现行房产税和城镇土地使用税对课税范围的限制，将课税范围扩大到农村。三是计税依据。大多数国家房地产税的计税依据均为房地产的评估价值，评估价值一般由专门的评估机构根据房地产的市场价值、重置价值或租金价值等进行确定。中国的房地产税也应将计税依据统一为房地产的评估价值，评估价值可以几年确定一次，若房产由于扩建或部分拆除而导致价值发生重大变化，则应进行及时的重新评估。四是税率设计。大多数国家的房地产税实行比例税率，也有部分国家实行累进税率，部分国家还对不同用途的房产规定不同的税率，如韩国分别对住宅、工厂等建筑物、高尔夫球场、别墅及高级娱乐场所房屋、其他房屋等规定不同的税率。为了简便易行，中国也可采用比例税率，但是应对不同地区、不同用途的房地产实行差别税率。可对普通住宅、一般企业房产等实行较低税率，而对高级别墅、高尔夫球场等高级娱乐场所的房地产实行较高税率，以在强化调节的同时取得必要的收入。中央可制定较大的税率幅度，由地方根据当地的状况确定具体适用税率。

对于是否将土地出让金纳入房地产税（或物业税）问题，我们认为不宜纳入。其原因在于：首先，将土地出让金纳入房地产税理论依据不足。在中国土地公有制的条件下，土地出让金虽然也由政府收取，但其收取的依据是基于土地的所有权，因此，土地出让金实际上是地租，而不是税收。地租是基于所有权的，交租与受益有直接对应性，属于私人品价格的范畴；税收是基于政府权力的，缴税与受益没有直接对应性，属于公共产品价格的范畴。因此，不应将其与税收混为一谈①。其次，从征管角度考

---

① 樊丽明：“房地产税收制度改革研究”，《税务研究》2004 年第 9 期，第 12—16 页。

虑，收租也较收税更为有利。中国多年来的税收宣传习惯于将税收定位于“每个公民应尽的义务”，使得纳税人形成了税收绝对无偿的印象，而租金则不同，社会对使用自身无所有权的物品需缴纳租金的做法存在普遍认可，因此，对于交钱者而言，交租较缴税在心理上更容易接受。若将数额不菲的地租性质的土地出让金并入房地产税，则势必导致税率的上升，而税收无偿的印象可能会导致纳税人对此的心理抵触，从而造成纳税偏好的降低。若要降低房地产价格，也可将目前土地出让金由房地产开发者一次性支付的方式改为由房屋购买者按年向专门机构支付的“土地年租”制，而不必一定要将土地出让金与税收捆绑在一起征收。

（2）改造车船税。车船税的征税对象明确，税源稳定，税收额在地方税收中的比重不大。从发展汽车产业和交通航运业的政策导向看，今后也不宜提高车船税的税负。将车船使用税明确为财产税性质，凡拥有车船的单位和个人都是车船使用税的纳税人，合理确定税负水平，清理对车船征收的各种税外费用。随着车船数量的增多，车船使用税收入亦会稳定增加。

（3）取消土地增值税。从理论上讲，随着房地产市场竞争的加剧，行业利润逐步趋于平均化，土地增值税将失去存在的意义。从实际征收情况来看，土地增值税计征繁琐，征收阻力大，征收效果差，且征收税额并不高。2002 年土地增值税为 20.51 亿元，仅占当年税务部门组织收入总额的 0.12%；到 2011 年为 2062.51 亿元，占当年税务部门组织收入总额的 2.30%（见图 6－7）。

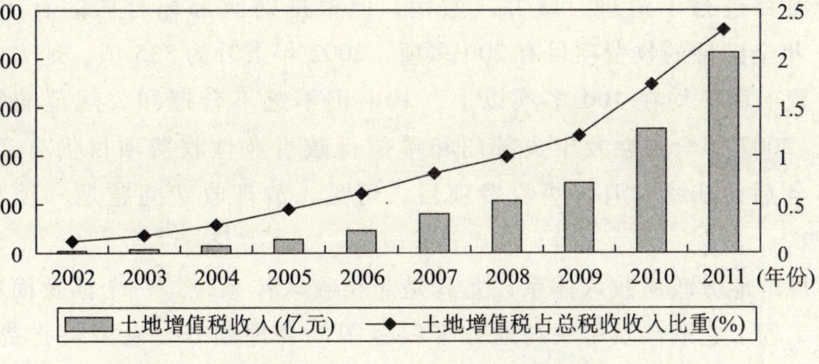

图 6－7　土地增值税收入规模及其占总税收收入比重

资料来源：根据国家税务总局网站有关数据计算编制，http：//www. chinatax. gov. cn。

因而，应考虑予以取消，至于取消土地增值税后产生的收入流失，可借鉴国外做法，将土地增值所得并入一般所得计征所得税。

(4) 适时开征遗产税和赠与税。遗产税和赠与税的开征将弥补无偿转让房地产环节税收调节的缺位。遗产税和赠与税的开征主要不是出于财政收入的考虑，而是协助个人所得税，调节财富分配，促进社会公平。因此，应该采取高起征点和高的累进税率。从目前中国的税收征管水平来看，遗产税应采取总遗产税制，即对死亡者所遗留的全部遗产进行课税，不考虑遗产的分配方向，这样有利于税源监控，也有利于降低税收征管成本①。关于遗产税与赠与税的分配模式，应该采取赠与税与遗产税分设的模式，对生前赠与财产课征赠与税，对死后遗产课征遗产税。为了保证财产所有人不论以赠与方式还是以遗产继承方式转移财产，税负都趋于均等，从而堵住逃税的漏洞，赠与税的税率不应低于遗产税的税率。

市（县）财政除了构建财产税（包括房地产税、车船税、遗产税和赠与税等）作为其主体税种外，还需要重点加强城市维护建设税、环境保护税、旅游税等具有地方受益性质税种的建设。同时，在以增值税等为主体税种的税制结构中，市（县）财政的收入构成还包括一些共享税，如增值税、个人所得税、企业所得税等，作为其重要的收入来源。

四、规范地方非税收入体系

地方政府非税收入体系不合理的问题，即收费混乱、非税收入超长增长的问题，伴随着中国体制转轨和财政分权的改革已经显现，到 20 世纪 90 年代则发展到顶峰，引起了社会各界的广泛关注。多年来，中国对政府收费项目进行了清理、减并、撤销，但根据财政部综合司的有关数据，2000 年全国性的收费项目有 200 多项，2002 年上升为 335 项，地方每个省的收费项目平均在 100 多项以上，其中仍不乏不合理和欠规范的收费项目②。2007 年全国性及中央部门和单位行政事业性收费项目仍有 298 项。2008 年后又陆续取消一些收费项目，可见，清理收费问题是一项艰巨的改革。

规范地方政府收入体系，尤其是非税收入体系，是一个涉及面广的系统性工程。它既涉及中央与地方事权范围的合理划分，也涉及“费改税”

---

① 安体富、王海勇：“重构中国房产税制的基本思路”，《税务研究》2004 年第 9 期，第 8—11 页。

② 贾康、刘军民：“非税收入规范化管理研究”，《华中师范大学学报（人文社会科学版）》2005 年第 3 期，第 23—32 页。

的推进，地方税体系的改革与完善，规范的中央对地方转移支付制度的构建，以及推进预算管理制度的改革，实现预算完整性和统一性等等。因此，必须统筹规划，分步实施，积极推进。

除了要继续推进各项配套改革外，就地方政府非税收入体系本身的规范，应该采取或应该继续推进的改革思路就是对非税收入正本清源、分流归位、规范管理。

1. 对非税收入实施正本清源。也就是对地方政府非税收入项目，要实施清理，区别不合法的收费，包括制度外收费，以及政府部门执行管理职能而对管理对象收取的行政管理费，应予以取消。对于合法的收费项目，则予以保留。

2. 实施现行非税收入的分流归位。对于具有准税收性质的收费项目，要实施“费改税”，纳入税收管理，以提高税收的地方政府收入地位。对于合理的收费项目，即适合以收费形式存在的项目应予以保留，但要通过法律、法规从收费范围和标准等方面予以规范。现行非税收入中的国有资产经营收入、国有资产转让收入、土地转让收入、彩票发行收入（公益金）、特许权收入等，具有良好的收入发展前景，应该通过完善征收制度予以加强。

3. 对非税收入要规范管理。要实现从收入源头上的严格控制，要统一审批管理权限，所有的非税收入项目的开征都必须严格依照法定的权限、范围、条件和程序。对于继续保留的收入项目，要逐步纳入预算管理，同时继续深化“收支两条线”的改革，并推进实施规范化的收入收缴管理方式等。

通过上述各项改革的不断推进，可以有效调整地方政府的非税收入结构，理顺地方税收与非税收入的配比关系，从而可有效提高地方财力的制度保障制度，以使地方政府的职能得到切实的贯彻和执行。

第五节
地方财政体制变迁路径四：提升地方转移支付均等化水平

在一个由多级政府组成的国家里，政府间的转移支付通常也是一个由许多环节所构成的多层次体系。按本书设计，中国政权组织在纵向上可分为三级：中央一省一市（县），每相邻两级政府都要建立转移支付。这样，中国政府间的转移支付大体上有两个基本环节，即中央对省级、省级对市（县），而中央对地方的转移支付是中国政府间转移支付体系的中心环节。因此，省以下财政转移支付制度设计，应在考虑本地实际情况的基础上，尽量与中央对地方的转移支付制度设计相协调，形成省对市（县）的，以一般性转移支付与专项性转移支付为形式的规范化转移支付制度。

一、地方转移支付目标定位

转移支付以公平、公正、全面履行分级政府职能为根本目的。尽管它随着公共管理的需要而变化，但在一定历史时期，政府间实施转移支付的目的具有相对稳定性。从转移支付理论和世界各国实施转移支付的历史来看，目标定位有：

1. 实现各级政府财力与事权的匹配。在财力与事权分配不平衡的情况下，一般是上级政府拥有较多的财权、财力和较少的事权，下级政府拥有较少的财权、财力和较多的事权。为了保证各级政府顺利、有效地履行自己的职责，上级政府必须通过转移支付制度将一部分财力转移至下级政府部门。这一目的可称为纵向均等化目的。

2. 实现各地政府间的财政平衡，促进地区间的均衡发展。一国或一地区都存在社会经济发展不平衡的问题，但是中央或上级政府不能任由各地差距扩大，必须通过转移支付方式从发达地区汲取财力帮助落后地区逐步摆脱贫穷落后的状态，使落后地区的公民能享受到本国政府的基本公共服务。这一目的可称为横向均等化目的。

3. 实现特殊目的。一种是对各地政府行为的外溢性进行补偿。某辖区政府向当地公民提供公共品时，不仅可以使本辖区居民受益，而且会给相邻地区的居民带来好处，为了鼓励各地政府的这种行为，上级政府会通过专项转移支付的方式对有关下级政府进行相应的补偿。另一种是解决突发事件。这类突发事件居民个人无法解决，市场机制也缺乏解决的效率，只能由政府代表公众利益解决。

4. 其他配合政府履行职能需要的转移支付。转移支付的目的是随着公共管理的需要而变化着的。在不同历史时期，公共事物不同，公众对政府的要求不完全一样，政府对国家或本地区实行的公共政策目的不同，财政转移支付的目的也各异。

转移支付的目标随政府公共管理需要变化而不同。在现阶段，实现各地公共服务均等化是各国实施转移支付的重要目标，但目标实现程度要受到一些条件的限制。作为生产关系的组成部分，转移支付受到一定时期生产力发展水平的制约；作为财政体制的一个重要组成部分，转移支付受到市场经济体制的制约；作为一项财政支出，转移支付又受到国民经济发展水平、财力集中程度和财力规模的制约。由于各国上述条件不同，实现公共服务水平均等化的层次和范围也不同。在发达市场经济国家，如美国、德国、日本、澳大利亚，政府实施的转移支付已经能够在全国范围内提供覆盖包括国防、行政、教育、卫生、科研和社会保障等在内的均等化公共服务，且其均等化水平也已经达到较高层次。而在发展中国家和转型国家，这一目标难以一步到位。

中国实施转移支付的目标可划分为三个阶段：过渡期转移支付；中期的转移支付；远期的转移支付。此外，按公共服务均等化范围从窄到宽、水平由低到高，从低级到高级，将政府各项服务按经济社会发展需要的轻重缓急分别设定分类、分步目标，在每一阶段目标内将提供各类公共服务的均等化程度也划分为三个层次：一是均等化标准，即全国平均水平；二是基本标准，即全国平均水平的折扣数，转移支付额小于均等化标准；三是最低标准，以基本标准为依据，按具体情况打些折扣，转移支付额小于基本标准（见表6-8）。就中国来说，无论是实现均等化服务的范围还是层次，现阶段财政转移支付的目标都只能定位于较低水平。

表6-8　　　　转移支付目标的分解

目标	区域范围			时期			程度	项目范围					
	贫困地区	民族地区	全国	过渡	中期	远期	标准	国防费用	一般公共服务费用	教育费用	卫生费用	科研费用	社会保障
目标1	√	√		√			最低标准		√	√	√		
							基本标准						
							均等化标准	√					
目标2			√		√		最低标准					√	√
							基本标准		√	√	√		
							均等化标准	√					

续表

目标	区域范围			时期			程度	项目范围					
目标 3			√			√	最低标准						
							基本标准						
							均等化标准	√	√	√	√	√	√

二、规范地方转移支付制度评价标准

横向均等化目的是省以下转移支付的重要目的。在良好的实施机制下，规范的转移支付制度的实施效果应该充分接近这一重要目的。从逻辑上分析只有制度规范了，制度实施效果才会理想。制度实施效果是制度规范化的必要条件而非充分条件。但是，如果实践中一项制度的实施效果完全背离了建立这一制度的目的，则该项制度本身已经失去了存在价值，其规范化更是无从谈起；倘若肯定了某项制度存在的价值，那么该项制度实施效果必然会随着其规范化水平的提高而不断改进。从这个意义上说对转移支付制度实施效果的评价与对转移支付制度规范化的评价是一致的。可以说，前者的优化状态在很大程度上反映了后者的水平。

转移支付制度实施效果可以通过转移支付制度效率（制度收益与制度成本的配比状态）的改进来反映。其中转移支付制度收益可通过转移支付目标实现程度得到反映，就省以下转移支付制度而言，横向均等化目的的实现程度，即横向平衡效应是其重要方面。

转移支付制度要将各级公共财政有机联结起来，为构建政府间和谐的财政关系服务，必然要与相关的其他制度高度协调，其所在的制度结构效率影响着这一制度安排本身的效率。由于转移支付制度以各级政府履行其事权的能力为主要依据，各级政府财政能力的主要来源是税收分享，而上级政府给予下级政府转移支付的意义在于从财力上支持那些收入不足以履行其事权的下级政府，以使其满足最低水平的支出需要。所以，政府间财政关系主要为政府间事权制度安排、政府间税收制度安排和政府间转移支付制度安排组成的制度系统所内含；政府间事权制度安排、政府间税收制度安排是否合理很大程度上制约了政府间转移支付制度正效应的发挥。因此，对转移支付制度进行规范化评价离不开对政府间事权制度安排与税收制度安排的合理性判断。[①]

三、完善地方转移支付体系的政策建议

（一）归并现行种类繁多的均衡性转移支付

鉴于中国各地区之间存在的巨大差异，在一个相当长的历史时期内，对均衡性转移支付的设计与实施，显然是规范化转移支付制度的重点和难点所在，也是能否逐步实现各地区公共服务水平趋于均等化和社会经济均衡发展的关键性因素。

一方面应当进一步完善现行的均衡性转移支付办法。地方转移支付制度是随着中央转移支付的项目设置的，结构上不尽合理。其中税收返还是为了照顾地方的既得利益，与公平原则相悖。原体制补助是由于历史原因形成的，本身就是不公平的，影响了地方财政收入的积极性。而只有均衡性转移支付是规范化的均等化转移支付的雏形，通过逐步吸纳现行的税收返还等一系列非规范补助金，可以最终演变为与市场经济要求相适应的均衡性转移支付制度。因此，均衡性转移支付办法的科学性如何，将直接决定构建新的转移支付制度的成败。针对过渡期转移支付办法现存的问题，目前要做的工作是：第一，在标准收入的测算上，对已经进行标准化测算的增值税和营业税等大税种，要从征管成本和产业结构的角度，在考虑地区差异因素的基础上进行更精细的测算，以使结果更符合实际。第二，在标准支出的测算上，经过几年来的大幅度修正后，应当说目前标准支出测算方向是正确的，但是，地区间成本差异系数[②]考虑的还远远不够。今后，除了继续完善既有的地区差异系数外，还应当考虑运输距离、人口密度、少数民族人口数等地区差异因素，建立一整套反映地区间支出成本差异的指标体系。只有最大限度地考虑单位成本的成本差异系数，才能使标准支出的测算更科学合理。第三，对于不同困难程度[③]的地区，在补助系数上应当有所区别。在上级转移支付资金不能充分弥补下级财政收支缺口时，按照各地的财政困难程度分档确定财政补助系数不失为一种更为科学的转移支付思路。

---

① 吴胜泽：“建立广西规范的转移支付制度研究”，《经济研究参考》2008 年第 23 期，第 22—24 页。

② 所谓成本差异系数即各地区的均值与全国平均水平的差距。

③ 所谓困难程度，就是标准收入满足标准支出的程度。

另一方面要逐步扩大均衡性财政转移支付的规模。规范化的均等化转移支付制度可以通过均衡性转移支付办法向完全规范的均衡性转移支付方式来实现。在减少其他一般目的财政转移支付形式的同时，加大均衡性财政转移支付的力度，逐步向规范化的均等化财政转移支付靠拢，假以时日，完全并轨。

一是应取消原体制补助或上解。体制补助是1994年分税制改革后从旧的财政分级包干体制中延续下来的转移支付形式，属性和政策目标不正确，随着时间的推移，这种形式的均衡化效果进一步减弱。应对原体制补助地区由此所造成的财政缺口归并到均衡性转移支付中进行统筹，由此真正解决原体制补助或上解数额中的不合理因素，也可以通过对横向转移支付的归并，完善中国的均等化转移支付制度。

二是对除均衡性转移支付制度外的其他类型的一般性转移支付进行归并。这类转移支付是因为中央出台某项政策导致地方财力不足引起的，或者用于某些专门事项的。从形式上看，这几项一般性转移支付具有专项转移支付的特征。但是，这部分资金在使用中主要向中西部地区倾斜，用于弥补地方财力不足，在资金的使用上没有具体严格的规定。因此，从性质上讲，这些资金都应列入均衡性转移支付。事实上，这些转移支付都是由于政策调整造成的，如果每出台一项政策就增加一项一般性转移支付，势必会造成一般性转移支付的混乱和不规范。因此，应当将一般性转移支付整合为一项统一的均衡性转移支付，按照因素法，使用一个全面的转移支付计算公式，确定中央对各个地方的转移支付数额。

三是逐年降低直至最终取消税收返还。改革税收返还由于涉及的既得利益最多，调整所遇到的阻力也最大。但是，如果不对这部分转移支付进行调整，即不以较大的力度触动地方既得利益，中国不可能真正建立起科学合理、高效的省以下转移支付制度。基本思路是：中央财政逐步减少对体制上解地区的税收增量返还，增加对体制补助地区的税收增量返还，在某种程度上调节地区间财力分布。然后，把税收返还的一定百分比作为均衡性转移支付的主要资金来源。这个比率，开始几年可以设计得低一些，此后逐年递增，比如起始年为10%，以后逐年增加比例，如每年增加2个百分点，这样若干年后，税收返还就可以被均衡性转移支付制度最终取代。这是一种渐进改革的思想，但在实行中力度也不能太弱。通过上述调整税收返还数额的措施，既在一定程度上保证了均衡性转移支付的资金来源，又削弱了返还基数中的不合理因素，能够在一定程度上缓解并缩小目前地区间公共服务能力的差距。

（二）完善专项性转移支付

1. 清理整合专项转移支付项目设置。国家有关法律法规、党中央和国务院文件要求设立的专项转移支付可直接设立；中央各部门以及地方政府要求设立的专项转移支付要严格控制，并报国务院批准同意后再实施。将中央现有专项转移支付项目分为取消类、整合类、固定数额类、保留类等四种类别，并分别处理。对到期项目、一次性项目以及按照新形势不需要设立的项目，予以取消；对使用方向一致、可以进行归并的项目予以整合；对每年数额固定，且分配到各省数额固定的项目，调整列入一般性转移支付；对符合新形势需要的项目继续予以保留。目前，中央财政加大对教育、社会保障、医疗卫生等关乎民生的社会事业投入力度大多采取增加专项转移支付的方式，这是符合当前政策和管理方式需要的。从长远看，管理制度完善后，一些专项转移支付可以自然形成地方支出基数，相当于一般性转移支付。

2. 提高专项转移支付管理透明度。提高透明度有利于加强对专项转移支付分配、使用的全过程监管，完善专项转移支付管理制度。每一项专项转移支付资金的设立、审批和分配，要做到有合理明确的分配依据、有操作规程，坚持公开、公正、透明、效率的原则。除要求保密的外，适时公布专项转移支付项目资金管理办法，逐步做到公开透明。要做到按制度管理，减少随意性。总结中央财政和地方财政加强专项转移支付管理透明度方面的经验，推进专项转移支付管理改革。

3. 创新专项转移支付管理方式。一是尽可能多地采用因素法、公式法或以奖代补方法分配资金。调动地方政府的积极性，形成良性互动机制，使积极采取措施的地方受益，避免“鞭打快牛”，避免地方形成依赖心理。对部分补助地方项目可以考虑由中央确定使用方向、按因素法分配，具体项目由地方确定，由现行的项目审批制改为项目备案制。二是研究改进专项转移支付预算编制流程，提前编制预算。将数额固定的专项转移支付指标通知地方，并要求地方编入预算，提高地方预算编报的完整性，以有利于人大监督。针对专项转移支付项目的具体情况，在上年同期下达数额以内，建议由全国人大常委会采取适当授权的方式，提前预拨资金。专项转移支付执行中加强管理、加快审核均衡资金拨付进度。三是继续选择符合条件的专项转移支付项目实行政府采购和国库集中支付，进一步扩大试点范围，逐步提高专项转移支付资金使用效益。随着“金财工程”建设的推进，研究建立专项转移支付资金的信息反馈机制，逐步实现对专项转移支付资金的动态监控。四是研究建立专项转移支付资金绩效评价体系。在中央财政加大重点领域转移支付支持力度的同时，注重专项转移支付资金追踪问效，研究建立转移支付资金绩效评价体系。采取措施切实取得专项转移支付资金受益人对资金使用效益的评价，并将有关信息反馈到预算程序中来。

4. 研究建立财政转移支付的法律法规体系。《转移支付法》已纳入全国人大立法计划。目前政府间支出责任划分不清晰，转移支付立法尚需进一步深入研究。作为过渡措施，要抓紧拟订办法，以国务院条例或部门规章的形式发布，增强对专项转移支付管理工作的约束，理顺专项转移支付的决策、协调、分配、监管等工作机制和程序。

（三）地方政府要为转移支付建立稳定的资金来源

许多国家指定某些税种收入专门用做中央对地方的转移支付，使其具有“专税专用”的性质。如日本的地方交付税，其资金来源于四个税种，即个人所得税与公司所得税收入的 32%，烟草税的 25% 和消费税的 24%[①]。德国通过税收分享平均地区间财力差距，选择的税种是增值税，通过改变分享比例，保证联邦和州政府的收入能够随着支出结构的变化而进行调整。近几年来，联邦对州政府的转移支付力度不断增加，州政府分享比例不断提高，如 1993 年、1994 年分享比例均为 37%，1995 年提高到 44%，1996 年、1997 年又提高到近 50%。在州政府分享的增值税里，75% 是按照全国统一的人均水平分配的，其余的 25% 分配给税收能力低于全国平均水平的州，以使得这些州达到国家平均水平的 92%。

中国省级的转移支付资金，一是来自中央分配的转移支付资金；二是必要的省级调控资金。2011 年中央对各省均衡性转移支付资金规模仅有 7487.67 亿元左右，远远不能解决地方财政在均衡性转移支付中所需的资金，必须加大力度。中央财政除了加强税收征管来提高其收入，进而增加

① 寇铁军：“完善中国政府间转移支付的若干思考”，《财贸经济》2004 年第 5 期，第 81—85 页。

对地方转移支付外，还应调整转移支付制度的项目，如税收返还起不到均衡的作用，应减少这一部分资金，加大一般性转移支付的规模。而省级政府不能只依赖中央，应积极地壮大自身财力，确定相应的资金来源，可以选择将其重要税种如营业税、个人所得税的一定比例，作为对下的转移支付资金来源。

在中国，为一般性转移支付建立稳定的资金来源，有如下好处：一是有助于调整目前转移支付资金结构，改变非均等化资金分配占主体的状况；二是适当增加资金总量，大大增强财力均等化力度；三是转移支付资金来源稳定，有利于形成稳定的转移支付制度。

四、规范地方转移支付的具体方案设计

（一）地方转移支付方案设计的宗旨

省以下的转移支付应分为两个部分：即一般性转移支付和专项性转移支付。一般性转移支付主要解决不同地区间财政收入能力与基本财政支出需要之间的不平衡和各地区之间公共服务水平的不均衡。方案设计中这部分财力来源应包括现行体制中的地方财政收入、税收返还、体制上解或补助等部分。专项性转移支付主要解决县（市）政府在农业开发、交通运输、通讯、能源、原材料、教育、科技等方面的发展，以及社会事业等特定项目进行的补助，重大自然灾害及突发事故的支出。其资金来源主要应为现行体制中的各种专项补助、专项结算补助等。[①] 在主体的选择上，应选择县（市）为转移支付实施的主体，由省级财政负责转移支付方案的设计和监督工作。这样做的原因：一是县级在省以下财政中承担着较大比重的支出任务，但收入较小，收支矛盾比较突出。二是标准财政收支测算时，选择的测算单位越小结果越精确，如以地市为单位进行测算，各县（市）相关因素相加后相互抵消，会影响测算的准确性。三是各县（市）之间的财力不平衡，以省级财政为中心，建立省对县（市）的转移支付制度，可充分协调不同地区各县（市）之间的财政能力的不均衡。

（二）均衡性地方转移支付方案设计

省以下转移支付额度的确定，应找出一种公平的、科学的衡量县

---

① 由于专项性转移支付属专款专用，本书设计的是均衡性转移支付方案。

（市）财政收入能力和支出需要的方法，用标准财政支出减去标准财政收入，便可测算出转移支付的数额。目标是缩小地区间财力差距，逐步实现基本公共服务均等化，形成统一规范透明的均衡性转移支付制度。地方转移支付具体方案设计基于省域差异可以有所差别，但主要应参照中央对地方均衡性转移支付办法来展开。

均衡性转移支付资金分配选取影响财政收支的客观因素，考虑人口规模、人口密度、海拔、温度、少数民族等成本差异，结合各地实际财政收支情况，按照各地标准财政收入和标准财政支出差额及转移支付系数计算确定，并考虑增幅控制调整和奖励情况。用公式表示为：

某县（市）均衡性转移支付 =（该县（市）标准财政支出 - 该县（市）标准财政收入）× 该县（市）转移支付系数 + 增幅控制调整 + 奖励资金

凡标准财政收入大于或等于标准财政支出的市县，不纳入均衡性转移支付分配范围。

1. 标准财政收入测算。标准财政收入分县（市）计算。各县（市）的标准财政收入由地方标准财政收入、省级政府的返还及补助（扣除县（市）上解）等构成。

地方标准财政收入主要根据相关税种的税基和税率计算，个别税种根据实际收入适当调整。省级政府的返还及补助收入按照决算数确定，主要项目包括："两税"返还、所得税基数返还、公路养路费等"六费"基数返还、一般性转移支付（不包括资源枯竭城市转移支付、国家重点生态功能区转移支付、产粮（油）大县奖励资金等）、专项转移支付（不包括抗震救灾专项转移支付，及基本建设投资项目等），各县（市）对省级的体制上解、专项上解等。

（1）增值税标准财政收入（地方分享 25% 部分）。税基采用省统计局提供的制造业、采掘业、电力燃气水资源供应业和批发零售贸易业的增加值，税率采用全省平均有效税率。考虑部分低税率行业税基无法获取等因素，标准财政收入根据实际收入适当调整。

（2）营业税标准财政收入。按照税目分别计算。其中，建筑业、住宿和餐饮业、销售不动产和公路运输等应税品目的税基采用各省统计局提供的营业收入、销售额等，税率按照全省平均有效税率计算确定；金融保险业、邮电通讯业、文化体育业、交通运输业（不含公路运输）、其他服务业（不含住宿和餐饮业）和转让无形资产等应税品目的营业税按照实际收入计算。

(3) 城市维护建设税标准财政收入。税基采用消费税实际收入、增值税和营业税的标准财政收入之和，税率按照各地实际有效税率计算确定。其中，各地实际有效税率根据各县（市）城市维护建设税实际收入对增值税、消费税和营业税实际收入之和的比例确定。

(4) 企业所得税标准财政收入（地方分享40%部分）。采用省统计局提供的企业利润作为代理税基，税率按照全省平均有效税率计算确定。考虑企业利润与企业应纳税所得额等企业所得税税基有一定差异，标准财政收入根据实际收入适当调整。

(5) 个人所得税标准财政收入（地方分享40%部分）。按照税目分别计算。其中，工资薪金所得税税基采用省统计局提供各地在岗职工平均工资、各地区就业人数、各地城镇居民人均可支配收入等，税率按照全省平均有效税率分类计算确定；个体工商业户所得税税基采用各省工商局提供个体工商业户营业收入，税率按照全省平均有效税率分类计算确定；其他个人所得税及储蓄存款利息所得税按照实际收入计算。

(6) 契税标准财政收入。税基采用各省统计局提供商品房销售额和实际土地出让利润，税率按照全省平均有效税率计算确定。

(7) 耕地占用税标准财政收入。税基采用各省统计局提供当年耕地占用量，税率按照全省平均有效税率计算确定。标准财政收入根据实际收入适当调整。

(8) 据实计算收入。税收收入中资源税、印花税、烟叶税、房产税、土地增值税、城镇土地使用税、车船使用牌照税，非税收入中的罚没收入、排污费收入、其他收入按照实际收入计算。非税收入中探矿权、采矿权使用费及价款、行政事业性收费、国有资本经营收入、国有资源（资产）有偿使用收入按实际收入的一定比例计算。

2. 标准财政支出测算。标准财政支出市、县（含乡镇级。下同）两个行政级次，按政府收支功能分类支出科目计算。计算标准财政支出时，选取各地总人口、学生数等与该项支出直接相关的指标为主要因素，按照客观因素乘以单位因素平均支出计算，并根据海拔、人口密度、温度、运输距离、少数民族、地方病等影响财政支出的客观因素确定各地成本差异系数。考虑到各地市辖区、市本级支出责任划分的差异，部分支出项目根据实际情况适当调整市辖区、市本级等人均支出标准。

（1）基本公共管理与服务标准财政支出。

基本公共管理与服务标准财政支出 = ∑i（∑j 各级次总人口 × 该级次人均支出标准 × 支出成本差异系数）

其中，i——地市本级（省会城市、其他城市分别计算。下同）、县级（县市旗、市辖区分别计算。下同）。

j——0，1，2，…该级次行政单位个数。

人均支出标准 = 该级次公共服务全省总支出 ÷ 该级次全省总人口

支出成本差异系数 =（人口规模系数 ×0.85 + 面积系数 ×0.15）×｛艰苦边远系数 × 人员经费占该项支出比重 + 温度系数 × 取暖费占该项支出比重 + 海拔系数 × 运距系数 × 燃油费占该项支出比重 + 路况系数 × 车辆维修费占该项支出比重 +［1 -（人员经费占比 + 取暖费占比 + 燃油费占比 + 车辆维修费占比）］｝× 供养率差异系数 × 民族系数

其中：人口规模系数、面积系数、温度系数分别根据人口、面积、温度分档，系数 = 该档内人均财政支出 ÷ 全省平均人均财政支出，并适当平滑。

艰苦边远系数 = 该地区工资津补贴总额 ÷ 全省平均工资津补贴总额，不包括地方津补贴部分

海拔系数按照海拔分档，各档海拔系数根据燃油消耗差异情况计算确定。

运距系数 = 该地区地县运距 ÷ 全省平均地县运距

路况系数根据公路等级及车辆研究所提供相关系数确定。

供养率差异系数按照各地财政供养率分档，根据各档财政供养率与全省平均水平差异情况计算确定。

（2）公共安全标准财政支出。

公共安全标准财政支出 = ∑i（∑j 各级次总人口 × 该级次人均支出标准 × 支出成本差异系数）

其中，i——地市本级、县级。

j——0，1，2，…该级次行政单位个数。

人均支出标准 = 该级次公共安全全省总支出 ÷ 该级次全省总人口

公共安全支出成本差异系数比照基本公共管理与服务标准支出成本差异系数测算办法计算确定。

（3）教育标准财政支出。

教育标准财政支出 = ∑i（∑j 学生数 × 该级次生均支出标准 × 支出成本差异系数）

其中，i——地市本级、县级。

j——0，1，2，…该级次行政单位个数。

生均支出标准 = 该级次教育全省总支出 ÷ 全省总学生数

教育支出成本差异系数比照基本公共管理与服务标准支出成本差异系数测算办法计算确定。

（4）文化体育与传媒标准财政支出。

文化体育与传媒标准财政支出 = ∑i（∑j 各级次总人口 × 该级次人均支出标准 × 支出成本差异系数）

其中，i——地市本级、县级。

j——0，1，2，…该级次行政单位个数。

人均支出标准 = 该级次文化体育传媒全省总支出 ÷ 该级次全省总人口

文化体育与传媒支出成本差异系数比照基本公共管理与服务标准支出成本差异系数测算办法计算确定，不再考虑供养率差异系数。

（5）医疗卫生标准财政支出。

医疗卫生标准财政支出 = ∑i（∑j 各级次总人口 × 该级次人均支出标准（不含新农合）× 支出成本差异系数）+ 参加新农合人数 × 财政人均补贴标准

i——地市本级、县级。

j——0，1，2，…该级次行政单位个数。

人均支出标准 = 该级次医疗卫生全省总支出（剔除据实计算和新农合部分）÷ 该级次全省总人口

医疗卫生支出成本差异系数 =（人口规模系数 × 0.85 + 面积系数 × 0.15）× {艰苦边远系数 × 人员经费占该项支出比重 + 温度系数 × 取暖费占该项支出比重 + 海拔系数 × 运距系数 × 燃油费占该项支出比重 + 路况系数 × 车辆维修费占该项支出比重 + [1 -（人员经费占比 + 取暖费占比 + 燃油费占比 + 车辆维修费占比）]} × 民族系数 × 人均寿命系数 × 地方病系数

人均寿命系数根据各地人均寿命情况分档，各档人均寿命差异系数根据各地人均寿命与全省平均水平差异情况确定。

地方病系数根据地方病发生情况，及实际支出水平计算确定。

（6）环境保护标准财政支出。环境保护类下，除污染防治外，均据实计算。

污染防治标准财政支出 = ∑i(∑j(环境保护实际支出 - 污染防治实际支出 + 单位 cod 排放污染防治费用 × cod 排放量 ×70% + 单位二氧化硫排放污染防治费用 × 二氧化硫排放量 ×30%))[①]

单位 cod 排放污染防治费用 = 该级次污染防治费用/该级次 cod 排放总量

单位二氧化硫排放污染防治费用 = 该级次污染防治费用/该级次二氧化硫排放总量

其中，i——省地市本级、县级。

j——0，1，2，…该级次行政单位个数。

（7）城乡社区事务标准财政支出。

城乡社区事务标准财政支出 = ∑i(∑j((单位建成区面积城乡社区支出 × 建成区面积 ×80% + 人均支出标准 × 人口数 × 人口规模系数 ×20%) × 0.5 + 实际支出 ×0.5)

单位建成区面积城乡社区支出 = 该级次城乡社区全省总支出 ÷ 该级次全省建成区总面积

人均支出标准 = 该级次城乡社区全省总支出 ÷ 该级次全省总人口

（8）农业标准财政支出。

农业标准财政支出 = max(∑i(∑j((农村人口 × 人均农业支出标准 × 20% + ∑j 粮食播种面积 × 单位面积农业支出标准 ×40% + ∑j 粮棉油总产量 × 单位产量农业支出标准 ×40%) × 干旱系数))，实际支出)

其中，i——地市本级、县级。

j——0，1，2，…该级次行政单位个数。

人均农业支出标准 = 该级次农业全省总支出 ÷ 该级次全省农村总人口

单位面积农业支出标准 = 该级次农业全省总支出 ÷ 该级次全省农业面积

单位产量农业支出标准 = 该级次农业全省总支出 ÷ 该级次全省农业产量

干旱系数根据各省降雨量分档确定。

（9）林业标准财政支出。

林业标准财政支出 = max(∑i(∑j((林业面积 × 单位面积林业支出标准) ×20% + ∑j 实际支出 ×80%) × 干旱系数))，实际支出)

---

① Cod 是指化学需氧量，可作为有机物质相对含量的一项综合性指标。

其中，i——地市本级、县级。

j——0，1，2，…该级次行政单位个数。

单位面积林业支出标准 = 全省林业总支出 ÷（全省林地面积 + 全省草地面积 ×50%）

干旱系数根据各省降雨量分档确定。

（10）水利标准财政支出。水利标准财政支出以省为单位测算。

水利标准财政支出 = 据实计算支出 + 标准化测算支出

据实计算支出包括“水利”款下的功能分类中“防汛支出”、“抗旱支出”、“小型农田水利支出”、“水利建设”，其余支出项目采用标准化测算。

标准化测算支出 =（堤防长度 × 单位堤防长度支出标准 ×40% + 已建成水库总库容 × 单位库容支出标准 ×30% + 有效灌溉面积 × 单位灌溉支出标准 ×30%）× 干旱系数

单位堤防长度支出标准 = 全省水利支出 ÷ 全省堤防长度

单位库容支出标准 = 全省水利支出 ÷ 全省已建成水库总库容

有效灌溉面积 = 全省水利支出 ÷ 全省有效灌溉面积。

干旱系数根据各地降雨量分档确定。

（11）交通运输标准财政支出。交通运输标准财政支出以市、县为单位分别测算计算。

交通运输标准财政支出 = 公路里程 × 每公里交通支出 ×30% + 人口 × 人均交通支出 ×20% + 县个数 × 县均交通支出 ×10% + 民用汽车拥有量 × 车均交通支出 ×10% + 面积 × 单位面积交通支出 ×30%

（12）社会保障和就业标准财政支出。社会保障和就业标准财政支出中城市居民最低生活保障和农村最低生活保障支出采用标准化测算，其余据实计算。

城市居民最低生活保障标准支出 = 城市低保人数 × 城市人均支出标准

人均支出标准 = 全省城市低保支出 ÷ 全省城市低保人数

农村最低生活保障支出测算办法与城市相同，采用农村最低生活保障相关人数和标准。

3. 均衡性转移支付系数的确定。均衡性转移支付系数按照均衡性转移支付总额、各市、县标准财政收支差额以及各市、县财政困难程度等因素确定。其中，困难程度系数根据地方“保工资、保运转、保民生”支出占标准财政收入比重及缺口率计算确定。

困难程度系数 = 标准化处理后（“保工资、保运转、保民生”支出 ÷ 地方标准财政收入）× 50% + 标准化处理后（标准收支缺口 ÷ 标准支出）× 50%

标准化处理 = （某指标 - 指标均值） ÷ 指标标准差

为保障各市、县财政运行的稳定性，以省级对市、县均衡性转移支付平均增长率为基准，对超过或者低于基准增长率一定幅度的市、县适当调增或者调减转移支付额。基层财政部门要将省级下达的均衡性转移支付资金，重点用于基本公共服务领域，推进民生改善，促进社会和谐。

（三）专项性地方转移支付

专项性转移支付是针对某些特殊情况和特殊地区所实行的资金转移，或者是政府为了达到特定的政策目标设置的特定项目的支出。这些资金在拨付时，既规定其使用方向和使用期限，又附加配套比例及其他各种要求。地方政府取得了这笔资金就意味着接受了上级政府的支出方向。

根据国内外情况，专项性地方转移支付所涉及的范围应该是：（1）公共服务领域和具有效益外溢性的项目。如地方公路、铁路等交通设施、主要江河的治理等。（2）自然灾害的防御。自然灾害是一种特殊的情况，上级政府必须通过转移支付帮助地方加强抵御自然灾害的能力。（3）实现上级政府确定的重大战略目标。如生态环境保护、退耕还林还草、西部大开发等。要实现这些目标，上级政府必须对各地给予专项补助。（4）缓解上级政府出台的重大政策对下级政府造成的严重影响。如政府机关人员增加工资等。（5）帮助落后贫困地区和少数民族县市发展经济。如中国的老、边、少地区，条件差，基础落后，自身财力有限，与沿海地区有着很大的差距，依靠自身的力量难以使经济发展起来。上级政府必须通过专项转移支付支持这里的经济发展。（6）解决落后地区人民的生活困难，如扶贫、救济等。（7）满足少数民族地区的特殊需要。

专项性地方转移支付与均衡性地方转移支付不同之处是它主要解决特殊问题，其资金属于专款专用。但是，专项性地方转移支付也必须规范化、公开化和法制化。首先，根据补助的项目，采用因素法分类制定各种补助的计算公式，确定补助数额。其次，转移支付项目要按法律等程序个案立审，规定用途。专项性地方转移支付与均衡性地方转移支付关系密切，专项性地方转移支付比重过大会影响均衡性地方转移支付的数量。要正确处理二者之间的关系，根据不同的情况合理运用。美国就是运用专项性转移支付来解决社会服务水平横向不均衡的问题，政府不刻意使用均衡性的转移支付。这说明中国要灵活运用转移支付的各种形式，就中国而言，对于西部落后地区就应该加大专项性转移支付的力度。

参考文献

1. 安体富、任强："公共服务均等化：理论、问题与对策"，《财贸经济》2007 年第 8 期。

2. 安体富："民生财政：我国财政支出结构调整的历史性转折"，《地方财政研究》2008 年第 5 期。

3. 安秀梅：《中央与地方政府间责任划分与支出分配研究》，中国财政经济出版社 2007 年版。

4. 陈颂东："财政收入结构的国际比较及借鉴"，《地方财政研究》2008 年第 6 期。

5. 陈颂东："促进区域公共服务均等化的财税制度研究"，《税务研究》2008 年第 10 期。

6. 陈诗一、张军："中国地方政府财政支出效率研究：1978—2005"，《中国社会科学》2008 年第 4 期。

7. 陈昌盛："基本公共服务均等化：中国行动路线图"，《财会研究》2008 年第 2 期。

8. 陈昌盛、蔡跃洲："中国政府公共服务：体制变迁与地区综合评估"，中国社会科学出版社 2006 年版。

9. 陈宪："分税制改革、财政均等化与政府间转移支付"，《学术月刊》2008 年第 5 期。

10. 程又中："国外农村基本公共服务范围及财政分摊机制"，《华中师范大学学报（人文社会科学版）》2008 年第 1 期。

11. 蔡方、孙文祥："政府间财力分配：计量模式与优化思路"，《财政研究》2004 年第 1 期。

12. 蔡红英："地方各级政府间税权划分的理论分析及制度安排"，《税务研究》2008 年 4 期。

13. 常修泽："'共建型'的医疗卫生体制改革思路"，《领导决策信息》2005年第42期。

14. 财政部税收制度国际比较课题组（2000a）：《美国税制》，中国财政经济出版社2000年版。

15. 财政部税收制度国际比较课题组（2000b）：《日本税制》，中国财政经济出版社2000年版。

16. 财政部《财政制度国际比较》课题组：《法国财政制度》，中国财政经济出版社1998年版。

17. 丁元竹："基本公共服务均等化的国际视角"，《浙江经济》2008年第8期。

18. 樊丽明："房地产税收制度改革研究"，《税务研究》2004年第9期。

19. 国家税务总局税收科学研究所：《外国税制概览》，中国税务出版社2004年版。

20. 国家发展改革委宏观经济研究院课题组："促进我国的基本公共服务均等化"，《宏观经济研究》2008年第5期。

21. 甘肃省财政科学研究所课题组："推进基本公共服务均等化的财政政策研究"，《财政研究》2008年第9期。

22. 顾建光："完善我国财政转移支付制度研究"，《财经论丛》2008年第9期。

23. 谷成："中国财政分权的约束条件与改革路径"，《税务经济》2008年第4期。

24. 谷成："基于财政均等化的政府间转移支付制度设计"，《财贸经济》2010年第6期。

25. 郭庆旺、贾俊雪："中央财政转移支付与地方公共服务提供"，《世界经济》2008年第9期。

26. 管永昊："公共服务均等化导向的财政转移支付制度改革研究"，《经济研究参考》2008年第21期。

27. 柯卉兵："我国社会保障财政支出地区差异与转移支付问题研究"，《地方财政研究》2007年第12期。

28. 黄佩华：《中国：国家发展与地方财政》，中信出版社2003年版。

29. 胡德仁、刘亮："中国政府间财政转移支付横向均等化效应分析"，

《审计与经济研究》2008 年第 7 期。

30. 胡德仁、刘亮：“中国政府间财政转移支付影响因素的实证分析”，《河北经贸大学学报》2008 年第 7 期。

31. 胡怡建、张伦伦：“我国地区间的财力差异——基于地方税体系与转移支付体系的比较分析”，《山西财经大学学报》2007 年第 7 期。

32. 黄君洁：“中国纵向税权划分的调查”，《税务研究》2008 年第 4 期。

33. 韩晓琴：“公共财政支出结构的调整与优化分析”，《财政研究》2008 年第 10 期。

34. 贯康、白景明：“关于中国分税分级财政体制安排的基本思路”，《经济学动态》2005 年第 2 期。

35. 贯康、白景明：“县乡财政解困与地方财政体制创新”，《经济研究》2002 年第 1 期。

36. 贯康、白景明：“中国地方财政体制安排的基本思考”，《财政研究》2003 年第 8 期。

37. 贯康、刘军民：“非税收入规范化管理研究”，《华中师范大学学报（人文社会科学版）》2005 年第 3 期。

38. 贾晓俊、岳希明：“我国均衡性转移支付资金分配机制研究”，《经济研究》2012 年 1 期。

39. 李雪萍、刘志昌：“基本公共服务均等化的区域对比与城乡比较——以社会保障为例”，《华中师范大学学报（人文社会科学版）》2008 年第 5 期。

40. 李凌、卢洪友：“我国省际间财政差异趋势与影响因素的实证研究”，《财经问题研究》2007 年第 8 期。

41. 李金珊、侯方玉：“转移支付以公共服务均等化为主要目标的相关分析”，《财政研究》2008 年第 2 期。

42. 李炜光：“分税制的完善在于财权与事权的统一”，《税务研究》2008 年第 4 期。

43. 李华：《中国农村：公共品供给与财政制度创新》，经济科学出版社 2005 年版。

44. 刘亮：“中国地区间财力差异的变化趋势及因素分解”，《财贸研究》2007 年第 1 期。

45. 刘尚希："财政体制应从'层级财政'向'辖区财政'转变"，《财政与税务》2008 年第 5 期。

46. 刘尚希、杨元杰、张洵："基本公共服务均等化与公共财政制度"，《经济研究参考》2008 年第 40 期。

47. 刘德吉："公共服务均等化的理念、制度因素及实现路径：文献综述"，《上海经济研究》2008 年第 4 期。

48. 刘成奎、王朝才："城乡基本公共服务均等化指标体系研究"，《财政研究》2011 年第 8 期。

49. 吕炜、王伟同："我国基本公共服务提供均等化问题研究——基于公共需求与政府能力视角的分析"，《财政研究》2008 年第 5 期。

50. 吕炜："中国基本公共服务提供均等化问题研究"，载于《中国财政理论前沿 (5)》，社会科学文献出版社 2008 年版。

51. 吕炜、王伟同："发展失衡、公共服务与政府责任——基于政府偏好和政府效率视角的分析"，《中国社会科学》2008 年第 4 期。

52. 吕炜："省以下财政体制改革框架分析"，《地方财政研究》2008 年 4 期。

53. 卢中原：《财政转移支付和政府间事权财权关系研究》，中国财政经济出版社 2007 年版。

54. 刘汉屏：《地方政府财政能力问题研究》，中国财政经济出版社 2002 年版。

55. 刘建民："政府间的税种配置优化问题研究"，《财政研究》2001 年第 6 期。

56. 卢剑灵："地方税制建设的基本原则及其思路"，《财政研究》2001 年第 5 期。

57. 马国贤："基本公共服务均等化的公共财政政策研究"，《财政研究》2007 年第 7 期。

58. 马海涛："科学发展观与公共财政制度改革"，《财政与税务》2008 年第 12 期。

59. [美] 维托·坦齐等：《20 世纪的公共支出》，商务印书馆 2005 年版。

60. 宋立："深化财政税收体制改革的总体思路、主要任务与战略步骤"，《财政与税务》2009 年第 1 期。

61. 孙红玲、刘长庚:“中国区域财政横向均衡制度研究”,《财政与税务》2007 年第 5 期。

62. 孙晓莉:“政府间公共服务事权配置的国际比较及对我国的启示”,《中国人民大学学报》2007 年第 4 期。

63. 孙文杰:“地方政府财政支出结构与公共品供给机制剖析——基于城乡差异视角的实证研究”,《当代财经》2008 年第 1 期。

64. 孙晓莉:“政府间公共服务事权配置的国际比较及对我国的启示”,《中国人民大学学报》2007 年第 4 期。

65. 沈荣华:“各级政府公共服务职责划分的指导原则和改革方向”,《中国财政管理》2007 年第 1 期。

66. 世界银行东亚与太平洋地区编著:《改善农村公共服务》,中信出版社 2008 年版。

67. 倪红日:“对中国政府间财政关系现状的基本判断和发展趋势分析”,《经济社会体制比较》2007 年第 1 期。

68. 田发、周琛影:“中国四大区域财政均等化考量”,《经济社会体制比较》2010 年第 6 期。

69. 田发:“财政均等化:模式选择与真实度量”,《财经科学》2012 年第 3 期。

70. 田发:“财政转移支付的横向财力均等化效应”,《财贸研究》2010 年第 2 期。

71. 田发、周琛影:“基本公共服务均等化:一个财政体制变迁的分析框架”,《社会科学》2010 年第 2 期。

72. 田发、周琛影:“地方财政体制改革下的县乡财政解困”,《经济体制改革》2007 年第 4 期。

73. 田发、周琛影:“完善政府间税收划分研究”,《税务研究》2007 年第 2 期。

74. 田发、周琛影:“基层财政解困:一个财政体制变迁的分析”,《经济学家》2007 年第 1 期。

75. 田发、周琛影:“建立三级政府财政框架”,《经济研究参考》2007 年第 30 期。

76. 田发、周琛影:“财政层级与优化政府间税种配置”,《经济经纬》2007 年第 1 期。

77. 田发："构建三级政府财政：以政府体制层级改革为视角"，《当代财经》2006 年第 4 期。

78. 田发、廖楚晖："优化政府间财政关系：三级财政架构下的分析"，《财政研究》2006 年第 7 期。

79. 田发、周琛影："构建三级政府财政：以地方财政体制变迁为视角"，《改革》2005 年第 11 期。

80. 田发、刘海英："论我国政府财政层级的改革"，《财政研究》2005 年第 9 期。

81. 田发、周琛影："重构地方政府间财政关系——基于政府财政层级变革的分析"，《改革》2004 年第 2 期。

82. 汤学兵："论中国区际基本公共服务均等化的路径选择和保障机制"，《财贸经济》2009 年第 6 期。

83. 汤学兵、张启春："中国政府间转移支付制度的完善——基于区域基本公共服务均等化目标"，《江海学刊》2011 年第 2 期。

84. 陶勇："农村义务教育解困的财政体制思考"，《中国财经信息资料》2004 年第 6 期。

85. V·奥斯特罗姆：《美国联邦主义》（中译本），上海三联书店 2004 年版。

86. 汪玉凯等："基本公共服务均等化与政府责任"，载于《基本公共服务与中国人类发展》，中国经济出版社 2008 年版。

87. 王国华、温来成："基本公共服务标准化：政府统筹城乡发展的一种可行性选择"，载于《中国财政经济理论前沿（5）》，社会科学文献出版社 2008 年版。

88. 王敬尧、宁哲："地方政府财政投入与基本公共服务均等化"，《华中师范大学学报（人文社会科学版）》2008 年第 1 期。

89. 王诚尧："合理划分中央、省和市县三级税种研究"，《财政研究》2008 年第 11 期。

90. 王玉华、崔健飞："财政支出结构调整：基于促进经济社会协调发展的视角"，《山东财政学院学院》2008 年第 1 期。

91. 王子龙："中国社会保障的财政问题分析"，《东北财经大学学报》2008 年第 9 期。

92. 王晓洁："中国公共卫生支出政府间财政责任问题研究"，《河北学刊》2007 年第 5 期。

93. 王石河："公共财政视野下的财政支出结构变迁"，《财经论丛》2007 年第 7 期。

94. 王振宇："完善分税制财政体制与妥善处理好‘六个关系’"，《税务研究》2008 年第 10 期。

95. 王国华、温来成："基本公共服务标准化：政府统筹城乡发展的一种可行性选择"，《财贸经济》2008 年第 3 期。

96. 王雍君："中国的财政均等化与转移支付体制改革"，《中央财经大学学报》2006 年第 3 期。

97. 王新民、南锐："基本公共服务均等化水平评价体系构建及应用：基于我国 31 个省域的实证研究"，《软科学》2011 年第 7 期。

98. 王泽彩：《财政均富论》，经济科学出版社 2008 年版。

99. 吴胜泽："建立广西规范的转移支付制度研究"，《经济研究参考》2008 年 23 期。

100. 夏杰长、张晓欣："我国公共服务供给不足的财政因素分析与对策探讨"，《经济研究参考》2007 年第 5 期。

101. 项继权、袁方成："我国基本公共服务均等化的财政投入与需求分析"，《公共行政评论》2008 年第 3 期。

102. 项继权："基本公共服务均等化：政策目标与制度保障"，《华中师范大学学报（人文社会科学版）》2008 年第 1 期。

103. 尹恒、康琳琳、王丽娟："政府间转移支付的财力均等化效应——基于中国县级数据的研究"，《管理世界》2007 年第 1 期。

104. 尹恒、康琳琳、王丽娟："中国县级政府间财力差距：1993—2003 年"，《统计研究》2007 年第 11 期。

105. 王诚尧："合理划分中央、省和市县三级税种研究"，《财政研究》2008 年第 11 期。

106. 杨志勇："1978 年以来我国地方政府可支配财力变化研究"，《经济纵横》2008 年第 6 期。

107. 杨之刚："中国分税财政体制：问题成因和改革建议"，《财贸经济》2004 年第 10 期。

108. 杨之刚：《财政分权理论与基层公共财政改革》，经济科学出版社 2006 年版。

109. 虞小迪："省管县财政体制"，浙江大学硕士学位论文，2006年度。

110. 杨玉华等："'乡财县管'看变革"，《半月谈》2006年第21期。

111. 阎坤：《中国县乡财政体制研究》，经济科学出版社2006年版。

112. [英] C·布朗、P·杰克逊：《公共部门经济学》，中国人民大学出版社2000年版。

113. 钟晓敏：《地方财政学》，中国人民大学出版社2001年版。

114. 张馨：《公共财政论纲》，经济科学出版社1999年版。

115. 张玉玲："从和谐视角看公共服务均等化"，《人民日报》，2006年11月23日。

116. 张启春："政府间转移支付与地区财力差距变化"，《中南财经政法大学学报》2005年第6期。

117. 张启春："区域基本公共服务均等化的财政平衡机制：以加拿大的经验为视角"，《华中师范大学学报（人文社会科学版）》2011年第11期。

118. 周仕雅：《财政层级制度研究》，经济科学出版社2007年版。

119. 周美多、颜学勇："中国专项转移支付的政治逻辑：问题、原因与出路"，《财政与税务》2008年第12期。

120. 周明海："民生的关注与追求——当前基本公共服务均等化问题研究的主要观点综述"，《兰州学刊》2008年第4期。

121. 詹成付："关于深化乡镇体制改革的研究报告"，载于《税费改革背景下的乡镇体制研究》，湖北人民出版社2004年版。

122. 朱柏铭："长达十年的财政支出改革缺少什么？"，《经济社会体制比较》2008年第2期。

123. 朱青："中国分税制分税办法中值得探讨的几个问题"，《财政研究》2002年第3期。

124. 中国（海南）改革发展研究院："加快推进基本公共服务均等化(12条建议)"，《经济研究参考》2008年第3期。

125. 中国（海南）改革发展研究院：《中国公共服务体制：中央与地方》，中国财政经济出版社2006年版。

126. 中国（海南）改革发展研究院："加快推进基本公共服务均等化"，《经济研究参考》，2008年第3期。

127. 中国社科院财贸所：《走向‘共赢’的中国多级财政》，中国财政经济出版社 2005 年版。

128. 中国社会科学院：《农村经济绿皮书》，社会科学文献出版社 2008 年版。

129. 中国财政学会课题组："公共服务均等化问题研究"，《经济研究参考》2007 年第 40 期。

130. 中国基层政府财政改革课题组："推进中国基层财政体制改革"，《财贸经济》2006 年第 8 期。

131. Anwar Shah. "Fiscal Need Equalization: Is it worth doing? Lessons from International Practices". Working paper draft, World Bank, 2007.

132. Andrew Reschovsky. "A Wisconsin property tax primer". Robert M. La Follette Institute of Public Affairs, University of Wisconsin – Madison, 1994.

133. Bird, Richard, & Francois Vaillancourt. "Expenditure – based Equalization Transfers". International Studies Program, Working Paper No. 04 – 10, Georgia State University, 2004.

134. Bahl, Roy L. & Richard T. Mayer. "Public Management in an International World". Greenwood Press, 1992.

135. Boadway., Robin., Anwar Shah. "Intergovernmental Fiscal Transfers: Principles and Practices". Washington, D. C, World Bank, 2007.

136. Boadway, Robin. "Federal – Provincial Transfers in Canada in Fiscal Federalism". M. Krasnick (ed.), Vol. 65, Royal Commission on the Economic Union and Development, 1986.

137. Bratislava. "Fiscal Decentralization in Transition Economies: Case Studies from Balkans and Caucasus". United Nations Development Programme, 2005.

138. Buchanan James M. "Federalism and Fiscal Equity". The American Economic Review, Vol. 40, No. 4, p583 – 599, 1950.

139. Bert Hofman., Susana Cordeiro Gurra. "Fiscal Disparities in East Asia: How Large and Do They Matter". http: //siteresources1worldbank1org/INTEAPDECEN/Resources/Chapter – 4. Pdf, 2005.

140. B. Dahlby. "Fiscal Capacity, Tax Effort, and Optimal Equalization Grants". The Canadian Journal of Economics, Vol, 27, No. 3, p657 – 672, 1994.

141. Catherine Hull., Bob Searle. "The Impact of Equalization on Service

Delivery" . Business and Economics, vol 2, p61 – 93, 2007.

142. Francois Vaillancourt. " Expenditure – based Equalization Transfers" . International Studies Program. Working Paper No. 04 – 10, Georgia State University, 2004.

143. Grand J L. " The strategy of equality: redistribution and the social services" . Allen and Unwin, London, UK, 1982.

144. G. Boyne. , M. Powel. , R. Ashworth. " Spatial Equity and Public Services: An Empirical Analysis of Local Government Finance in England" . Public management Review, 2001.

145. Harry Kitchen. " Expenditure Needs Measures in Provincial/Territorial Unconditional Grants to Local Governments in Canada" . Prepared for The Expert Panel on Equalization and TFF, Trent University, 2005.

146. Kai – yuen Tsui. " Local tax system, intergovernmental transfers and China's local fiscal disparities" . Journal of Comparative Economics, Volume 33, Issue 1, p173 – 196, 2005.

147. Mclure. , Charles E. , Jr. "The Sharing of Taxon Natural Resources and The Future of The Russian Federalism In Christine Wallich, . Ed, Russia and the Challenge of Reform" . Palo Alto, Calif: Hoover Institution Press, 1994.

148. Nicholas Capald. " The Meaning of Equality" . Hoover Press: Machan, DP5 HPEQUA0100. i, 2005.

149. Peter Mieszkowski & Richard A. " MusgraveFederalism, Grants and Fiscal Equalization" . National Tax Journal, (6), 1999.

150. Robin Boadway. "The Theory and Practice of Equalization" . CESifo Economics Studies, Vol. 50, 2004.

151. Savas E. S. " Privatization and Public – Private Partnerships" . Seven Bridges Press, 2000.

152. Sergii Slukhai. "Shaping Fiscal Equalization Techniques in Transitional Countries" . Kyiv National Shevchenko University, Ukraine, 2003.

153. Slukhai. " Dilemmasand Compromises: Fiscal Equalization in Transition Countries" . Open Society Institute – Budapest, 2003.

154. Stephen W. " Hierarchical linear models: applications and data analysis methods" . Sage Publications, Inc, 2002.

155. Tresch. R. W. “Public Finance: A normative Theory”. Bussiness Publications Inc, 1981.

156. Thiess Buettner. “The incentive effect of fiscal equalization transfers on tax policy”. Journal of Public Economics, Vol 90, p477 - 497, 2006.

157. Toshihiro Ihori& Jun - Ichi Itaya. “Fiscal Reconstruction and Local Government Financing”. International Tax and Public Finance, Volume 11, No 1, p 55 - 67, 2004.

158. Van de Walle. “Do Services and Transfers Reach Morocco's Poor? Evidence from Poverty and Spending Maps”. World Bank Research Working Paper 3478, 2005.

159. Wallace E. Oates. “On the Theory and Practice of Fiscal Decentralization”. IFIR Working Paper No. 2006 - 05, International for Federalism & Intergovermental Relations, 2006.

160. Wetzel, Deborah L. “Decentralization in the Transition Economies: Challenges and the Road Ahead”. Washington D. C, The World Bank, 2001.

161. W. Robin & E. David. “Public Sector Economics”. Boston, M. A: Little Brown Press, 1984.